개항장 인천과
재조일본인

인천학연구총서 29

개항장 인천과
재조일본인

이규수

보고사

머리말

온갖 물품을 취급하면서도 모두 헤아려 소홀함이 없고,
이득이 있다면 쫓아가지 않는 곳이 없다.
배 한 척이 실어가니 또 한 척이 들어오는데,
쌀, 콩에 비단과 가죽, 명태가 가득하다.

바닷가에 우뚝한 집 서까래가 몇 개나 되나,
사람마다 떠들썩하게 세속을 논한다.
오는 손님 가는 손님들로 왁자지껄한데,
길가에는 돈이 산처럼 쌓인다.

요코세 후미히코(橫瀨文彦), 「무역상」, 『인천잡시(仁川雜詩)』, 1893.

위 인용문은 청일전쟁 이전 요코세 후미히코라는 일본인이 화도전환국(華島典圜局) 직원으로 조선을 여러 차례 방문하면서 개항장 인천의 풍경을 노래한 「무역상」이라는 한시이다. 조폐기관인 전환국 직원의 눈에 비친 인천 무역상의 모습은 '이득을 쫓는 무리'의 전형이었다. 인천을 무대로 무역선의 연이은 왕래와 농산물을 비롯한 다양한 거래 물품은 일확천금을 꿈꾸던 일본인의 조선 진출을 자극하기에 충분했다. 한시에서 드러나듯이 개항장 인천은 손쉽게 부귀영화를 이룰 수 있는 '약속의 땅'이었다. 재조일본인들은 개항장을 무대로 '길가의 넘쳐나는 돈'을 손아귀에 넣었다.

조선에 재류한 일본인의 기원은 1876년 부산 개항으로 거슬러

올라간다. 식민지 조선은 제국 일본의 최대 이주 식민지로, 재조일본인 사회의 형성 속도는 일본의 조선에 대한 지배권의 확대와 더불어 급격히 빨라졌다. 일제강점기 말기에 이르면 조선에 거주한 일본인 수는 75만 명을 상회했다. 일본은 급격한 인구 증가 문제를 해결해야만 했고, 조선은 이 문제를 해결해줄 수 있는 가장 좋은 이주 대상지였기 때문이다. 이는 당시 일본의 작은 부현(府縣) 정도의 규모로, 일본인 전체에서 차지하는 비중은 결코 적지 않다. 여기에 조선 출장이나 단기 파견, 여행, 조선 경유 만주 이주 등 다양한 형태로 식민지 조선에 일시적으로 체재한 사람은 그 몇 배에 달할 것이다.

제국 일본의 식민지 통치는 총독을 정점으로 한 식민지 관료나 군부에 의해서만 이루어지지 않았다. 식민지 지배체제는 다양한 계층으로 구성된 재조일본인을 통해 유지 강화되었다. 식민지는 메이지 유신 이후 '정한론'(征韓論)으로 상징되는 침략사상에 물든 엘리트 관료와 경찰·군부에 의해 유지되었지만, 그 체제를 식민지에 견고하게 뿌리 내리게 한 주역은 일본에서 건너 온 재조일본인이라 해도 과언이 아니다.

일제강점기에 관한 한일 양국의 기본적인 역사인식은 제국주의와 식민지, 지배와 저항이라는 틀로 규정되었다. 구체적으로 '탈식민' 이후 식민 지배를 받았던 한국사회는 저항의 모습을 독립운동으로 복원했고, 일본사회에서는 비록 소수이기는 하지만 식민지배의 '정당성'을 주장하는 입장이 여전히 영향력을 떨치고 있다. 이러한 역사인식의 평행선에서 상호 간의 접점을 발견하고, 미래지향적인 양국 관계를 구축해 나가기 위해서는 식민지배에 관한 일본사회의 자기반성과 성찰이 요구된다고 할 수 있다.

재조일본인은 '제국'과 '식민지'의 접점에서 그들이 갖는 '근대성'과 '식민성'을 규명할 수 있는 중요한 연구 주제 가운데 하나로, 지금까지 재조일본인에 관한 연구는 다양한 각도에서 이루어졌다. 재조일본인은 제국의 식민지 침략과 수탈이 국가 권력과 그들이 지원하는 민간인이 결합하여 총체적으로 수행되었음을 실증하기 위한 주요 연구 대상이었다. 일본인의 조선 이주 과정을 둘러싼 실증 연구와 더불어 재조일본인의 왜곡된 조선 인식에 대한 강한 비판도 제기되었다. 최근에는 각 개항장에 초점을 맞추어 식민 도시의 형성과 관련된 재조일본인의 인구 변동, 재조일본인 사회의 사회 조직과 단체의 현황 및 그 사회구조적 특성을 밝힘으로써 일본의 식민지배의 성격과 식민지 근대를 심층적으로 이해할 수 있는 근거가 마련되고 있다.

재조일본인 연구는 가지무라 히데키(梶村秀樹)가 '침략의 선봉'이라는 문제를 제기한 이후, 기무라 겐지(木村健二)를 중심으로 사회경제사 연구가 활발히 진행되었다. 가지무라는 근대 일본 서민의 생활사에서 조선을 비롯한 식민지의 생활사는 일본인 역사 연구자가 의도적으로 피해 왔던 영역이었다며 재조일본인의 존재를 주목하면서 그들의 존재형태, 의식과 행동을 선구적으로 분석했다. 가지무라는 재조일본인을 '침략의 첨병'으로 규정하고, 그들의 굴종되고 착종된 심층의식을 패전 이후에도 일본인들이 무자각적으로 계승했다는 점을 비판했다.

가지무라의 '침략의 첨병'이라는 문제의식은 이후 다카사키 쇼지(高崎宗司)에게도 그대로 계승되었다. 다카사키는 식민지지배가 일부

정치가나 군인만이 아니라 일본서민의 '풀뿌리 침략', '풀뿌리 식민지지배'에 의해서 지탱되었다고 규정하면서, 1876년 부산 개항부터 패전에 의한 귀환까지 재조일본인 사회의 형성, 팽창, 붕괴를 통시대적으로 서술했다.

그러나 제국 일본의 식민 정책을 연구하면서 식민지 지배자와 지배 집단의 내부 구조에 대한 정확한 이해가 결여되어 있다면, 재조일본인 연구는 명백한 한계를 지닐 수밖에 없다. 왜냐하면 재조일본인 연구의 궁극적인 목적의 하나는 외래 식민 지배자들과 대립 또는 제휴라는 다양한 상호 작용 속에서 일제강점기를 살아 간 조선인의 '근대적' 경험과 변화를 통시적으로 고찰하는 것이기 때문이다. 특히 '지배에 대한 저항'에 초점을 맞춘 연구에서는 지배의 성격 자체에 대한 심층적 이해를 발전시켜 오지 못한 한계도 드러냈다. 요컨대 기존의 연구는 많은 연구 성과에도 불구하고 식민지 정책자, 식민지 지배자들 자체에 대한 연구로까지 발전되지 못했다고 말할 수 있다. 식민 정책의 생산 구조는 물론 지배의 내면적 구조와 성격을 밝힐 수 있는 '지배 세력' 자체에 대한 내재적인 분석 작업이 필요한 시점에 이르렀다.

한편 한일관계사의 기본적인 시각이었던 '식민지 수탈론'은 제국 일본이 식민지 조선을 지배하면서 각종 인적·물적 자원을 수탈해 갔다는 주장인데, 토지와 미곡의 수탈 나아가 노동력의 수탈 등 주로 경제적 수탈에 초점을 맞추고 있다. 이러한 시각의 연구는 근대 일본이 조선을 정치 군사적으로 점령함과 동시에 자국 민간인을 식민지에 정착시켜 조선 사회와 경제를 장악했고, 이 과정에서 거류민단, 상업회의소 같은 민간 조직은 일본제국주의와 결합되어 침략의 첨병 역할을 수행했다는 역사상을 제시한다. 물론 식민 지배 권력은 식민 모국의 권력에 비해 제도적으로 훨씬 단순하고 중앙집권적인 형태였다는 점에서, 단일한 식민 지배 권력이라는 접근 방식은 거시적인 측면에서 유용성이 있어 보인다. 그러나 기존 연구들이 암묵적으로 가정한 것처럼 식민 지배 권력의 실체를 일본제국주의나 조선총독부라는 단일한 행위자로 인식하는 것은 식민 지배 권력의 이면적 속성을 파악하는 데 약점이 있다. 단일한 식민 지배 권력이라는 접근은 식민지 내부에 다차원적으로 실재했을 다양한 권력 집단들 간의 상충하는 이해관계의 갈등 양상을 파악하는 데 불충분한 면이 있어 보이기 때문이다.

또한 일제강점기 조선총독부가 정책적 의사 결정을 관철시키는 과정에서 현실적으로 노정된 주요한 갈등은 유효한 정치적 기회가 박탈된 조선인들과의 적대적 관계에서뿐만 아니라, 다양한 이해관계에 따라 독자적으로 행동한 재조일본인들과의 상호관계에서도 발생했다. 예를 들어 식민지기에 발생한 지역 분규를 포함한 사회적 갈등에서 재조일본인들은 조선인과의 제휴를 통해 지역민으로서 자신들의 이해를 조선총독부에 관철시키기도 하였고, 식민지 도시의 재조일본인은 조선인에게 선망의 대상이면서 경쟁 상대로서 조선인의 삶에 다양한 영향을 주었다.

따라서 식민지 사회 내부에서 재조일본인 이해관계의 독자성, 즉 조선총독부의 지배 대상인 '일등 국민'으로서의 성격과 조선인에 대한 지배 민족으로서의 성격을 확인한다면, 일제강점기를 조선총독부와 조선인 또는 일본인과 조선인이라는 이분법적 접근 방식은 재고될 필요가 있다. 재조일본인 연구는 '제국'과 '식민지'

의 접점에서 파생한 다양한 현상에 접근할 수 있는 통로이다. 이 문제에 대한 분석이 처음부터 전면적으로 이루어지기는 어려운 측면이 있겠지만, 우선 체계적인 자료 정리와 사례 연구, 그리고 구체적인 지역 연구를 통해 연구 성과를 축적해 나가는 것이 중요하다.

개항 이후 일본인들은 조선으로 건너와 재조일본인 사회를 형성하기 시작했다. 1876년 54명에서 원산 개항 직후인 1881년의 일본인 수는 3,417명이었고, 1883년에는 인천 개항에 따라 4,003명, 1894년에는 청일전쟁의 승리에 의해 12,303명으로 증가했다. 더욱이 러일전쟁이 개시된 1904년에는 31,093명으로 증가했고, 러일전쟁이 일본의 승리로 끝나고 조선에 대한 일본의 지배가 거의 확실해진 1905년에는 1년 전인 1904년보다 1만 명이 늘어난 42,460명의 일본인이 조선에 거주했다. 이후에도 일본인 거류민은 계속 증가하여 1910년 한국강점 당시에는 이미 17만 명이 넘는 재조일본인이 조선에 건너왔다.

재조일본인 연구를 한마디로 정리하기란 무리겠지만, 그 어느 분야든 '식민자의 지배와 피지배 민족의 저항'이라는 구도 속에서 이루어져왔다. 재조일본인은 일본 침략의 담당자로 인식되었다. 최근에는 각 개항장에 초점을 맞추어 조계의 설정 과정과 재조일본인의 모습을 분석한 업적도 눈에 띈다. 그들은 1945년 일본의 패전에 이르기까지 약 70여 년 간 '풀뿌리' 지배자로서 다양한 활동을 전개했다. 초기 재조일본인의 인구 구성은 현저한 남녀차를 확인할 수 있다. 직업 구성도 특이하다. 공무와 자유업이 20~40%를 차지했다. 농림과 목축업은 10%에도 미치지 못했고, 일본의 만주침략 이후는 어업과 제염업과 더불어 절대적인 감소 경향을 보인다. 물론 광공업 종사자가 늘어난 것도 아니었다. 광공업은 침략전쟁의 확대로 인해 조선의 '대륙병참기지'화를 추진하던 시기에 이르러 비로소 늘어난다. 오히려 상업과 교통업이 이상할 정도로 비대한 구조를 나타냈다. 통계 자료를 보면 기타·무직·무신고 등 정체불명의 재조일본인이 많았다. 재조일본인 사회가 조선총독부를 정점으로 조선인 위에 군림하는 사회구조였음을 잘 말해준다.

물론 재조일본인 내부에도 계층 차이는 존재했다. 조선은 일본자본주의 모순의 분출구이자 생명선이었다. 이 결과 식민지에 진출한 재조일본인은 군인·경찰과 관료를 비롯해 지주나 자본가는 물론 말단의 서민층까지 포함한 '단일형' 진출이라는 특징을 보인다. 이런 의미에서 일본 식민지 지배구조는 지배계층의 비호 아래 이름 모를 수많은 민간인을 통해 유지되었다고 말할 수 있다. 요컨대 식민지 사회는 총독부 관리와 군인·경찰체계를 정점으로 지주와 상인을 비롯한 각종 비생산 부문에 종사하는 다수 일본인이 지배하는 피리미드 구조 아래, 대다수 조선인이 존재했다.

개항 직후 조선으로 가장 많은 거류민을 보낸 지역은 전통적으로 조선과 관계가 밀접했던 나가사키(長崎)였다. 한국강점 이후는 지역적으로 조선과 가까운 야마구치(山口)나 후쿠오카(福岡)를 비롯한 서일본 지역 출신자가 많았다. 1930년대 이후에는 농경지대인 동일본 지역 출신자를 포함하여 모든 지역으로 확대되었다. 초기 조선 내 지역별 분포는 대단히 불균등하여, 경기도와 경남이 거의 절반을 차지했다. 서울과 부산 등 대도시에 일본인이 집중했음을 나타낸다. 일제 말기에는 함경도 등 북부 지역의 일본인도 급증한다. 만주침략정책과 군수공업화정책과 연관된 현상이다. 반대로 농촌지역에서 일본인이 차지하는 비중은 별로 높지 않았다. 조선 내 일본인 대부분은 상대적으로 치안이 안정된 도시를 거점으로 생활했기 때문이다. 특히 도시부에서 일본인은 자기 거주 영역에 집중하여 조선인과 직접 대면하지 않는 일상생활을 영위했다. 식민지 조선에서 일본인은 조선인과는 별개의 그들만의 세계에서 존재한 것이다.

재조일본인 연구는 연구사적으로 보아도 이제 출발에 불과하다. 이 문제에 대한 접근이 처음부터 전면적으로 이루어지기는 어려운 측면이 있겠지만, 우선 체계적인 자료 정리와 구체적인 사례 연구, 그리고 지역 연구를 통하여 연구 성과를 축적해 나가는 것이 중요하다. 특히 시기별, 지역별, 계층별 차이에 따른 다양한 재조일본인 사회의 특질에 대한 분석이 필요할 것이다. 이를 통해 '보통 일본인'에 의한 '풀뿌리 식민지 지배와 수탈'의 구조가 밝혀질 것이다. 이 책의 문제의식은 바로 이 지점에 있다.

이 책에서는 개항장 인천을 사례로 개항 이후 한국강점에 이르기까지 일본 식민 지배 세력이 인천에 세운 식민 사회의 구조적 특성이 무엇이며, 그러한 사회경제적 특성은 일제의 식민 지배 정책과 서로 어떤 연관성을 지니고 있는지 등을 살펴보고자 한다. 인천은 개항 이후 재조일본인 사회에 대한 연구에서 최적의 연구 대상 지역의 하나이다. 인천은 일찍이 한성에 이르는 일본인 진출의 주요 대상이었다. 인천 지역의 일본인 인구는 급증했고, 이들 일본인들은 다양한 사회 조직을 이루면서 경제적 부를 축적해나갔다. 인천 지역의 사회경제적 특성을 고려할 때, 인천의 사례 연구는 일제시기 식민 지배 세력이었던 재조일본인 사회와 그들을 중심으로 이루어진 식민 지배 구조의 특성, 그것이 조선 사회에 미친 영향 등을 연구하는 데 좋은 모델을 제시해 줄 것이다.

2015년 1월
이 규 수

차례

제1장 재조일본인 연구의 현황과 과제

1. 접점으로서의 재조일본인

재조일본인 연구는 가지무라 히데키(梶村秀樹)가 '침략의 선봉'이라는 문제를 제기한 이후,[1] 기무라 겐지(木村健二)를 중심으로 사회경제사 연구가 진행되었다.[2] 가지무라는 근대 일본 서민의 생활사에서 조선을 비롯한 식민지의 생활사는 역사연구자가 피해 왔던 영역이었다며 재조일본인의 존재를 주목하면서 그들의 존재형태, 의식과 행동을 분석했다. 가지무라는 재조일본인을 '침략의 첨병'으로 규정하고, 그들의 굴종되고 착종된 심층 의식을 전후 일본인들이 무자각적으로 계승했다는 점을 비판했다. 가지무라의 연구는 재조일본인에 관한 최초의 연구 성과로 이후 연구에 기본적인 인식 틀을 제공했다.

가지무라의 '침략의 첨병'이라는 문제의식은 다카사키 쇼지(高崎宗司)에게도 그대로 계승되었다. 다카사키는 식민지지배가 일부 정치

---

1) 梶村秀樹, 『朝鮮史と日本人(梶村秀樹著作集1)』, 明石書店, 1992.
2) 木村健二, 『在朝日本人の社會史』, 未來社, 1989.

가나 군인만이 아니라 일본서민의 '풀뿌리 침략', '풀뿌리 식민지지
배'에 의해서 지탱되었다고 규정하면서, 1876년 부산 개항부터 패전
이후 귀환까지 재조일본인의 역사를 개괄적으로 서술했다.[3] 다카사
키가 제기한 '풀뿌리 침략'이라는 범주는 요시미 요시아키(吉見義明)
의 '풀뿌리 파시즘'론에 영향을 받은 것으로 보이는데, 우치다 준(內
田じゅん)도 지적한 바와 같이 재조일본인을 '풀뿌리 침략자'라는 하
나의 이미지로만 규정한 나머지 그들의 다양성과 다면성을 간과하
고 있다.[4] 요컨대 '침략자'라는 동일성 아래에서 계층, 지역, 젠더,
세대의 차이가 경시되고 있을 뿐 아니라, 지배 세력의 일부를 구성
하면서도 사안에 따라 총독부 권력과 끊임없는 마찰을 일으키면서
긴장 관계를 유지한 재조일본인의 이중적 성격도 간과하고 있다는
것이다.

다카사키의 연구 이후 거류지의 형성, 경제활동, 지역사회 등 다
양한 분야에서 연구가 진행되는 가운데, 정치사 분야에서는 먼저 거
류민단의 성립과 해체, 그리고 병합 전후 식민권력과 재조일본인 사
회의 갈등을 밝힌 연구들이 잇따라 발표되었다.[5] 먼저 전성현은
1910년대 중반부터 1920년대까지 상업회의소의 조직과 활동을 산업

---

3) 高崎宗司, 『植民地朝鮮の日本人(岩波新書790)』, 岩波書店, 2002.

4) 內田じゅん, 「書評 高崎宗司著 植民地朝鮮の日本人」, 『韓國朝鮮の文化と社會』2, 2003.

5) 야마나카 마이, 「서울 거주 일본인 자치기구 연구(1885~1914년)」, 가톨릭대학교
석사학위논문, 2001 ; 박양신, 「통감정치와 재한일본인」, 『역사교육』90, 2004 ;
방광석, 「한국강점 전후 서울의 '재한일본인' 사회와 식민권력」, 『역사와 담론』56,
2010 ; 李東薰, 「在朝日本人社會の『自治』と『韓國併合』－京城居留民團の設立と解
體を中心に」, 『朝鮮史研究會論文集』49, 2011 ; 박양신, 「재한일본인 거류민단의
성립과 해체」, 『아시아문화연구』26, 2012.

및 경제 정책과 관련지어 분석했다. 재조일본인이 "일제의 직접적인 통치대상인 동시에 지배 권력의 일환"이라는 '이중적 성격'을 가지고 있다는 점을 지적하면서, 그들은 식민 권력의 하수인이라는 수동적 존재가 아니었으며 상업회의소를 통해 조선 철도망의 건설 완비, 이입세 철폐 등 식민지 산업과 경제 정책에 개입하여 자신들의 이해를 관철시켰다고 주장했다.[6]

기유정은 본국 정부의 조선 경제 정책에 대해서 재조일본인이 조선 거주자이자 조선의 식민자 세력으로서 지역적 일체감, 요컨대 '조선주의'를 지니고 1920~30년대 식민지 안팎에서 전개했던 정치활동을 '조선산업개발보급금 청원운동'과 '조선쌀 옹호운동(鮮米擁護運動)'의 사례로 분석했다. 기유정은 재조일본인의 '조선의식'을 강조하면서 재조일본인 사회의 조선의식이 어떤 이념과 논리로 본국과의 정치관계에서 쟁점을 만들었고, 결과적으로 식민정책 결정에 어떠한 영향을 미쳤는지 고찰했다.[7]

이승엽은 1910년부터 1930년 초반까지의 재조일본인의 동향을 식민지 통치 권력과 조선인 사회의 관계 및 그 변화상을 규명했다. 구체적으로는 지역 엘리트, 거류민단, 공직자, 변호사회를 중심으로 한 재조일본인 유력자들의 정치운동을 거류민단 폐지에 따른 자치권 옹호운동, 3·1운동에 대한 재조일본인의 대응과 동향, 3·1운동 이후 새롭게 재편된 정치 공간에서 통치 권력과 민간, 일본인과 조선인, 지배 블록 내부의 대립과 권력 관계를 조망했다.[8]

---

6) 전성현, 『일제시기 조선 상업회의소 연구』, 선인, 2011.
7) 기유정, 「일본인 식민사회의 정치활동과 '조선주의'에 관한 연구-1936년 이전을 중심으로」, 『서울대학교 대학원 정치학과 박사논문』, 2011.

또 우치다는 개항부터 패전 후 귀환에 이르는 시기까지 재조일본인의 존재형태를 정치사적으로 접근했다. 우치다는 상공업자를 중심으로 하는 재조일본인 주류계층을 '제국의 브로커'라고 명명하고 이들이 식민 권력과 마찰을 빚으며 긴장 관계를 유지하는 한편, 자신들의 이익을 추구하기 위해 조선인 상층부와 협력하면서 정치 활동을 전개했다고 평가했다.[9] 특히 3·1운동 이후 식민지 산업화를 위해 재정 확보가 필요해지자 일본제국의회를 상대로 공식적인 청원·비공식적인 로비 등을 전개하면서, 다른 한편으로는 내선융화를 기치로 조선인 협력자들과 동민회를 조직하여 조선 통치를 안정화시키려 했던 재조일본인들의 모습을 역동적으로 그려냈다. 식민 권력, 재조일본인, 조선인 상층부 사이의 대립과 협력을 포함한 다양한 방식의 상호 작용을 분석함으로써, 권력의 작동, 지배의 메커

8) 李昇燁,「全鮮公職者大會-1924~1930」,『二十世紀研究』4, 2003 ; 李昇燁,「三·一運動期における朝鮮在住日本人社會の對應と動向」,『人文學報』92, 2005 ; 이승엽,「'문화정치' 초기 권력의 동향과 재조일본인사회」,『일본학』35, 동국대학교일본학연구소, 2012.

9) 우치다는 '브로커'라는 분석용어를 다음 세 가지 측면에서 사용했다고 밝히고 있다. 먼저, 일상적인 상업 활동으로부터 대규모 진정운동에 이르기까지 재조일본인들을 추동했던 이윤 지향적 심성(the profit-oriented mentality)을 드러내기 위해, 두 번째로 거류민들의 자치에 끊임없는 제한과 제약을 가하는 식민 권력의 대행자(agents)이자 하수인(pawns)인 거류민들의 중간자적 위치를 포착하기 위해 사용했다. 즉, 식민 국가(=관)와 거류민 사회(=민)의 경계가 고정되지 않고 모호하기 때문에 제국의 브로커들은 중간적 존재로서 영향력을 가지게 된다는 것이다. 세 번째로 거류민의 권력과 그들의 식민주의 그 자체가 피식민자와의 관계 속에서 어떻게 구성되는 것인가를 보여주기 위해서 이 개념을 사용했다고 한다. 內田じゅん,「植民地期朝鮮における同化政策と在朝日本人-同民會を事例として」,『朝鮮史研究會論文集』41, 2003 ; Uchida, Jun, *Brokers of Empire : Japanese Settler Colonialism in Korea, 1876-1945*, Harvard Univ. Council on East Asian, 2011.

니즘을 보다 복합적으로 파악했다.

한편 최근에는 '식민지 공공성'론, '관료유지 지배체제'론, '농촌 엘리트'론 등이 제기되면서 '식민지 지역정치', '식민지 지역사회'에 대한 관심이 높아져 지역사회의 정치구조, 식민지 권력과 지역사회와의 연관구조에 관한 연구가 발표되고 있다.[10] 이들 연구에 따르면 3·1운동 이후 지방제도 개정에 따라 지방자치제가 실시되면서 극히 제한적이긴 하지만 '공론의 장'이 열리게 되었다는 점이 주목을 받았다. 지방제도 개정으로 재조일본인이 많이 거주하는 부(府)에는 부제가 시행되면서 부협의회가 설치되었고, 제한선거이지만 선거를 통해 협의원이 선출되면서 지방정치, 도시정치, 지역정치가 활성화되었다. '지역개발', '지역발전'이 표방되면서 일본인과 조선인은 지역민 다수의 이해관계가 걸려있는 현안을 둘러싸고 갈등과 대립을 표출했을 뿐 아니라 협력·경합·타협 등 다양한 방법으로 지방정치, 도시정치를 전개했다.

이와 관련하여 홍순권은 최초의 개항장이자 재조일본인의 비율이 높은 부산에 거주하는 일본인들의 인구 변화, 사회 계층 문제, 부면협의회, 부회, 읍회 선거를 중심으로 지방 선거, 부협의회, 부회의 운영, 지역 개발 사업의 내용과 이를 둘러싼 지방 정치 세력의 동향을 분석해서 지방 사회의 권력 구조와 식민 통치의 메커니즘을 밝혔다.[11]

---

10) 식민지권력과 지역사회와의 연관구조에 대한 연구에 대해서는 松田利彦, 「植民地 支配と地域社會－朝鮮史研究における成果と課題」, 松田利彦·陳姃湲編, 『地域社 會から見る帝國日本と植民地－朝鮮 台湾 満洲』, 思文閣出版, 2013 참조.

11) 홍순권, 『근대도시와 지방권력－한말·일제하 부산의 도시발전과 지방세력의 형성』, 선인, 2010.

이준식은 군산의 일본인 유력자 집단의 형성 과정, 식민 권력, 조선인 유력자 집단의 동향을 분석했다. 일본영사관과 통감부의 비호 아래 군산의 일본인들이 이익 독점 체제를 확립했고 자신들의 이해관계를 관철하기 위해 진정이나 청원의 명목으로 다양한 로비활동, 예를 들어 군산항 축항, 호남철도 유치, 중학교 설립운동 등을 전개했다는 점, 군산부로 전환하면서 부회의 일본인 조선인 비율에 변화가 생겨 조선인은 숫자나 비율 두 측면에서 모두 증가하여 조선인과 일본인 사이에 의견이 대립했다는 점을 지적했다.[12]

가토 게이키(加藤圭木)는 1930년대 항만도시 나진에 주목했다. 길회선 종단항이 나진항으로 결정되는 과정에서 지역 유력자들의 동향이 어떻게 바뀌었는지, 또 그에 따른 나진의 면협의회, 읍회, 부회의 구성원은 어떻게 달라졌는지를 살피는 한편, 지방 재정의 재원 부담을 둘러싼 행정 당국과 조선인 유력자와 일본인 유력자 간의 대립상을 분석했다.[13] 또 송규진은 1910년대를 중심으로 교통의 요충인 '식민도시' 대전을 건설하는 과정에서 일본인의 로비 활동, 구체적으로는 호남선 철도 분기점 유치, 보병 80연대 유치, 교육시설 확충 등을 실증적으로 밝혔다.[14]

헨리 토드(Henny Todd)와 염복규는 일본인이 가장 많이 거주하고 있는 경성을 사례로 삼았다. 헨리 토드는 식민지 수도 경성을 중심

12) 이준식, 「일제강점기 군산에서의 유력자집단의 추이와 활동」, 『동방학지』131, 2005.

13) 加藤圭木, 「一九三〇年代朝鮮における港湾都市羅津の『開発』と地域有力者」, 『朝鮮史研究會論文集』49, 2011.

14) 송규진, 「일제강점 초기 '식민도시' 대전의 형성과정에 관한 연구—일본인의 활동을 중심으로」, 『아세아문제연구』45, 2002.

으로 위생, 박람회, 식민지 신사를 둘러싼 총독부와 조선인, 재조일본인과 조선인, 조선인 지식인과 민중 사이에 전개된 다양한 관계에 주목했다.15) 염복규는 1920년대 경성 시구개수(市區改修) 이관과 수익세 제정 논란, 1920~30년대 경성부협의회의 '청계천 문제' 논의를 사례로 도시 문제를 둘러싼 재조일본인과 조선인 간의 민족적 대립을 분석하고 이를 통해 식민지 지역 정치의 추이를 살폈다.16)

한편 사회경제사 분야에서도 많은 연구가 이루어졌다. 앞에서도 지적한 가지무라 히데키가 '아래로부터의 식민주의'라는 문제를 제기한 이후 기무라 겐지는 국제 인구 이동, 또는 노동력이동의 관점에서 일본제국주의 해명의 일환으로 재조일본인을 연구했다. 특히 기무라 겐지는 재조일본인에 대한 다수의 논문을 통해 재조일본인의 존재형태를 일본인의 해외 진출 과정 및 일본 국내의 근대화와 관련한 국제 인구 이동 현상으로 파악하려는 사회학적 접근을 시도했다. 즉 일본의 근대화 과정에서 해외로 진출한 일본인들 특히 청일, 러일전쟁을 계기로 활발하게 조선에 진출한 재조일본인들의 사회, 경제적 배경, 거류민단, 상업회의소, 재조일본인 저널리즘의 활동을 면밀하게 분석했다.17)

---

15) Henny Todd, *'Keijo' : Japanese and Korean Construction of Seoul and the history of its Lived space, 19101937*, University of California Los Angeles Ph.D, dissertation, 2006

16) 염복규, 「일제하 도시지역정치의 구도와 양상-1920년대 京城市區改修 이관과 수익세 제정 논란의 사례 분석」, 『한국민족운동사연구』67, 2011 ; 염복규, 「식민지시기 도시문제를 둘러싼 갈등과 "민족적 대립의 정치"」, 『역사와 현실』88, 2013.

17) 木村健二, 「在外居留民の社會活動」, 『近代日本と植民地』5, 岩波書店, 1993 ; 木村健二, 「朝鮮居留地のおける日本人の生活樣態」, 『一橋叢論』115-2, 1996 ; 木村健二, 「在朝鮮日本人植民者のサクセス・ストーリー」, 『歷史評論』625, 2002.

이후 개항장 및 거류지를 중심으로 형성된 식민도시에 초점을 맞추어 재조일본인들을 재조명한 연구들이 잇따랐다.[18] 인천[19], 군산[20], 부산[21], 목포[22] 등 각 거류지별 재조일본인 사회의 형성과 인구변동, 거류민단, 상업회의소의 현황 등 각 지역의 재조일본인에 대한 연구가 축적되고 있다. 영어권에서는 피터 듀스(Peter Duus)가 개항기부터 한국강점까지의 재조일본인 사회를 개괄했다.[23] 또한 재조일본인의 인구변화 양상을 연도별 출신지별 산업별로 추적한 거시적인 연구도 발표되었다.[24]

---

18) 손정목, 『한국개항기 도시변화과정 연구-開港場・開市場・租界・居留地』, 일지사, 1982 ; 孫禎睦, 『都市社會經濟史硏究-韓國開港期』, 一志社, 1982 하시야 히로시 지음・김제정 옮김, 『일본제국주의, 식민지 도시를 건설하다』, 모티브북, 2005.

19) 대표적인 연구로는 노영택, 「개항지 인천의 일본인 발호」, 『기전문화연구』5, 1974 ; 橋谷弘, 「釜山・仁川の形成」, 『近代日本と植民地3』, 岩波書店, 1993 ; 김학준, 「개항 시기와 근대화 노력시기의 인천」, 『한국학연구』6・7합집, 1996 ; 정광하, 「개항장을 기반으로 한 일본의 대한침략사 소고」, 『통일문제와 국제관계』8, 1997 ; 양상호, 「인천개항장의 거류지확장에 관한 도시사적 고찰」, 『논문집』1, 1998 ; 강덕우, 「인천개항과 관련한 몇 가지 문제」, 『인천학연구』1, 2002 ; 박찬승, 「조계제도와 인천의 조계」, 『인천문화연구』1, 2003 ; 김윤희, 「개항기(1894~1905년) 인천항의 금융 네트워크와 韓商」, 『인천학연구』3, 2004 ; 이규수, 「개항장 인천(1883~1910)-재조일본인과 도시의 식민지화」, 『인천학연구』6, 2007 ; 문영주, 「20세기 전반기 인천 지역경제와 식민지 근대성-인천상업회의소(1916~1929)와 재조일본인(在朝日本人)」, 『인천학연구』10, 2009 등을 참조.

20) 김영정[외] 지음, 『근대 항구도시 군산의 형성과 변화 : 공간, 경제, 문화』, 한울아카데미, 2006.

21) 坂本悠一・木村建二, 『近代植民都市 釜山』, 櫻井書店, 2007 ; 홍순권 편, 『부산의 도시형성과 일본인들』, 선인, 2008 ; 아이 사키코, 「부산항 일본인 거류지의 설치와 형성」, 『도시연구』3, 2010.

22) 고석규, 『근대도시 목포의 역사 공간 문화』, 서울대학교출판부, 2004.

23) Peter Duus, *The abacus and the sword : the Japanese penetration of Korea, 1895-1910*, Berkeley : University of California Press, 1995.

한편 경제사 분야에서는 일본제국주의의 조선 지배 성격을 해명하기 위해 일찍부터 연구자들이 주목해 왔다. 안병태는 일본의 군국주의적 진출, 자본주의적 진출, 제국주의적 진출이 육해군, 공관, 금융기관과 함께 상업회의소, 거류민의 활동 및 상호관계 속에서 그 특질이 현저하게 드러난다며 재조일본인의 경세활동에 주목하였다.[25] 이후 조선에 진출한 기업에 대한 연구는 농업[26], 수산업[27], 금융[28], 상업[29] 등 다양한 분야에서 이루어졌다.

24) 기무라 겐지, 「植民地下 朝鮮 在留 日本人의 特徵-比較史的 視点에서」, 『지역과 역사』15, 2004 ; 이규수, 「재조일본인의 추이와 존재형태-수량적 검토를 중심으로」, 『역사교육연구』125, 2013.

25) 안병태, 『한국근대경제와 일본 제국주의』, 백산서당, 1982.

26) 淺田喬二, 『日本帝國主義와日植民地地主制』, 御茶の水書房, 1968 ; 이규수, 「후지이 간타로(藤井寬太郞)의 한국진출과 농장경영」, 『大東文化研究』49, 2005 ; 홍성찬, 「일제하 전북지역 일본인 농장의 농업경영-1930, 40년대의 사례를 중심으로」, 『일제하 만경강 유역의 사회사-수리조합, 지주제, 지역 정치』, 혜안, 2006 ; 최원규, 「일제하 일본인 지주의 농장경영과 농외 투자-전북 옥구군 서수면 熊本農場 地境支場의 사례를 중심으로」, 『일제하 만경강 유역의 사회사-수리조합, 지주제, 지역 정치』, 혜안, 2006 ; 하지연, 『일제하 식민지 지주제 연구-일본인 회사지주 조선흥업주식회사 사례를 중심으로』, 혜안, 2010.

27) 藤永壯, 「植民地下日本人漁業資本家의 存在形態―李堉家漁場을めぐる朝鮮人漁民との葛藤」, 『朝鮮史研究會論文集』24, 1987 ; 여박동, 「일제하 통영, 거제지역의 일본인 이주어촌형성과 어업조합」, 『日本學志』14, 1994 ; 김수희, 『근대 일본어민의 한국진출과 어업경영』, 경인문화사, 2010.

28) 홍성찬, 「日帝下 平壤지역 일본인의 銀行설립과 경영-三和・平壤・大同銀行의 사례를 중심으로」, 『延世經濟研究』3-2, 1996 ; 홍성찬, 「韓末・日帝初 在京 일본인의 銀行설립과 경영-京城起業・京城銀行의 사례를 중심으로」, 『한국사연구』97, 1997 ; 홍성찬, 「日帝下 在京 일본인의 朝鮮實業銀行 설립과 경영」, 『延世經濟研究』6-2, 1999.

29) 木村健二, 「朝鮮進出日本人의 営業ネットワーク-亀谷愛介商店을事例として」, 杉山伸也編, 『近代アジアの流通ネットワーク』, 創文社, 1999 ; 하야시 히로시게, 『미나카이백화점 조선을 석권한 오우미상인의 흥망성쇠와 식민지 조선』, 논형, 2007.

재조일본인 개별 자본가와 기업 활동에 대한 실증연구는 기무라 겐지 이후 김명수, 배석만, 고노 노부카즈 등이 재조일본인 기업가에 관한 구체적인 사례연구가 진행되었다. 기무라는 조선의 과학적 경영관리의 선구자로서 경성상공회의소 회장 가다 나오지(賀田直治)를 다뤘고[30], 이후 재조일본인 실업가 12명의 전기를 검토하여 경력, 경영수법, 단체, 공공사업을 포함한 공직관계, 조선인과의 교류, 고향과의 관계를 밝혔다.[31]

김명수는 토목청부업자인 아라이 하쓰타로(荒井初太郎)와 대만개발에 종사하다가 조선으로 건너와 큰 부를 축적한 가다 집안(賀田家)의 가다 가네사부로(賀田金三郎), 가다 나오지(賀田直治)의 사례를 연구했다. 아라이 하쓰타로의 사례연구를 통해서 김명수는 일본인 토목업자의 한국 진출 배경과 과정, 한국 진출 이후의 토목청부업 활동과 성장뿐 아니라, 재조일본인 토목청부업자가 일본경영사에서 차지하는 위치와 특징을 해명했다. 또한 가다 집안의 사례를 통해 그들의 자본 축적과 기업 활동을 검토함으로써 재조일본인 기업가의 세대교체와 그 특징을 밝혔다.[32]

또 고노 노부카즈는 러일전쟁 이후 조선에 진출하여 패전 후에도 일본에서 '수산재벌'로 살아남은 나카베 이쿠지로(中部幾次郎)의 하야

---

30) 木村健二, 『戰時下植民地朝鮮における經濟團體と中小商業者』, 東京國際大學博士學位論文, 2006.

31) 木村健二, 「在朝日本人史研究の現狀と課題−在朝日本人實業家の傳記から讀み取り得るもの」, 『일본학』35, 2012.

32) 김명수, 「재조일본인(在朝日本人) 토목청부업자 아라이 하츠타로(荒井初太郎)의 한국진출과 기업활동」, 『경영사학』263, 2011. ; 김명수, 「한말 일제하 賀田家의 자본축적과 기업경영」, 『지역과 역사』25, 2009.

시카네 상점(林兼商店)의 경영과 자본 축적 과정의 사례를 연구했다. 이를 통해 조선 수산업의 변천 과정에서 일본인의 역할과 식민지를 기반으로 발전한 일본 수산업의 기원을 밝혔다.[33] 배석만은 부산의 대표적인 재조일본인 유력자 가시이 겐타로(香椎源太郎)와 매축업자인 이케다 스케다다(池田佐忠)를 검토했다. 특히 가시이 겐타로의 분석 시점을 일본경질도기를 인수한 이후로 설정함으로써 재조일본인 기업가의 성공요인과 귀환 후의 기업 활동을 해명했다. 또 부산항 개발의 주역이었던 이케다 스케타다의 기업 활동 전반을 밝힘과 동시에 그가 성장할 수 있었던 주요 요인으로서 정치권, 군부, 관료와의 인맥을 분석했다.[34]

이상과 같이 재조일본인은 '제국'과 '식민지'의 접점에서 그들이 갖는 '근대성'과 '식민성'을 규명할 수 있는 중요한 연구 주제 가운데 하나로, 지금까지 재조일본인에 관한 연구는 다양한 각도에서 이루어졌다. 재조일본인은 제국의 식민지 침략과 수탈이 국가권력과 그들이 지원하는 민간인이 결합하여 총체적으로 수행되었음을 실증하기 위한 주요 연구대상이었다. 일본인의 조선 이주과정을 둘러싼 실증연구와 더불어 재조일본인의 왜곡된 조선인식에 대한 강한 비판

---

33) 고노 노부카즈, 「일제하 중부기차랑(中部幾次郎)의 임겸상점(林兼商店) 경영과 "수산재벌(水産財閥)"로의 성장」, 『동방학지』153, 2011.

34) 배석만, 「부산항 매축업자 이케다 스케타다(池田佐忠)의 기업 활동」, 『한국민족문화』42, 2012 ; 배석만, 「일제시기 부산의 대자본가 香椎源太郎의 자본축적 활동－日本硬質陶器의 인수와 경영을 중심으로」, 『지역과 역사』25, 2009. 한편 김동철은 일제시기 전체에 걸친 카시이의 활동을 자본가로서의 활동만이 아닌 '지역의 대변자', '지역 일본인 사회의 대변자'로서 카시이의 사회경제활동을 명확히 했다 (김동철, 「부산의 유력자본가 香椎源太郎의 자본축적과정과 사회활동」, 『역사학보』186, 2005).

도 제기되었다. 최근에는 각 개항장에 초점을 맞추어 식민도시의 형성과 관련된 재조일본인의 인구 변동, 재조일본인 사회의 사회조직과 단체의 현황 및 그 사회구조적 특성을 밝힘으로써 일본의 식민지배의 성격과 식민지 근대를 심층적으로 이해할 수 있는 근거가 마련되고 있다.

2. '제국'과 '식민지'의 연구 지형

'제국'과 '식민지'를 둘러싼 현재까지의 연구를 조망하면, '식민지 근대화론'이나 '식민지근대성론'의 문제제기가 영향력을 떨치는 가운데 일제강점기를 이민족에 의한 민족수탈의 암흑기로만 이해하기보다, 20세기 한국 근대의 한 과정이나 형태로 이해하자는 주장이 세력을 확보해 가는 형세였다. 물론 '문화연구'나 '담론연구'와 같은 새로운 연구 시각은 일제강점기의 모습을 새롭고, 또 다양하게 보여줄 수 있을 것이라는 점에서 환영받을 만하다. 하지만 식민지 사회에서 '민족' 문제와 '개인' 혹은 '사회'의 문제 가운데 어느 쪽이 더 큰 비중을 차지하고 있었는지에 대해서는 연구자들의 실천적 고민이 필요하고, 일제강점기를 '식민지 근대'로 개념화 한다고 할 때, 당시 역사의 당면 과제를 가장 충실히 이행한 민족독립운동과 그 근저에서 작동한 '민족주의'를 등한시하거나 배제시켜서는 안 될 것이다.

해방 이후 한국 역사학계의 과제는 '식민지수탈론'에 의거한 식민사학 비판이었다. 정체성론과 타율성론에 입각한 식민사학 비판은 민족주의 사학의 계승과 내재적 발전론의 정착 과정이었다. 이 시각에 따르면, 일제강점기 이전 시기는 자본주의의 맹아가 근대로의 자생적 이행을 준비하는 시기로, 일제강점기는 일본제국주의의 민족차별과 수탈로 자생적 이행 가능성이 압살된 민족사의 암흑기로 인식되었다. 조선후기 이래 내재적으로 성장해 온 근대화의 싹이 일본의 침략에 의해 짓밟히면서도 그것이 어떻게 발전해왔는가를 밝히는 데 집중된 일련의 노력들은 식민사학을 불식시키는 데 공헌했다. 이러한 역사인식은 일본제국주의의 부당한 지배에 저항한 민족해방운동 세력에게 역사적 정당성을 부여했다. 1960년대 이후 '식민지수탈론'은 한국사학계의 통설로 자리매김했다.[35]

그런데 사회주의 체제의 동요는 역사학의 연구 지형에도 커다란 변화를 불러일으켰다. 1980년대 중반 이후에는 일본의 식민지 지배를 어떻게 바라볼 것인가를 둘러싸고 '식민지근대화론'이 민족주의 역사학에 기초한 '식민지수탈론'을 비판하는 양상으로 진행되었다. 일제강점기를 '수탈과 저항'의 역사가 아닌 '수탈과 개발'의 역사로 바라보자는 '식민지개발론'의 등장이었다. '식민지근대화론' 논쟁은 경제사학계의 일부 연구자들이 역사학계의 역사인식을 '식민지수탈론'이라고 비판하면서 수정을 요구했고, 역사학계는 이들의 수정사

---

35) 일반적으로 '내재적발전론'은 경제사적인 입장에서 조선후기 이후 성장해온 자본주의적 관계가 일본의 침략이 없었다면 더욱 성장, 발전했을 것이나 침략으로 인해 좌절되었다는 것으로 인식하고 있다. 그러나 '내재적발전론'의 원래 의미는 한국사의 주체적 발전을 추구해나가는 시각이고, 한국사회 내에 근대 사회를 생성시킨 요소를 발견하고 그 궤적을 추적하는 것을 과제로 삼는 시각이다. 이에 대해서는 梶村秀樹, 「朝鮮近代史研究における內在的發展論の視角」, 『東アジア世界史探求』, 汲古書院, 1986 ; 梶村秀樹, 「一九二〇～三〇年代の民族運動」, 『朝鮮の近代史と日本』, 大和書房, 1987 참조.

론을 '식민지근대화론'이라고 역비판하면서 '격투'가 전개되었다.[36]

1990년대 중반 이후 탈민족주의, 탈식민주의 등을 내건 '탈근대주의'의 입장에서 '식민지수탈론'과 '식민지근대화론' 양자를 모두 비판하는 '식민지근대성론'이 대두되었다. '근대성'과 '수탈'이 어떻게 상호 작용하여 변증적으로 통합되어 있는지를 밝혀야 한다는 것이다. 이들은 기존의 민족주의 담론은 식민주의, 근대성, 민족주의를 서로 분리하여 고립된 변수로 다루고 있다는 인식 위에서, 일본의 억압과 착취만을 강조하는 역사서술 대신, 헤게모니 개념을 차용하여 식민지 사회를 '근대적 지배-종속의 관계'로 파악할 것을 제안한다. 국가권력이나 특정한 지배계급이 다양한 제도를 동원하여 사회계층의 자발적 동의를 창출하고 유지하는 메커니즘에 주목해야 한

---

36) '식민지 근대화론'을 둘러싼 양측의 논쟁에 대해서는 다음 글들을 참조할 수 있다. Carter J. Eckert, Offspring of Empire:The Koch'ang Kims and the Colonial Origins of Korean Capitalism, 1876-1945, Seattle, Washington University Press, 1991 ; 安秉直, 「한국근현대사 연구의 새로운 패러다임」, 『창작과비평』98, 1997 ; 고동환, 「근대화논쟁」, 『한국사시민강좌』20, 일조각, 1997 ; 권태억, 「'식민지 조선 근대화론'에 대한 단상」, 『한국민족운동사연구(우송조동걸선생정년기념논총2)』, 나남출판, 1997 ; 김동노, 「식민지시대의 근대적 수탈과 수탈을 통한 근대화」, 『창작과비평』99, 1998 ; 정병욱, 「역사의 주체를 묻는다 : 식민지근대화론 논쟁을 둘러싸고」, 『역사비평』43, 1998 ; 주종환, 「일제 조선토지조사사업에 관한 '식민지근대화론' 비판-근대성을 강조하는 나까무라 교수의 역사이론에 대하여」, 『역사비평』47, 1999 ; 정연태, 「'식민지근대화론' 논쟁의 비판과 신근대사론의 모색」, 『창작과비평』103, 1999 ; 安秉直 편, 『한국경제성장사-예비적 고찰』, 서울대출판부, 2001 ; 정연태, 「식민지근대화론의 새로운 성과에 대한 비판적 검토」, 『역사비평』58, 2002 ; 박섭 외, 『식민지 근대화론의 이해와 비판』, 백산서당, 2004 ; 박찬승, 「식민지시대 역사연구의 쟁점」, 『한국사연구 50년』, 혜안, 2005 ; 정태헌, 『한국의 식민지적 근대 성찰』, 선인, 2007 ; 허수열, 「식민지근대화론의 쟁점-근대적 경제성장과 관련하여」, 『東洋學』41, 2007 ; 신용하 외, 『식민지 근대화론에 대한 비판적 성찰(이화학술원학술총서1)』, 나남, 2009 등을 참조.

다는 것이다. 이들은 일제강점기의 '근대성'과 '문화적 헤게모니' 사이의 관계를 중시한다. 즉 식민지에서의 근대성은 한국인들이 수동적으로 받아들인 결과가 아니라, 직·간접적으로 참여함으로써 구축된 것으로 바라본다. 또 '식민지근대성론'은 식민지 사회 주민의 정체성은 단순히 '민족'만이 있었던 것이 아니라 계급, 젠더, 지역, 신분 등 다양한 차원에서 주어지고 있었다는 것을 강조한다.[37]

'식민지근대화론'과 '식민지근대성론'이 제기한 비판의 요점은 일제강점기를 '지배와 저항'의 틀로만 해석하면, 이 시기의 근대적 변화 양상을 구체적으로 파악할 수 없다는 것인데, 이 두 견해가 '근대적 변화 양상'을 이해하는 방식과 목적에는 차이가 있다. '식민지근대화론'은 일제강점기의 근대적 변화에 대해 '변화의 주체' 문제를 사상(捨象)한 채 경제적 측면에서 해방 이후 한국자본주의 고도성장과 연관시킨다. 반면, '식민지근대성론'은 사회문화적 측면에서 민족주의의 차별과 배제 논리, 규율 권력의 개인적 내면화 같은 근대성 일반이 이미 일제강점기에 형성되었음에 주목하고, 이를 탈근대의 문제의식과 연관시키고 있다. 요컨대 '식민지근대화론'이나 '식민지근대성론' 모두 '식민지수탈론'에 내포된 민족주의를 비판하지만, '식민지근대화론'은 선진 근대국가의 완성을 지향하는 근대지상주의

---

37) 이에 대해서는 신기욱, 「식민지조선 연구의 동향」, 『한국사시민강좌20』 일조각, 1997 ; Gi-Wook Shin and Michael Robinson (eds.), *Colonial Modernity in Korea*, Havard University Press, Cambridge, 1999(신기욱, 마이클 로빈슨 외·도면회 옮김, 『한국의 식민지 근대성-내재적 발전론과 식민지 근대화론을 넘어서』, 삼인, 2006) ; 김동노, 「식민지시 일상생활의 근대성과 식민지성」, 『일제의 식민지 지배와 일상생활』, 혜안, 2004 ; 조형근, 「한국의 식민지 근대성 연구의 흐름」, 『식민지의 일상-지배와 균열』, 문화과학사, 2006 등을 참조.

인 반면, '식민지근대성론'은 민족주의에 근거한 근대국가로부터의 '벗어남(脫)'을 지향하는 탈근대주의라고 할 수 있다.

이런 담론은 일제강점기를 대상으로 삼았지만, 내용상으로는 20세기의 역사경험을 총괄적으로 평가한 것이다. 한국사회는 자주적으로 근대화할 능력이 있었는가, 일본은 한국사회와 한국인을 어떻게 변모시켰는가, 식민지의 유산은 해방 이후 고도성장에 어떠한 영향을 미쳤는가, 한국 근대의 고유한 특징은 무엇인가, 오늘날 한국사회의 시대적 과제는 무엇인가 등 논쟁 과정에서 제기된 질문들은 한국의 장기 근대의 흐름을 이해하는 데 중요한 시사점을 제기하는 측면이 있다.

그러나 이들 '식민지근대화론'과 '식민지근대성론'이 지닌 최대 결함은 일제강점기의 '근대성'에 주목하면서 '식민성'에는 관심을 갖지 않는다는 점이다. 이들 담론은 식민지 공간에 나타나는 근대성, 특히 일상생활에서 나타나는 근대적인 규율체계에 대해 관심을 갖고 이를 비판적으로 분석했다는 점에서는 나름대로 의의를 찾을 수 있지만, 일제강점기가 지니는 '식민지근대성'의 특수성이 구체적으로 무엇인지 제대로 설명하지 못했다. 주로 근대성에 대한 분석과 비판에 치중한 나머지, 식민성에 대해서는 부차적으로 다루는 데 그치고 있기 때문이다.

최근에는 '탈근대주의' 입장에서 일제강점기를 바라보는 시각 역시 대두되고 있다. 이들은 20세기 한국의 근대는 크게 보면 식민지 경험과 국민국가의 형성과정으로 구성되어 있다며 식민지 경험을 해석하는 새로운 시선으로 '식민지 근대'라는 개념과 일제에 대한 '협력'을 재해석했다. 이들에게 식민지는 근대 세계체제의 가장 중요한 축이었

으며, '근대'의 고유하고 중요한 현상의 일부로 받아들여진다. 서구와
식민지는 동시적으로 발현한 근대성의 다양한 '굴절'을 표현하고 있을
뿐이며, '서구=보편'이나 '식민지=특수'라는 도식은 성립되지 않는다
며 처음부터 모든 근대는 당연히 '식민지 근대'라고 선언했다.[38]

이들의 문제제기는 포스트모더니즘의 방법론으로 일제강점기를
재해석하고, 궁극적으로 일제강점기를 '민족'이 아닌 '개인'과 '사회'
를 중심으로 다시 읽자는 것이다. 이런 문제 제기에는 심각한 오해
가 작동한 듯하다. 역사학계에서의 일제강점기 연구가 단지 '민족'이
라는 분석틀에만 갇혀 있었던 것은 아니기 때문이다. 오히려 '계급',
'사회', '여성', '신분' 등 다양한 잣대가 이미 동원되었다. 일제강점
기의 노동운동사, 농민운동사, 여성운동사, 형평운동사, 청년운동
등 사회운동사 연구가 바로 그렇다. 다만 이들 '사회운동'이 식민지
조선이라는 특수상황에서 전개되었기 때문에 '민족해방운동'으로서
의 성격을 동시에 지닐 수밖에 없다는 것을 강조했을 뿐이다.

식민성에 대한 불분명한 혹은 왜곡을 조장할 수 있는 이런 일련의
인식은 식민지기 전체에 대한 평가에서는 말할 것도 없고, 재조일본
인에 대한 평가에서도 극단적으로 드러나는 경우마저 생긴다. 재조
일본인은 식민지 지배체제를 근저에서 지탱한 '침략의 선봉'이 아니
라, 식민지 개발과 개화에 기여한 '고마운 은인'으로 바라볼 수 있다
는 시각이 가장 대표적인 예이다.[39]

---

38) 윤해동·천정환·허수·황병주·이용기·윤대석 엮음, 『근대를 다시 읽는다 1·2』,
역사비평사, 2006 ; 윤해동·황병주 엮음, 『식민지 공공성–실체와 은유의 거리』,
책과함께, 2010.

39) 黒瀨郁成, 『知られざる懸け橋』, 朝日ソノラマ, 1996 ; 김충렬·백영훈·최종설,

이런 논의는 단적으로 말해서 '식민지근대화론'이나 '식민지근대
성론'이라는 여과장치 없는 시류에 편승하여 식민지 지배의 '긍정적
역할론' 혹은 '식민지 시혜론'을 강변하는 것에 불과하다. 일제강점
기 한일관계를 조명할 때, 일본의 침략에 반대하고 조선인들과 연대
하여 투쟁한 일본인들이 분명 존재했고, 그들의 구체적인 활동을 밝
혀내는 작업 역시 중요하다. 당시의 구체적인 역사 속에서 '악의의
일본인' 모습만이 아니라, '선의의 일본인' 모습도 우리는 어떠한 선
입견 없이 마주 대할 수 있어야 한다.[40]

그러나 일부 '선의의 일본인'이 재조일본인 전체를 대신하여 풀뿌
리 수탈과정 전체를 합리화할 수 있는 것은 아니다. 재조일본인에
대한 보다 구체적인 연구가 필요한 이유도 여기에 있다. 일본사회
내부에 '식민지시혜론'이라는 비정상적인 역사인식이 여전히 존재
하는 한, 지배와 피지배의 역사적 경험의 극복과 식민지배의 비판
이라는 '식민지수탈론'에 의거한 역사인식은 여전히 시의성을 지닌
다고 말할 수 있다. 문제는 어떤 측면에서 '수탈'인지를 밝혀내는 작
업이다.[41]

『마스토미 장로 이야기』, 한국장로교출판사, 2009. 이들에 의하면 마스토미 야스
자에몬(桝富安左衛門)은 식민지 지주이자 한국의 전도사업과 교육에도 관여한 인
물로, 한국과 일본의 '알려지지 않은 가교(架橋)'였다고 평가된다. 마스토미는 다
른 일본인과는 달리 기독교 신앙에 의거하여 한국의 독립을 지지했고, 교육, 농업,
선교활동 등을 펼치며 한국을 위해 하나의 밀알과 같은 헌신적인 삶을 살았다고
평가한다. 이에 대한 비판은 이규수, 「일본인 지주 마스토미 야스자에몬(桝富安左
衛門)과 '선의(善意)의 일본인'론 재고」, 『아시아문화연구』19, 2010 참조.

40) 예를 들어 곽건홍, 「한일노동자 연대의 개척자, 이소가야 스에지」, 『노동사회』32,
1999 ; 이규수, 「후세 다츠지(布施辰治)의 한국인식」, 『한국근현대사연구』25,
2003 ; 이준식, 「재조(在朝) 일본인교사 죠코(上甲米太郎)의 반제국주의 교육노동
운동」, 『한국민족운동사연구』49, 2006 등을 참조.

3. 일본인 지주와 '식민지수탈론'

'식민지수탈론'은 일본이 조선을 식민지로 지배하면서 토지를 약탈하고, 미곡과 면화, 기타 여러 산업자원을 수탈하였으며, 전시체제 하에서는 인적 수탈, 즉 노동력까지 수탈했다는 주장이다. 특히 토지수탈 부분은 조선총독부가 토지조사사업 과정에서 대규모 면적의 민유지를 약탈하여 이를 국유지의 명목으로 총독부가 소유했다고 서술한다. 즉 토지조사사업은 당시 신고주의를 채택하고 있었는데, 여러 이유로 미신고지가 많았고 이러한 토지들은 총독부가 모두 국유화했다는 것이다.[42]

토지조사사업에 대한 실증적인 연구들은 이러한 주장이 역사적 사실이 아님을 밝혀냈다. 즉 사업의 실시과정에서 조선총독부는 비록 신고주의를 채택했지만, 실제로 각 마을에서는 이장 등을 중심으로 마을 단위로 신고했기 때문에 미신고지는 거의 없었다는 것이다. 따라서 미신고 토지를 국유화한 사례는 극히 일부에 지나지 않았으며, 토지조사사업 과정에서 일부 분쟁지가 발생하였지만, 이는 대부

---

41) 지배와 저항의 관점에 입각한 재조일본인 연구는 일본 사회 내부에 '식민지 시혜론'이라는 역사인식이 현존하는 한, 지배와 피지배의 역사적 경험의 극복과 식민지배의 비판이라는 측면에서 현재성이 있다. 그러나 연구 시야를 20세기 한국 근대로 확대하여, 식민지 시기의 변화 양상에 초점을 맞추면, 지배와 저항의 관점은 식민지에서 재조일본인을 매개로 발현되는 다양한 사회적 현상을 이해하는 데 일정한 한계를 지닌다. '식민지수탈론'에 입각한 재조일본인 연구의 현황과 의의에 대해서는 이규수, 「'재조일본인' 연구와 '식민지수탈론'」, 『일본역사연구』33, 2011을 참조.

42) 李在茂, 「朝鮮に於ける'土地調査事業'の實體」, 『社會科學研究』7-5, 1955 ; 金容燮, 「수탈을 위한 측량-토지조사」, 『韓國現代史』, 신구문화사, 1969 ; 愼鏞廈, 『朝鮮土地調査事業史研究』, 한국연구원, 1979.

분 궁방전과 같이 소유권의 소재가 불확실한 토지에 지나지 않았다고 말한다.[43)

이러한 연구 결과에 따르면 일제강점기 조선총독부에 의한 토지수탈은 거의 존재하지 않았다는 역사상이 그려진다. 한국사학계의 통설로 자리 잡았던 '식민지수탈론'의 입지는 크게 흔들릴 수밖에 없었고, 나아가 '식민지근대화론'을 주장하는 그룹에 의해 '식민지수탈론'은 비역사적인 역사인식이라는 공격을 받을 빌미를 제공했다.

그렇다면 과연 일본의 토지수탈은 없었다고 말할 수 있을까. 일본의 토지수탈을 논할 때 주목해야 할 것은 토지조사사업이 아니라 오히려 일본인 농업회사와 민간 지주들의 토지수탈이다. 즉 1905년 러일전쟁의 승리를 계기로 조선에 대거 진출한 일본인 농장과 고리대업자, 상인들은 각지에 토지를 점유하였는데, 그 주된 방법은 총독부로부터의 개간 허가, 고리대 담보를 통한 토지의 탈취, 헐값 매입 등이었다. 중요한 것은 한국강점 이전에는 법적으로 인정받지 못하던 일본인의 토지소유권이 한국강점 이후 외국인의 토지소유 허가 문제와 무관하게 토지조사사업을 통해 최종적으로 그 법적 소유권

---

43) 裵英淳, 「日帝下 國有地整理調査事業에 있어서의 所有權紛爭의 발생과 전개과정」, 『人文研究』5, 1984 ; 裵英淳, 「朝鮮土地調査事業期間의 國有地紛爭에 있어서 所有權의 整理方向」, 『일제의 한국 식민통치』, 정음사, 1985 ; 趙錫坤, 「朝鮮 土地調査事業에 있어서 所有權 調査過程에 關한 한 研究-金海郡의 事例를 中心으로-」, 『경제사학』10, 1986 ; 裵英淳, 「朝鮮土地調査事業에 있어서 金海郡의 土地申告와 所有權査定에 대한 실증적 검토」, 『人文研究』8-2, 1987 ; 趙錫坤, 「朝鮮土地調査事業에 있어서 所有權調査過程에 대한 研究-金海郡의 事例를 中心으로」, 『한국근대 농촌사회와 농민운동』, 열음사, 1988 ; 趙錫坤, 「토지조사사업 국유지분쟁의 유형화를 위한 시론」, 『大東文化研究』50, 2005.

을 인정받았다는 점이다. 이러한 측면을 '광의의 수탈'이라고 인정한
다면 일본의 토지수탈이 존재하지 않았다고 말할 수 없다. 이하에서
는 이 문제에 접근하기 위해 러일전쟁 이후 조선에 진출한 일본인
지주의 토지확보과정의 특징과 1920년대 식민지지주제의 전개양상
을 수량적으로 살펴봄으로써 일본인 지주가 지니는 '수탈성'을 고찰
해보자.

(1) 한국강점 이전의 일본인 지주

일본자본주의에 있어서 조선농업의 중요성은 청일전쟁 이후 급
속히 전개된 조선 쌀·대두의 수입과 한국에 대한 일본 면제품 수
출의 전개에 의해 급속히 높아졌다. 따라서 1897년과 1899년에 목
포와 군산 등에 개항장이 추가로 설치되면서 이들 조선의 곡창지대
를 배경으로 일본인의 진출과 대지주로의 형성이 급속히 진행되었
다. 특히 만경강과 동진강 유역의 호남평야를 배후지로 두고 있는
군산 지방은 조선시대 이래 최대의 곡창지대로서 가장 큰 주목을
끌고 있었다.[44]

1876년 개항 이후 한국의 내륙지방을 개방해 농업 식민을 추진하
려던 일본의 의도는 외국인의 토지소유 자체를 제한한 구한국 정부
의 조약과 여러 법령에 의해 제한받았다. 외국인에게 토지소유가 처
음으로 허용된 것은 1883년의 '한영수호통상조약'에 이르러서였다.
이 조약은 '최혜국 대우규정'에 의거해 모든 외국인에게도 적용되었

---

44) 이규수, 「후지이 간타로(藤井寛太郎)의 한국진출과 농장경영」, 『대동문화연구』49,
   2005.

다. 그러나 외국인의 토지소유는 어디까지나 개항장 밖 10리(4km) 범위 내에서 제한적으로 인정한데 불과했다. 조선정부는 통상조약과 관계없이 외국인에의 토지매도를 엄격히 금지했다. 요컨대 개항장 밖 10리 이외의 토지소유는 불법이었다.[45]

그러나 외국인의 토지소유를 제한한 조약과 법령은 제국주의의 침략으로 국권이 약화됨에 따라 제대로 준수되지 못했다. 특히 외국인의 대다수를 차지하는 일본인의 토지소유에 대해서는 거의 무방비상태였다. 일본인의 토지소유는 외국인의 토지소유가 합법화되기 이전인 청일전쟁 직후부터 시작되었으며, 러일전쟁을 전후한 시기부터 급속히 확대되었다. 그러나 일본인들이 토지를 소유하는 데 별 지장을 받지 않는다고 해도 그것은 어디까지나 불법적 수단과 편법에 의존한 것이었다.[46]

토지매수 금지규정에도 불구하고 일본인의 토지집적은 수확물 입도선매나 사용권 매수의 방법 등 교묘한 방법이 동원되었다. 일본인은 토지매수 금지조항에 대해 "거류지 10리 밖의 토지라 하더라도 그 수확물을 미리 매수하거나 토지사용권의 매수를 금지하는 조항은 없다. 따라서 한인을 납세자로 내세워 그 토지에 대한 모든 증권과 수확물을 함께 매수할 경우, 그 결과는 토지를 매입한 것과 동일하고 또한 조금도 위험하지 않다"[47]고 주장했다. 일본인의 토지매

---

45) '한영수호통상조약' 제4조는 다음과 같다. 즉 "영국인 조계 밖에서 토지가옥을 임차하거나 혹은 구매할 때에는 조계로부터 한국 거리로 10리를 넘을 수 없다"는 규정을 통해 10리 밖의 외국인 토지소유를 법적으로 금지했다.
46) 淺田喬二, 『(增補)日本帝國主義と舊植民地主制』, 龍溪書舍, 1989.
47) 吉川祐輝, 『韓國農業經營論』, 大日本農會, 1904, 122~123쪽. 러일전쟁 직후 농장경영에 착수한 후지이 간타로(藤井寬太郎)는 토지소유권 문제에 대해 "우리 일본

수는 토지매수를 금지하는 조항을 무시한 채 자유로이 이루어졌다.

1905년 러일전쟁 이후 일본인이 가장 집중적으로 진출했던 전라도 지역의 예를 들면, 군산지방에 진출한 일본인들은 군산농사조합(群山農事組合)이라는 단체를 설립하고 토지소유를 효율적으로 확대했다. 군산농사조합의 실립 목적 역시 '토지등록제'를 실시해 일본인 조합원의 토지소유를 보호하기 위함이었다. 군산농사조합은 각 개인별 투자액을 신고하여 자체적으로 토지매수 범위를 결정했다. 또 매수대상지의 지명, 자호, 면적, 지표, 매도자 성명 등을 조합에 비치한 토지대장에 등록함으로써 소유권 저당권을 확보하고 이미 구매한 토지에 대해 조합원 간의 분쟁을 방지하도록 만전을 기했다.[48]

일본인의 토지매수는 1904~10년 간 급속히 증대했다. 앞과 동일한 예로서, 1910년경 군산지방 부근에서 일본인 지주의 소유면적은 총경지면적의 5%~10%에 달했다. 일본인의 소유면적은 대부분 전답에 집중되어 1909년 현재 전체 지목의 83%에 이르렀다. 지역별로 보면 익산, 임피, 김제, 옥구, 만경 등에 집중되어, 1910년에는 이 5개 군만으로도 일본인 소유총면적의 83%를 상회했다. 호남의 곡창지대는 토지개량 투자의 위험성이 낮을 뿐만 아니라, 토지생산성의

인이 돈을 지불하고 토지를 구입한 이상, 가령 조선 정부가 뭐라 말하더라도 결코 우리는 토지에 대한 권리를 포기하지 않는다. 조선 관리의 항의와 같은 것은 원래부터 우리들 안중에 없었다. 빠른 시일 안에 일본 내지와 동일하게 우리의 소유권이 확정될 시대가 올 것으로 굳게 확신했다."(藤井寬太郎, 『朝鮮土地談』1911, 17쪽)고 말할 정도였다.

48) 1908년 말 현재 군산농사조합의 조합원은 165명, 토지소유 상황은 논 172,940두락, 밭 27,960두락, 기타 12,200두락, 계 212,100두락에 달했다. 군산농사조합의 설립배경과 토지집적과정에 대해서는 李圭洙, 「日本人地主の土地集積過程と群山農事組合」, 『一橋論叢』116-2, 1996 참조.

상승이 가장 높을 것으로 예상되는 최고의 투자처였다.[49]

〈표1〉은 1909년 6월 현재의 일본인 지주의 소유 규모별 창업년도
를 나타낸다. 이에 의하면 30정보 이상의 지주 135명 가운데, 13명
＝9.6％가 1903년 이전에 조선에서 토지를 집적했다. 일본인의 토
지집적은 러일전쟁 이후 적극적으로 이루어졌다. 1904년 '한일의정
서'의 체결부터 조선의 식민지 체제가 확립된 1907년 '제3차 한일협
약'의 체결까지의 시기에 109명＝80.7％가 조선에서 지주로 변신했
다. 500정보 이상의 지주 21명 가운데, 17명＝80.9％도 이 시기에
토지를 집적하였음을 알 수 있다.

〈표1〉 30정보 이상 일본인 지주의 창업연도 (1909년 6월 현재)

소유규모	1903년 이전	1904년	1905년	1906년	1907년	1908년	1909년	계
30~50정보	1	4	3	2	3	7	0	20
50~100정보	3	6	7	4	7	3	0	30
100~200정보	2	5	5	12	6	0	1	31
200~300정보	3	5	2	2	0	0	0	12
300~500정보	2	2	5	10	2	0	0	21
500~1000정보	1	3	1	3	3	1	0	12
1000~2000정보	0	1	1	1	2	0	0	5
2000~5000정보	1	0	1	0	0	0	0	2
5000정보 이상	0	1	0	0	0	1	0	2
계	13	27	25	25	23	12	1	135

(출전) 統監府, 『第三次統監府統計年報』 1910, 247~256쪽.
(비고) 1. 소유지는 경지 이외를 포함.
　　　 2. 소유규모 불명의 집계는 제외.

---

49) 裵民植, 「韓國全羅北道における日本人大地主の形成」, 『農業史研究』22, 1989 ; 李
圭洙, 『近代朝鮮における植民地地主制と農民運動』, 信山社, 1996.

〈표2〉 일본인 지주의 연도별 토지투자액(1909년 말 현재)

연도	10만 엔 이상	5만 엔 이상	1만 엔 이상	계
1903년 이전	4	2	10	16
1904년	3	4	18	25
1905년	1	3	13	17
1906년	3	12	21	36
1907년	7	6	15	28
1908년	1	0	9	10
1909년	1	0	4	5
계	20	27	90	137

(출전) 統監府, 『第四次統監府統計年報』 1911, 507~509쪽.

이러한 특질은 1909년 말 현재의 일본인 농사경영자 750명(자작농 포함) 가운데, 투자액 1만 엔 이상의 지주 137명의 연도별 토지투자액의 분포를 통해서도 확인할 수 있다. 〈표2〉에 의하면 투자액 10만 엔 이상 20명 가운데 14명=70.0%, 5만 엔 이상 27명 가운데 25명=92.5%, 1만 엔 이상 90명 가운데 67명=54.4%, 총계 137명 가운데 106명=77.3%가 1904년부터 1907년까지의 시기에 토지에 투자했다.

〈표3〉은 1922년 현재 30정보 이상 지주의 창업연도를 나타낸다. 이에 의하면 1910년 이전에 토지를 집적한 지주의 비율은 총계 129명 가운데 50명=38.7%인데, 1,000정보 이상의 거대지주의 경우는 28명 가운데 18명=64.2%가 이미 1910년 이전에 토지를 집적했다. 일본인은 러일전쟁 직후부터 적극적으로 조선에 진출하여 소유지를 확대해 나갔는데, 특히 대규모 토지소유자에 의한 토지투자현상이 현저했음을 확인할 수 있다.

〈표3〉 30정보 이상의 일본인 지주(1922년 현재)

소유규모	1910년 이전	1911~19년	1920~22년	불명	계
30~50정보	6	3	2	0	11
50~100정보	3	13	0	0	16
100~500정보	17	26	8	1	52
500~1000정보	6	15	1	0	22
1000~2000정보	9	3	2	0	14
2000~5000정보	7	3	2	0	12
5000정보 이상	2	0	0	0	2
계	50	63	15	1	129

(출전) 朝鮮總督府殖産局, 『朝鮮の農業』1924, 133~141쪽.
(비고) 1. 동양척식주식회사는 제외.
     2. 소유지는 경지 이외를 포함.

일본인 지주의 토지매수는 효율적인 지배정책의 일환으로 적극적으로 이루어졌다. 일본인 자본가도 조선에 진출할 경우 획득할 수 있는 투자가치에 일찍이 주목했다. 러일전쟁 전후에 토지를 집적한 일본인의 토지매수가격을 살펴보면, 일본인 지주의 밀집지대인 군산 부근의 1단보당 가격은 상답 15~20원, 중답 10~15원, 하답 10원 이하였다. 또 전주는 상답 17원, 옥구는 중답 13.5원, 김제는 중답 8.3원이었다. 밭의 경우는 물론 논보다 저렴했다.[50] 조선의 매매지가는 일본 관서지방에 비해 약 10%에 불과한 것이었다. 1904년 현재 일본의 1단보당 평균 매매가격은 논 150원, 밭 86원이었다.[51] 즉 일본인은 일본 국내의 토지를 처분하여 한국에 진출하면 토지면적을 10배로 확대시킬 수 있었다. 더욱이 일본상품의 조선반입과 미곡

---

50) 日本農商務省編, 『韓國土地農産調査報告—慶尙道·全羅道』1905, 347~348쪽 참조.
51) 吉川祐輝, 『韓國農業經營論』, 大日本農會, 1904, 131쪽.

등의 일본유출과정에서 얻을 수 있는 높은 수익률은 그들의 관심을 끌기에 충분했다. 조선의 저렴한 지가와 소작제 농장경영을 통한 고율의 토지수익률은 상업자본가와 지주계층의 토지매수를 가속화시켰다. 그들은 '자본가의 임무'를 내세우며 조선의 실질적인 통치자임을 자부했다. 일본의 식민지 지배체제는 이러한 재조일본인의 진출을 통해 그 물적 토대가 완성되었다.

그러나 일본인들에게 있어서 조선에서의 토지소유권이 제도적 법적으로 불안정하다는 사실은 자유로운 토지집적의 장애요인으로 간주되었다. 가령 대리인문제와 위조문건 분쟁은 일본인 지주에게 토지집적의 위협은 되지 않는다 하더라도 예측하지 못한 손해를 입히는 경우가 종종 발생했다. 현실적인 문제는 조선에서 토지소유권의 증명이 제도적으로 불완전했다는 점에 있었다. 일본은 일본인의 토지소유와 그 소유권을 제도적으로 보장하는 것이야말로 조선농업식민의 기초 작업이라고 간주했다. 일본이 식민지 경영방침에 따라 토지소유를 합법화하기 위해 '부동산증명제도'를 마련하기 시작한 것은 1905년 통감부를 설치한 직후부터였다. 당시 구한국정부는 광무양전의 지계사업을 통해 충청과 강원도의 일부 지방에서 토지조사를 실시했지만, 러일전쟁 이후 일본의 침략이 강화되면서 더 이상 시행되지 못했다.[52]

통감부는 1906년 '토지가옥증명규칙'과 '시행규칙'을 제정하고 통감부령 제42호로 이를 공포했다. 증명규칙의 제정과 공포는 일본의 식민정책에서 중요한 시책이었다. 개항장 거류지로부터 10리 밖의

---

52) 金容燮, 『(增補版)韓國近代農業史研究 下』, 一潮閣, 1988 참조.

내륙지방에서도 외국인 즉 일본인의 토지소유는 안정적인 것으로 공증 받을 수 있었기 때문이다. 그러나 증명규칙은 당사자 간 계약을 인증하는 데 지나지 않아 법제상 제3자 대항력을 갖지 못했고, 궁극적으로 소유권의 존재 여부를 확인하지 못한다는 점에서 제도적인 한계를 갖고 있었다. 통감부는 이 문제를 해결하기 위해 1908년 1월부터 '토지가옥소유권증명규칙'과 '시행세칙'을 시행했다. 이에 따라 증명규칙의 시행 이전에 획득한 토지와 가옥의 소유권에 대해서도 증명을 받게 되었고, 나아가 이를 통해 구매한 토지에 대해서는 당사자 간 계약의 공증에 그치지 않고 소유권의 존재 자체를 증명해 주었다.[53]

한편 토지조사사업은 1910년부터 1918년에 걸쳐 2,404만 엔의 경비를 들여 토지소유권, 토지가격, 지형지모를 조사함으로써 식민통치의 기초를 마련하고자 한 전국적 단위의 사업이었다. 토지소유권 조사는 토지의 각 필지별 소유권과 경계를 사정하여 토지등기제도를 수립하기 위한 기초 장부인 토지대장을 만드는 작업이었다. 토지가격조사는 전국의 지가를 조사해 지세 부과를 위한 표준을 조사하는 것이었으며, 지형지모조사는 전국적으로 각 필지에 대해 지적도를 작성하는 작업이었다.

토지조사사업의 역사적 의의 가운데 하나는 동 사업이 식민지 지주제 확립의 기점으로 작용했다는 점이다. 사업에 따라 기존의 수조권적 토지지배가 해체되었기 때문에 지주적 토지소유는 비로소 그 자유로운 전개의 계기가 주어졌다. 사업은 외래권력의 식민지 지배라는

---

53) 鄭然泰, 「日帝의 韓國 農地政策(1905-1945년)」, 서울大博士學位論文, 1994 참조.

정치적 조건을 배경으로 조선에 진출한 일본인 거대지주의 버팀목으로 작용하였을 뿐만 아니라, 식민통치에 필수불가결한 일부 조선인 대지주의 성장에 있어서 강력한 보호 장치로 기능했다. 이 시기에 지주로 새롭게 등장한 이들은 조선시대와 달리 국가의 보호와 지지를 받고 토지소유와 농업경영을 안정적으로 행할 수 있었다. 이것은 식민지 지주제의 기형적 발전의 단초가 되었다. 이 때문에 사업은 식민지배라는 통치체제의 모순을 일거에 노정하는 기점으로 작용했다.[54]

요컨대 토지조사사업 과정에서 확립된 새로운 토지제도와 지세제도는 식민통치의 제도적 물질적 기초를 제공했다. 근대적 등기제도가 확립됨에 따라 구래의 국가적 토지소유 즉 국가와 지주가 공유하던 중층적 토지지배가 철폐되고 절대적·배타적 토지소유권이 마침내 형성되었다. 이러한 토지제도의 변화 속에서 한말 이래 불안정한 일본인 토지소유는 여타 조선인의 토지와 마찬가지로 합법적이고 절대적인 안정성을 부여받았다. 토지조사사업은 일본인의 불법적인 토지소유권을 법적으로 확인시켰다는 점에 그 수탈적인 측면을 발견할 수 있다.

(2) 식민지 지주제의 전개

한국강점 이후 토지소유권을 법적으로 확보한 일본인 지주는 토지집적을 확대해 나간다. 일본인의 토지집적은 〈표4〉과 같이 식민

---

54) 이에 대해서는 宮島博史, 앞의 책, 1991, 결론 참조. 金鴻植 외, 『조선토지조사사업의 연구』, 민음사, 1997, 總說 ; 鄭然泰, 「日帝의 韓國 農地政策(1905-1945년)」, 서울대박사학위논문, 1994, 종장 ; 林炳潤, 『植民地における商業的農業の展開』, 東京大學出版會, 1971, 제2장 참조.

지를 계기로 점차 확대되어 1915년에는 총 6,969명이 총계 205,
538정보(전답 면적은 83.2%)를 소유했다. 일본인 지주 1인당 소유면
적이 75.8정보(1909년)에서 29.5정보(1915년)로 감소한 것은 한국강
점 이전의 일본인 지주의 대다수는 대규모 경지를 집적했지만, 한
국강점 이후의 일본인 지주 중에는 중소토지소유자가 적극적으로
토지집적에 가담했기 때문이다. 또 조선의 경지면적 가운데 일본
인 지주의 소유면적의 비율은 1.86%(1909년)에서 5.39%(1915년)로
증가했다.

〈표4〉 연도별 일본인 지주와 소유면적

연도	지주수(A)	소유면적(B)	전답면적(C)	(B)/(A)	(C)/(B)	(B)/총경지면적
1909	692	52,436	42,880	75.8	81.8	1.86
1910	2,254	86,952	69,311	38.6	79.7	2.81
1911	3,839	126,146	93,341	32.9	74.0	3.45
1912	4,938	130,800	107,981	26.5	82.6	3.79
1913	5,916	184,245	151,027	31.1	82.0	5.23
1914	6,049	197,934	159,862	32.7	80.8	5.40
1915	6,969	205,538	171,053	29.5	83.2	5.39

(출전) 朝鮮農會, 『朝鮮農業發達史』 1943, 591~592쪽.

〈표5〉는 산미증식계획 시기에 해당하는 1920년대의 30정보 이상
의 일본인 지주의 소유규모별 호수와 경지면적의 추이를 나타낸다
(1922년→1925년→1929년→1931년순, 단 1931년도의 100정보 이하는 미집
계). 이에 의하면 30정보 이상의 지주는 143명→478명→470명→
(298명)으로 특히 1922년부터 1925년까지의 시기에 약 334%가 증가
했다. 또 소유규모별 추이를 살펴보면 30~50정보의 경우에는 지주

가 12명에서 147명으로, 소유면적은 470.7정보에서 5,665.3정보로 각각 1,225%, 1,203% 증가했다. 50~100정보의 경우는 지주 19명에서 131명으로, 소유면적은 1,344.7정보에서 10,278.6정보로 각각 689%, 764% 증가했다.

〈표5〉 30정보 이상 일본인 지주의 소유규모별 호수와 경지면적

소유규모	1922년		1925년		1929년		1931년	
	인수	면적	인수	면적	인수	면적	인수	면적
30~50정보	12	470.7	147	5,665.3	121	4,661.5		
50~100정보	19	1,344.7	131	10,278.6	123	8,906.0		
100~200정보	36	5,065.3	84	11,350.1	96	13,948.5	147	20,265
200~300정보	12	2,962.8	31	7,527.5	38	9,250.7	49	11,997
300~500정보	21	8,299.3	34	13,331.8	34	13,211.8	48	18,797
500~700정보	14	8,427.6	11	6,411.2	21	12,828.3	13	8,057
700~1000정보	2	1,486.8	15	11,422.6	9	7,553.0	13	10,219
1000정보 이상	27	58,723.2	25	51,666.9	28	63,361.9	28	62,691
계	143	86,780.4	478	117,654.0	470	133,721.7	(289)	(132,026)

(출전) 朝鮮總督府殖産局, 「內地人農事經營者調」(名簿), 『朝鮮の農業』 각 연도판.
(비고) 동양척식주식회사는 제외.

〈표6〉은 30정보 이상 지주의 각 도별 호수와 소유면적의 추이를 나타낸다. 일본인 지주의 지역별 분포는 1922년도는 전북, 전남, 충남의 순이고, 1929년도는 전남, 전북, 황해의 순이다. 또 소유면적은 전북, 전남, 황해의 순으로 이 3개도는 소위 일본인 대지주의 밀집지대를 형성했다.

〈표6〉 30정보 이상 일본인 지주의 지역별 호수와 경지면적

도명	1922년		1925년		1929년		1931년	
	인수	면적	인수	면적	인수	면적	인수	면적
경기	19	8,107.8	35	7,527.0	33	8,282.8	29	8,368
충북	2	525.3	3	320.2	2	375.9	3	475
충남	23	6,616.2	65	7,909.4	30	5,889.3	24	7,812
전북	30	20,617.9	66	26,566.1	98	32,027.4	64	32,439
전남	24	18,871.0	182	33,308.7	158	34,967.4	73	30,560
경북	4	1,698.6	30	3,896.2	4	1,887.8	11	2,747
경남	11	4,212.9	34	9,207.1	33	5,669.3	27	9,463
황해	12	17,434.7	41	19,432.7	48	29,111.0	30	23,613
평남	7	29,73.2	5	1,255.9	15	1,744.9	8	1,962
평북	3	1,507.9	6	5,692.1	6	5,140.7	10	6,420
강원	6	3,912.0	8	2,432.0	27	7,804.8	10	6,903
함남	1	32.9	3	106.6	15	762.1	5	622
함북	1	270.0	0	0.0	1	58.3	4	642
계	143	89,780.4	478	117,654.0	470	133,721.7	298	132,026

(출전) 朝鮮總督府殖産局, 「內地人農事經營者調」(名簿), 『朝鮮の農業』 각 연도판.
(비고) 1. 동양척식주식회사는 제외.
       2. 1931년은 100정보 이상의 일본인 지주.

〈표7〉은 30정보 이상의 일본인 지주의 지역별·소유규모별 호수의 추이를 나타낸다. 이에 의하면 전북·전남·황해의 30~50정보와 50~100정보 지주의 증가율이 현저히 높고, 1,000정보 이상의 거대지주도 이 3개도에 집중적으로 분포되어 있다. 더욱이 30정보 이상의 일본인 지주의 지역별·전답별 소유의 비율을 살펴보면, 논이 총 소유면적의 약 70% 전후를 차지하고 있는데, 이는 조선의 평균비율인 약 35%에 비하면 약 2배 정도 높다. 이처럼 일본인 지주의 토지집적은 전남, 전북, 경기, 충남, 황해, 경남 등을 중심으로 이루어졌는데, 이 가운데에서도 대지주는 전북과 전남의 수도작 중핵지

대와 황해의 전작 중핵지대를 중심으로 소유면적을 확대했다고 말할 수 있다.

〈표7〉 30정보 이상 일본인 지주의 지역별 / 전답별 소유면적

도명	1922		1925년		1929년		1931년	
	논	밭	논	밭	논	밭	논	밭
경기	76.5	23.5	73.9	26.1	79.4	20.6	68.5	31.5
충북	44.1	55.9	68.9	31.1	37.1	62.9	62.5	37.5
충남	78.4	21.6	76.5	23.5	79.5	20.5	70.8	29.2
전북	89.7	10.2	89.9	10.1	87.0	13.0	87.7	12.3
전남	54.6	45.4	69.1	30.9	72.8	27.2	71.2	28.8
경북	57.6	42.4	53.9	46.1	57.2	42.8	58.2	41.8
경남	69.5	30.5	79.8	20.2	74.3	25.7	77.2	22.8
황해	28.8	71.2	41.7	58.3	34.9	62.1	48.8	51.2
평남	41.6	58.4	44.4	55.6	47.5	52.5	37.6	62.4
평북	100	0	100	0	99.4	0.6	84.0	16.0
강원	9.7	90.3	20.4	79.6	65.8	34.2	35.1	64.9
함남	36.5	63.5	67.5	32.5	23.7	76.3	19.6	80.4
함북	7.4	92.6	0	0	100	0	12.0	88.0
계	60.5	39.5	70.6	29.4	68.4	31.6	68.9	31.1

(출전) 朝鮮總督府殖産局, 「内地人農事經營者調」(名簿), 『朝鮮の農業』 각 연도판.
(비고) 1. 동양척식주식회사는 제외.
    2. 1931년은 100정보 이상의 일본인 지주.

다음으로 1930년 현재 30정보 이상의 일본인 지주의 호수와 소유면적을 조선인 지주와 비교하면, 〈표8〉과 같이 지주 수는 조선인 지주가 절대적으로 많다. 하지만 소유규모별 추이를 살펴보면 1,000정보 이상의 지주는 일본인 지주 37명에 대해 조선인 지주는 10명으로 일본인 거대지주가 많다. 그리고 500~1,000정보의 지주는 전북, 황해에서는 일본인 지주가 많고, 전남에서는 거의 비슷하다. 또 30정

보 이상의 일본인 지주의 소유면적이 총 경지면적에서 차지하는 비
율은 전체적으로는 조선의 총경지면적의 약 4%를 차지하고 있는데,
일본인 지주의 밀집지대에서는 전북=18.3%, 전남=11.2%, 황해=
7.5%, 경남=7.0%이다. 소작면적에서 차지하는 비율은 전북=
24.2%, 전남=21.1%, 황해=11.5%, 경남=11.3%에 달하고 있다.

〈표8〉 30정보 이상 일본인 지주의 소유지 비중(1930년 말 현재)

도명	일본인 소유면적(A)	조선인 소유면적(B)	총경지 면적(C)	총소작 면적(D)	(A)/(C)	(B)/(C)	(A)/(D)	(B)/(D)
경기	16,014	53,786	386,632	273,174	4.1	13.9	5.9	19.7
충북	1,617	8,678	158,770	102,048	1.0	5.5	1.6	8.5
충남	15,080	31,754	243,528	167,688	6.2	13.0	9.0	18.9
전북	43,154	29,482	235,345	177,989	18.3	12.5	24.2	16.6
전남	45,545	43,753	405,454	216,349	11.2	10.8	21.1	20.2
경북	9,185	16,130	389,678	210,480	2.4	4.1	4.4	7.7
경남	19,600	34,055	278,911	173,532	7.0	12.2	11.3	19.6
황해	40,476	42,634	542,438	353,281	7.5	7.9	11.5	12.1
평남	4,982	34,107	396,251	217,991	1.3	8.6	2.3	15.6
평북	7,695	22,610	409,045	231,452	1.9	5.5	3.3	9.8
강원	8,666	12,184	340,831	156,468	2.5	3.6	5.5	7.8
함남	3,187	9,473	390,629	121,573	0.8	2.4	2.6	7.8
함북	1,503	2,324	211,151	37,715	0.7	1.1	4.0	6.2

(출전) 1. (A)와 (B)는 白頭山人, 「統治25年朝鮮經濟の問答」, 『改造』 1935년 1월호, 246~247쪽.
2. (C)와 (D)는 朝鮮總督府殖産局, 『朝鮮の農業(1930年版)』, 부표 제4표.

이상과 같이 일본인 지주는 수량적으로 한국강점에 따른 정치적
인 권력의 장악을 계기로 더욱 토지집적을 확대했다. 하지만 대규모
토지소유자는 이미 한국강점 이전인 러일전쟁 직후부터 적극적으로

토지를 집적했다. 지역적으로 보면 한국강점 이전에 조선에 진출한 자작농을 포함한 일본인 농사경영자는 경남, 경기, 전남에 다수 분포했고, 그 가운데 30정보 이상 지주의 진출지대는 경남, 전북, 전남의 순이었다. 또 한국강점 이후는 이들 지역 이외에 충남, 황해에도 대규모 토지소유사가 적극적으로 진출했다. 1,000정보 이상의 거대지주는 전북, 전남의 수도작 중핵지대와 황해의 전작 중핵지대를 중심으로 소유면적을 확대해 나갔다. 식민지 지주제는 토지조사사업과 통감부 시대 이래의 지주적 농정에 의해 대체로 1910년대에 체제적으로 확립되었다. 이 과정에서 일본에 대한 미곡의 이출이 급증하고, 일본인 지주를 중핵으로 하는 대지주의 토지지배가 강화되었다. 식민지 지주제가 심화되면서 미곡생산성의 급상승과 농민궁핍화의 동시 진행이라는 조선농업의 특징이 고착화 되었다. 이처럼 일본인 지주의 토지집적과정과 1920년대까지의 수량적 추이를 살펴보면 '식민지수탈론'에는 충분한 논리적 설득력이 존재한다.

제2장 통계를 통해 본 재조일본인의 추이

일본인의 해외 이민사는 에도 막부가 존재하던 1867년 하와이 왕국 주일 영사에 대해 사탕수수 농장의 노동자 모집을 허가하는 것으로 시작되어 이듬해 153명을 여권 없이 송출한 것으로부터 시작되었다. 또한 1869년에는 미국 캘리포니아에 40여 명의 이민을 내보냈다. 그러나 이러한 공식적, 집단적 절차 없이 외국선에 고용되었다가 정착하거나 범죄자 도피, 매춘 등의 비합법 도항자도 존재하여 1867년 재미 일본인은 67명에 달하였다. 일본인의 조선 이주는 1877년 부산에 거류지를 건설한 이후로서 인천은 1883년 개항되어 거류지가 건설되었다. 1890년의 통계로는 전국의 거류지 거주자만 7,245명으로 집계되었다.[1]

---

1) 최근 일본사 영역에서의 이민연구는 미국이민, 브라질이민, 조선이민, 대만이민, 만주이민과 같이 각 지역별로 구분하는 경향이 강하다. 분석 주제 또한 주로 이민의 직업, 세대, 여성문제, 민족관계, 수용과 보상, 개인사 등으로 개별화 세분화되고 있다. 일본의 해외 이주의 역사는 크게 4기로 구분되는데 제1기는 하와이 관약 이민이 시작되는 1885년 이전으로서 초기 도항자는 유학생이 다수였다. 미국에는 1870년 샌프란시스코, 1872년 뉴욕에 일본영사관이 설치되었다. 제2기는 하와이와 미국 본토에 이민이 집중적으로 이뤄지는 시기로서 하와이 왕국 정부와의 조약에 의한 이민이 시작되어 1885년부터 10년 간 2만 9천여 명이 하와이로 도항했다.

일본은 전근대 시기부터 대도시의 인구 과잉으로 인하여 많은 문제점을 노출해왔다. 이는 농촌의 토지 상속이 가부장제적인 단독 상속으로 이루어져 토지를 소유하지 못한 과잉 인구가 주변 대도시로 나가 돈벌이에 나섰기 때문이었다. 이 결과 대도시에서는 빈민가의 형성, 범죄, 치안불안, 도박 등의 사회문제가 발생했다. 과잉 인구의 배출은 근대에 들어와서도 심각한 문제였으나 서구 여러 국가와의 교류가 확대되고 동아시아 인접 국가와의 관계가 밀접해지는 가운데 유학생, 노동자, 외교관 등의 형태로 외국으로 건너가는 인구들 속에서 해외로 이주하는 사람도 증가했다.[2]

조선은 제국 일본의 최대 이주식민지였다. 재조일본인 사회는 일

서구 지역으로는 캐나다, 멕시코, 페루 등으로 확대되었으며 조선의 개항으로 1883년까지 부산, 원산, 인천에 전관거류지를 설정하여 이 지역으로의 도항이 증가했다. 특히 조선이 청일전쟁의 전쟁터가 됨으로써 군의 어용상인 등의 도항이 급증했다. 제3기는 러일전쟁 종결에서 1924년 미국의 신이민법 실시에 이르는 시기로서 미국 이민이 불가능해짐으로써 동아시아 이주가 증가한 시기였다. 특히 한국의 식민지화, 1907년 남만주철도주식회사의 영업이 시작된 시기로서 이 지역으로의 이주가 두드러졌다. 이 시기에는 군의 어용상인, 통역, 정보관계자들의 도항이 눈에 띠었다. 제4기는 1924년 이후의 시기로서 사할린, 남양군도, 중국 본토, 동남아시아 진출이 현저했다. 일본인의 해외 이민사에 대해서는 若槻泰雄・鈴木讓二, 『海外移住政策史論』, 福村出版, 1975 ; 今野敏彦・藤崎康夫編, 『移民史』 全3卷, 新泉社, 1894~86 ; 兒玉正昭, 『日本移民史研究序說』, 溪水社, 1992 ; 岡部牧夫, 『海を渡った日本人』, 山川出版社, 2002 등을 참조.

[2] 일본 식민정책학의 특징에 대해서는 다음 연구들이 참조된다. 淺田喬二, 「日本植民史研究の現狀と問題點」, 『歷史評論』 300, 1975 ; 金子文夫, 「日本における植民地研究の成立事情」, 小島麗逸編, 『日本帝國主義と東アジア』, アジア經濟研究所, 1979 ; 原覺天, 『現代アジア研究成立史論-滿鐵調査部・東亞研究所・IPRの研究』, 勁草書房, 1984 ; 淺田喬二, 『日本知識人の植民地認識』, 校倉書房, 1985 ; 金子文夫, 「日本の植民政策學 ; の成立と展開」, 『季刊三千里』 41, 1985 ; 山本有造, 『日本植民地經濟史研究』, 名古屋大學出版會, 1992 ; 임성모・박상현・조규헌・유병관, 「제국일본의 문화권력과 학지-연구사적 고찰」, 『한림일본학』 18, 2011.

본의 조선에 대한 지배권 확대와 더불어 견고해졌다. 일제강점 말기에 이르면 조선에 거주한 일본인 수는 75만 명을 상회했다. 이는 당시 일본의 작은 부현(府縣) 정도의 규모로, 일본인 전체에서 차지하는 비중은 결코 적지 않다. 여기에 조선출장이나 단기파견, 여행, 조선 경유 만주이주 등 다양한 형태로 식민지 조선에 일시적으로 체류한 사람은 그 몇 배에 달할 것이다.

재조일본인의 존재는 제국의 식민지 침략과 수탈이 조선총독부와 국가권력의 지원을 받은 민간인이 결탁하여 총체적으로 수행되었음을 실증하는 실마리를 제공한다. 주지하듯이 식민지는 총독을 정점으로 한 관료와 경찰·군부에 의해 구축되었지만, 식민지 지배체제를 견고하게 만든 주역은 '보통'의 재조일본인이라 해도 지나치지 않다. 그들은 평범한 일본서민들이었다. 다카사키 소지(高崎宗司)도 지적했듯이 일본의 식민지 통치는 이른바 '풀뿌리 침략', '풀뿌리 식민지 지배와 수탈' 구조로 이루어졌다.[3]

또한 재조일본인은 '제국'과 '식민지'의 접점에서 파생한 다양한 현상에 접근할 수 있는 통로이자 그들이 갖는 '근대성'과 '식민성'을 규명할 수 있는 중요한 연구대상의 하나로 주목받으며 다양한 분야에서 논의가 진행되어 왔다. 재조일본인의 존재형태를 시기별, 지역별, 계층별로 규명함으로써 일본의 식민지배가 어떤 메커니즘으로

---

3) 다카사키 소지(高崎宗司)는 각 시기별 '재조일본인'의 존재형태를 개괄적으로 서술하면서 그 유형을 세 가지로 구분한다. 즉, 제1유형은 식민지에서의 자신들의 행동이 훌륭한 것이었다고 말하는 부류, 제2유형은 식민지 조선을 순진하게 그리워하는 부류, 그리고 제3유형은 식민지 지배민족으로서 자기 자신을 비판하는 부류이다. 이에 대해서는 高崎宗司, 『植民地朝鮮の日本人(岩波新書790)』, 岩波書店, 2002 참조.

재편되었는지에 대한 실증적인 연구와 함께 주요 인물들의 식민지 배정책론에 대한 분석도 이루어졌다. 최근에는 각 개항장과 도시에 초점을 맞추어 식민도시의 형성과 관련된 재조일본인의 인구변동, 재조일본인 사회단체의 현황과 그 사회경제적 특성을 밝힘으로써 일본의 식민지배의 성격과 식민지 '근대'를 심층적으로 이해할 수 있는 근거가 마련되고 있다.[4]

재조일본인 연구에는 여전히 규명되어야 할 면이 남아 있다. 무엇보다 제국 일본의 식민정책을 연구하면서 식민지 지배자와 지배집단의 내부구조에 대한 정확한 이해가 결여되어 있다면, 재조일본인 연구는 명백한 한계를 지닐 수밖에 없다. 특히 '지배에 대한 저항'에 초점을 맞춘 연구에서는 지배 성격 자체에 대한 심층적 이해를 발전시키지 못한 한계도 드러난다.[5] 재조일본인의 다양한 구성과 내면

---

4) 선구적인 저서만을 소개하면 다음과 같다. 김의환, 『부산근대도시형성사연구』, 연문출판사, 1973 ; 이현종, 『韓國開港場研究』, 一朝閣, 1975 ; 김용욱, 『한국개항사』, 서문문고, 1976 ; 손정목, 『한국개항기 도시변화과정 연구-開港場·開市場·租界·居留地』, 일지사, 1982 ; 손정목, 『한국개항기 도시사회경제사연구』, 일지사, 1982 ; 高秉雲, 『近代朝鮮租界史の研究』, 雄山閣出版, 1987 ; 木村健二, 『在朝日本人の社會史』, 未來社, 1989 ; 梶村秀樹, 『朝鮮史と日本人(梶村秀樹著作集1)』, 明石書店, 1992 ; 高崎宗司, 『植民地朝鮮の日本人(岩波新書790)』, 岩波書店, 2002 ; 橋谷弘, 『帝國日本と植民地都市』, 吉川弘文館, 2004 ; 城本悠一·木村健二, 『近代植民地都市 釜山』, 櫻井書店, 2007 ; 이규수, 『식민지 조선과 일본, 일본인』, 다할미디어, 2007 ; 홍순권 외, 『부산의 도시 형성과 일본인들』, 선인, 2008 ; 김수희, 『근대 일본어민의 한국진출과 어업경영』, 경인문화사, 2010 ; 최혜주, 『근대 재조선 일본인의 한국사 왜곡과 식민통치론』, 경인문화사, 2010 등을 참조.

5) 지배와 저항의 관점에 입각한 재조일본인 연구는 일본 사회 내부에 '식민지 시혜론'이라는 역사인식이 현존하는 한, 지배와 피지배의 역사적 경험의 극복과 식민지배의 비판이라는 측면에서 현재성이 있다. 그러나 연구 시야를 20세기 한국 근대로 확대하여, 식민지 시기의 변화 양상에 초점을 맞추면, 지배와 저항의 관점은 식민지에서 재조일본인을 매개로 발현되는 다양한 사회적 현상을 이해하는 데 일

을 고찰하지 않고 일방적으로 접근하는 것은 잘못된 이미지만을 생산할 수밖에 없기 때문이다.

재조일본인 사회는 본국의 정치과정에서 분리되어 비제도적인 방식으로만 본국 정책에 개입할 수 있었지만, 식민지 조선의 정치과정에는 조선총독부를 중심으로 긴밀하게 편입되었다. 이러한 정치과정은 재조일본인 사회가 조선거주자로서 조선인 사회와 민족적인 지배-피지배 정치관계를 형성하게 하는 한편, 지역적 이해 때문에 본국의 일본인 사회나 정부와는 오히려 갈등하게 만들기도 했다.[6]

요컨대 기존의 재조일본인 연구는 특정 지역과 계층을 부분적으로 취급하고 있을 뿐, 식민지 정책입안자나 실행그룹 내부에 대한 심층적 연구로까지 나아가지 못했다고 말할 수 있다. 향후 연구는 '조선총독부-재조일본인-조선인'이라는 세 주체의 상호관계를 염두에 두면서 국가권력과 식민정책에 대한 재조일본인들의 의식, 총독부와 재조일본인 유지집단의 이해관계 나아가 식민지 체험과 생활문화를 포함한 굴절된 의식세계와 심층의식, 일상세계에서의 생

정한 한계를 지닌다. '식민지수탈론'에 입각한 재조일본인 연구의 현황과 의의에 대해서는 이규수, 「'재조일본인' 연구와 '식민지수탈론'」, 『일본역사연구』33, 2011을 참조.

6) 이에 대해서는 기유정, 「식민지 초기 조선총독부의 재조선일본인 정책 연구-속지주의와 속인적 분리주의의 갈등구조를 중심으로」, 『한국정치연구』20-3, 2011. 또 일본인 거류지를 대상으로 일본공사관, 통감부, 총독부와 재조일본인 사회의 교섭과정을 분석함으로써 일본의 식민지화 과정에서 빚어지는 식민권력과 거류민 사이의 협력과 대항의 구조를 해명하려는 연구와 조선인 유력자집단과 일본인 사이의 길항관계를 분석한 연구는 시사하는 바가 크다. 이에 대해서는 박양신, 「통감정치와 재한일본인」, 『歷史敎育』90, 2004 ; 이준식, 「일제강점기 군산에서의 유력자집단의 추이와 활동」, 『동방학지』131, 2005 ; 방광석, 「한국강점 전후 서울의 '재한일본인' 사회와 식민권력」, 『역사와 담론』56, 2010 등을 참조.

활과 문화의 특성 등을 다각적으로 고찰할 필요가 있을 것이다.

이러한 문제의식 위에서 먼저 여기에서는 먼저 재조일본인의 존재형태를 거시적으로 파악할 수 있는 각종 통계를 살펴본다. 재조일본인의 인구변화 양상을 수량적으로 추적함으로써 그들의 연도별, 출신지별, 산업별, 지역별 인구의 특징을 살펴보고 이어서 지역 레벨에서의 현황과 그들의 인식을 통해 드러난 재조일본인 사회의 생활과 문화의 단면을 고찰하겠다. 이러한 작업은 식민정책의 입안자와 실행 주체, 그리고 이에 편승한 '보통'의 재조일본인의 존재방식을 '거시와 미시'라는 방법을 통해 도항과 정착, 조선에서의 역할을 구조적으로 조망할 수 있는 단초를 제공할 것이다.

1. 인구

일본은 1876년 2월 운양호 사건을 계기로 조선 진출의 첫걸음을 내디뎠다. '조일수호조규' 제4관과 제5관에서는 부산 이외의 두 항구를 개항하기로 규정하고, 개항장에서는 일본에 의한 토지와 가옥의 임차 권리 등을 삽입시켰다. 일본은 부산과 원산에 이어 세 번째 개항지로 조선의 심장부인 한성에 접근하기 용이한 인천을 선택함으로써 침략을 위한 전략적 근거지를 확보했다.

일본 정부는 1876년 9월 나가사키(長崎), 고토(五島), 쓰시마(對馬), 부산을 잇는 항로 개설에 5천 원의 조성금 지급을 결정함으로써 도항과 무역을 장려했다.[7] 이후 상선은 1개월에 1회씩 정기적으로 나

---

7) 山田昭次, 「明治前期の日朝貿易」, 『近代日本の國家と思想』, 三省堂, 1977, 70쪽.

가사키와 부산을 왕복했다.[8] 10월에 들어와서는 조선과 특수한 관계를 맺었던 쓰시마 출신자에게만 한정되던 '조선도항규칙'을 철폐함으로써 일본인은 누구라도 자유롭게 조선에 건너가 무역 활동을 펼칠 수 있었다.

1878년에는 조선 이주를 장려하기 위해 여권 발행지를 히로시마, 야마구치, 시마네, 후쿠오카, 가고시마, 나가사키 현의 이즈하라(嚴原)로 확대했다. 이후 일본 이주민의 상업 활동이 활발해지자, 일본은 1881년에 '거류인민영업규칙'을 제정하여 일본인의 상업 활동을 적극 지원하고, 1883년에는 조선과 '재조선국일본인민통상장정'을 체결하여 일본 선박의 개항장으로의 자유 왕래를 관철시키는 등 일본 상인의 내지 침투와 영업 활동을 적극 보호했다. 또 해외 도항 허가를 엄격히 규정한 '이민보호법'과 '여권발급규정'을 완화하여 결국 1904년 여권 휴대 의무 사항을 폐지시켰다. 중앙 정부 차원의 조선 도항 편의 정책의 실시로 일본인의 이주가 본격적으로 이루어졌다.[9]

이러한 보호와 보조 정책 아래 상인층을 중심으로 한 도항이 본격적으로 진행되었다. 이들 가운데에는 후술하는 바와 같이 모험 상인으로 일확천금을 꿈꾸던 자들도 포함되었다. 그들은 공동으로 상점을 세우거나 거류민회나 상업회의소를 조직하여 자신들의 요구를 반영시키고, 또 한편으로는 무기를 휴대하고 내륙부로 행상하는 단체를 조직했다. 공갈과 사기로 조선인과 거래하여 막대한 이익을 올리는 자들도 출현했다.

---

8) 大谷本願寺朝鮮開教監督部,『朝鮮開教五十年誌』1927, 22쪽.
9) 일본의 조선도항 편의정책에 대해서는 木村健二, 앞의 책, 19~26쪽 참조.

〈표 1〉 조선 도항 일본인수

연도	해외 도항자수	조선 도항자수	비율(%)
1880	1,510	934	61.9
1885	3,461	407	11.8
1890	8,166	1,791	21.9
1895	22,411	10,391	46.4
1900	44,222	4,327	9.8
1905	35,132	11,367	32.4
1910	68,870	25,396	36.9

(출전) 『日本帝國統計年鑑』, 『朝鮮總督府統計年報』 각 연도판.
(비고) 1905년 및 1910년의 해외도항자수에는 대만과 조선도 포함.

〈표 1〉은 1910년 한국강점까지의 해외 도항자수에서 조선 도항자수가 차지한 비율을 나타낸다. 이에 따르면 조선 도항자수는 1880년 934명에서 청일전쟁 직후에는 1만 명을 넘어섰고, 한국강점 전후로는 2만 5천 명에 이르렀다. 하와이와 미국으로의 이민이 많았던 1900년을 제외하고 일본인의 해외 도항자수에서 조선이 차지하는 비율이 가장 높았다. 특히 임오군란과 갑신정변 등 조선 국내의 정치적 변동을 반영하여 도항자의 증감이 격심한 시기도 있었지만, 청일·러일전쟁의 승리를 계기로 거류민이 꾸준히 증가했음을 확인할 수 있다. 조선은 근대 일본의 최대 이주식민지로 자리매김했다.[10]

---

10) 일본인 이민의 정확한 통계는 특정지우기 어렵다. 동일한 기준으로 모든 시기와 지역을 추계한 통계가 없기 때문이다. 중요한 사료 가운데 하나가 외무성 여권발급 기록인데, 여권의 도항목적에 기입된 이민은 협의의 노동이민으로 한정되었다. 여기에서는 유학은 물론 농업경영, 상업, 직인 등도 비(非)이민으로 취급되었다. 오히려 유학, 상용, 공용 등 이민 이외의 도항자를 포함한 합계치가 실제 이민에 가까울 것이다. 조선을 포함한 일본인 이민의 지역별 도항자수의 추정을 통해 조선이

각 개항장의 인구변동도 이를 반영했다. 인천의 경우, 일본인 인구는 개항 직후인 1883년 75호 348명이었지만, 1884년에는 갑신정변의 여파로 일시적으로 26호 116명으로 감소했다. 같은 해 상반기의 경제 상황은 "수출입 모두 극심한 불경기를 맞이했다. 상점은 거의 문을 닫고 불을 끈 모습"11)이었고, 하반기에는 갑신정변 과정에서 일본인도 많은 희생자가 속출했기 때문일 것이다. 하지만 이후에는 꾸준한 증가를 보여 1888년 155호 1,359명으로 천 명을 돌파했다. 이후 청일전쟁의 승리와 더불어 거류민은 4천 명을 넘어섰고, 러일전쟁 직후에는 만 명을 돌파했다. 폭발적인 인구증가 현상이다. 인천에는 두 전쟁의 결과를 반영하여 조선에 대한 일본의 지배권이 확고해짐에 따라 거류민이 꾸준히 몰려들었음을 확인할 수 있다.12)

청일전쟁 전후에는 전쟁 특수와 일확천금을 노리는 모험 상인들이 각지에서 활약했다. 개항장 인천의 경우, 전쟁 발발 당시 1894년에는 거류민이 3,201명이었지만, 1년 후인 1895년에는 4,148명으로 약 1.3배 증가했다. 재조일본인은 청일전쟁 당시의 인천의 정황에 대해 "인천 거류민은 각자 분발하여 인부와 조선어 통역자가 되기로

지니는 위치가 명확해질 것이다. 이에 대해서는 기무라 겐지, 「植民地下 朝鮮 在留 日本人의 特徵-比較史的 視點에서」, 『지역과 역사』15, 2004 참조.

11) 『通商彙編』(1884年 上半季), 363쪽.

12) 재조일본인은 자신들의 생명과 기득권을 보호할 일본군을 환영했다. 자신들의 거주지를 일본군 숙사로 제공하고 용수를 공급했다. 병사 위문, 군수물자 하역과 운반에도 적극 협력했다. 그 중에는 1883년 인천에 도항하여 잡화상을 운영하던 히구치 헤이고(樋口平吾)처럼 "일본인과 한국인 인부 수 천 명을 지휘하여 각지의 병참선을 떠맡음으로써 군국의 급무에 공헌함과 동시에 스스로도 적지 않은 이익"(高橋刀川, 『在韓成功の九州人』, 虎與號書店, 1908, 140~141쪽)을 올린 사람도 생겨났다. 이에 대해서는 이규수, 「개항장 인천(1883-1910) : 재조일본인과 도시의 식민지화」, 『인천학연구』6, 2007 참조.

결의했다. 한 집에 한 명 혹은 두 명 이상이 종군했다. 당시 거류지에 남은 사람은 부녀자와 아이들 이외에 건장한 남자는 한 집에 불과 한 두 명에 불과했다"[13]고 전해질 정도였다. 어용 상인들은 전선이 북상함에 따라 일본군을 상대로 부를 축적하고자 군과 더불어 개항장을 떠나 북부 지역인 평양, 개성, 진남포, 의주 등지로 진출했다. 1894년 9월 일본군이 평양에 입성하자 불과 1개월 사이에 400~500명의 일본인이 평양에 모여들었다.[14]

모험 상인의 대표적 단체는 계림장업단(鷄林奬業團)이다. 계림장업단은 1896년 5월 인천에서 결성되었는데, 농상무성 관료였던 후쿠이 사부로(福井三郎)가 단장을 맡았다. 본부는 인천, 지부는 한성 부산 원산 대구에 각각 설치했고, 대구(大區)는 평양, 개성, 강경, 목포, 소구(小區)는 진남포에 두었다. 이들은 개항지를 나가 내지로 들어가 행상하며 돌아다녔다. 내지를 여행하려면 여행권을 휴대해야 했는데, 일본 정부는 이들 단원에 한해 여행권 취득 수속을 간소화했다. 또 일본정부는 이들을 지원하기 위해 1만 원을 대부해 주었다. 이 결과 1898년 1월에는 회원이 1,380명에 달했다. 그러나 계림장업단은 "사기와 같은 방법으로 빈민의 돈과 물건을 탐하는 무리가 절반을 차지"[15]해서 얼마가지 않아 해산되었다.[16]

1904년 2월 러일전쟁이 발발하자 거류민은 재차 군에 협력했다.

---

13) 信夫淳平, 『仁川開港二十五年史』, 1908, 10쪽.
14) 청일전쟁을 전후한 인천의 정황에 대해서는 이규수, 앞의 논문, 2007 참조.
15) 仁川府, 『仁川府史』 1933, 1047~1048쪽.
16) 계림장업단의 조직과 활동에 대해서는 한철호, 「계림장업단(1896-1898)의 조직과 활동」, 『사학연구』55・56합집, 1998 참조.

인천 거류지에는 청일전쟁 당시처럼 병참감부, 병참사령부, 보조수
졸대(補助輸卒隊), 임시군용철도감부, 군용병원이 각각 설치되었고,
인천항에는 선박사령부, 정박장감부, 임시육군운수통신부 인천지부
등 군사 기관이 포진되었다. 인천영사 부인 가토 스에(加藤直枝) 등은
'인천간호부인회'를 조직하여 부상병을 수용할 준비에 분주했다.[17]

개항장은 일본군의 병참 기지로 제공되었고, 거류민은 일본군의
통역은 물론 군수 물자의 하역과 운반에 가담했다. 재조일본인은 일
본군의 '첨병'으로 활약한 것이다. 러일전쟁의 승리는 일본의 조선에
대한 기득권을 확립시켰다. 청일전쟁으로 청국의 세력을 잠재우고,
러일전쟁을 통해 한반도를 둘러싼 패권 경쟁에서 승리했다. 개항 초
기 거류민들이 직면한 불확실한 상황은 완전히 제거되었다. 이로써
조선은 사실상 일본의 식민지로 전락되었다. 재조일본인은 일본의
침략전쟁 수행과정에서 유감없이 그 존재가치를 발휘했다.

러일전쟁 와중에 전쟁 상황을 관망하면서 조선 진출을 타진하는
사람들도 많았다. 식민지 이전의 조선 상황을 직접 체험하면서 자본
진출 여부를 가늠하기 위해서였다. 예를 들면, 조선의 대표적 지주
로 성장한 후지이 간타로(藤井寬太郎)의 사례는 일본인 상업자본가의
조선 진출 과정과 식민지 지주로의 전환과정을 잘 보여준다.[18] 그는
러일전쟁과 더불어 인천에 진출하여 황해도 방면의 미곡, 잡곡, 우
피의 반출과 전쟁수 행에 필요한 잡화 용달 업무를 수행하다가 식민
지 지주로 변신한 대표적 인물이다. 그는 조사 여행을 마친 뒤, "우

---

17) 信夫淳平, 『仁川開港二十五年史』, 1908, 11~14쪽.

18) 후지이 간타로의 인천 진출과정과 농장경영에 대해서는 이규수, 「후지이 간타로
(藤井寬太郎)의 한국진출과 농장경영」, 『대동문화연구』49, 2005 참조.

리 실업가의 임무는 군대보다 오히려 중요하다"[19]는 인식을 갖고 오사카의 후지모토합자회사(藤本合資會社)의 인천 진출 방침을 굳히기에 이른다. 그는 러일전쟁 이후 인천을 기반으로 삼아 타 지역으로까지 진출한 식민지 지주의 전형적인 인물이었다.

조선으로의 일본인 이주를 장려하기 위해 인천에 입항한 사람들도 많았다. 러일전쟁의 승리에 '무한의 감격'을 느끼고 인천에 입항한 국수주의자 시가 시게타카(志賀重昻)와 같은 인물이 이에 해당한다.[20] 그는 개항장 인천의 정황에 대해 "인천의 인구 1만 5천 명인데, 그 가운데 일본인은 8천 명(개전 이후 유동인구를 포함하면 1만 명)이다. 큰 도로에는 거의 일본인 상점들이 즐비하다. 일본의 작은 지방도읍을 유람하고 있는 느낌이다. 그 가운데에는 '규신류 유술 안내소'(扱心流柔術指南所, 규신류란 일본 유도의 일종−인용자)라는 간판조차 보인다. 정말로 일본적이라고 말해야 할 것이다. 일본인은 이처럼 팽창력이 있다. 일본인은 식민적 국민이 아니라고 누가 말하는가!"[21]

---

19) 不二興業株式會社, 『不二興業株式會社農業及土地改良事業成績』, 1929, 5쪽. 후지이 간타로는 "우리 군대가 전쟁에 승리하는 것이 최대 목적이다. 그러나 이 목적을 달성하기 위해서는 충용(忠勇)한 실업가가 대대적으로 조선에서 일해야 한다. 설령 전쟁에는 이기더라도 군대가 철수함과 동시에 실업가마저도 물러선다면 조선은 과연 어떻게 될 것인가. 실업가는 토지에 정착하여 군대보다도 훨씬 중요한 임무를 수행해야 한다. 이번 전쟁에서 우리를 대적할 적이 없다. 연전연승하는 우리 군대를 신뢰하고, 더욱이 실업방면에서 크게 활약하여 조선의 산업을 일으키고 생활을 향상시켜 총후(銃後)를 굳건히 지켜냄으로써 일본경제 발전에 최선을 다하자. 여기에 내가 살아나갈 길이 있다"(「開拓に先驅するもの, 藤井寬太郎氏の半生」, 『綠旗』6−5, 1941, 140쪽)며 조선 진출을 결심했다.

20) 시가 시게타카의 조사여행에 대해서는 이규수, 「일본의 국수주의자, 시가 시게타카(志賀重昻)의 한국인식」, 『민족문화연구』45, 2006 참조.

21) 志賀重昻, 『大役小志』, 東京堂, 1909, 62쪽.

라며 일본인의 조선 이주는 '일본인의 실력'이라고 자부한다. 그는 러일전쟁의 승리는 단순한 전쟁에서의 승리에 머물지 않는다고 지적하면서, 무궁무진한 경제적 가치를 지닌 조선으로의 진출을 선동했다. 러일전쟁은 궁극적으로 '조선에 대한 일본의 종주권'을 현실화함으로써 완결된다는 점을 강조한 것이다.

이처럼 재조일본인은 개항과 더불어 다양한 이유와 목적을 갖고 조선에 건너왔다. 특히 청일·러일전쟁을 전후하여 각 개항장에는 '일확천금'과 '입신출세'를 노린 일본인이 대거 진출하여 일본인 사회를 형성했다. 재조일본인들은 각지의 영사관, 거류민회, 상업회의소, 금융기관 등의 후원을 받으면서 조선에서의 확고한 위치를 보장받고자 전쟁에 적극 협력했다. 전쟁의 승리는 조선의 경제권을 장악하는 지름길이고, 전쟁의 패배는 일본군만이 아니라 거류민 자신에게도 조선으로부터의 철퇴를 의미하는 것이었기 때문이다.

2. 직업

러일전쟁의 승리와 통감부의 설치로 식민지 지배 체제가 확고해지자, 재조일본인들은 식민 통치의 중추세력으로 성장해 나갔다. 이는 당시의 '식민열(植民熱)'을 반영하는 것으로서 다양한 식민지 공간에서 지속적인 증가 추세를 보여준다.

거주지인 조계에는 제한과 권리가 동시에 적용되었다. 조계에 거주하는 외국인은 조계의 일정 구역 밖으로의 내지 여행은 금지되었다. 조선 정부가 외국인의 자유 여행을 원칙적으로 금지했기 때문이다. 그러나 조계 안에서는 조선 법률의 적용을 받지 않는 '치외법권'

지역이었다. 이른바 영사재판권이 인정되었다. 또 자유로운 무역도
보장되었다. 일본은 '조일수호조규' 제9관에 '인민은 각자 임의로 무
역하되 양국 관리는 이에 관여하지 않으며 또한 제한하거나 방해할
수 없다'고 규정함으로써 자유로운 통상활동을 보장했다. 더구나 수
입 제품에 대한 관세 부과권도 조약에 의해 제한되있다. 일본인에게
조계는 일확천금을 얻을 수 있는 황금어장과도 같은 곳이었다.[22]

〈표2〉 재조일본인수의 추이

연도	남	여	계	여성비율	출생수	사망수	자연증가	사회증가
1880	550	285	835	51.8				
1890	4,564	2,681	7,245	58.7				
1900	8,768	7,061	15,829	80.5				
1910	92,751	78,792	171,543	84.9				
1920	185,560	161,059	347,850	87.8	76,475	64,101	12,374	114,787
1930	260,391	241,476	501,867	92.7	102,296	79,010	23,286	110,963
1940	356,226	333,564	689,790	93.6		*71,087	*41,243	*77,411
1944	345,561	567,022	912,583	164.1				

(출전) 丹下郁太郎編, 『朝鮮に於ける人口に關する諸統計』1943, 3~4쪽 : 朝鮮總督府, 『人口調
　　　査結果 報告』其ノ一, 1944, 1쪽.
(비고) 출생수는 10년 간이고 *는 1931~38년까지.

〈표2〉는 각 시기별 재조일본인의 추이를 나타낸다. 1880년 835명
에 불과한 재조일본인은 1910년에는 17만 명에 이르렀고, 1920년에
는 24만 명, 1930년에는 50만 명, 1940년에는 68만 명을 넘었다.

---

22) 거류지 제도에 대해서는 木村健二, 「在外居留民の社會活動」, 『近代日本と植民地
　　5』, 岩波書店, 1993 참조.

일본인의 조선 이주는 식민지 지배 체제의 구축 과정과 더불어 1900
년부터 1910년에 걸쳐 10배 이상 급증했음을 알 수 있다.

한편 재조일본인의 인구 구성을 살펴보면 특히 초기에는 남녀차
가 현저했다. 남녀 비율은 1900년에 남성 100명에 대해 여성 80명
수준이었는데, 이 시기에는 아직 가족의 동행이라기보다 작부, 예
기, 창기의 증가에 따른 것이다. 원산의 경우, 1880년 말 거류민 수
는 남성 210명, 여성 25명, 계 235명이었다. 여성이 차지하는 비율
은 약 11%로 아주 적은 편이었다. 1881년 말의 인구는 남성 192명,
여성 89명, 총 281명으로 여성이 증가하여 약 32%를 차지했다. 여
성 가운데에는 같은 해 12월에 영업이 허가된 유곽에 일하는 매춘부
가 많았다.[23)

1896년 말 서울 거류민의 직업에서 가장 많이 차지한 것도 작부
140명이다. 당시 여성 총수는 730명이었기 때문에 여성 5명 가운데
1명이 작부였음을 알 수 있다. 그리고 예기는 10명이었다.[24) 또 다
른 통계에 의하면 1897년 2월 한성에는 잡상 90명, 아침시장 상인
77명, 행상 54명, 목수 46명, 음식점 34명, 작부 32명 등 이었다.[25)
앞의 통계와는 상당한 차이를 보이지만, 아무튼 작부 수가 높은 비
중을 차지했다. 이러한 현실에 대해 영사관은 보고서를 통해 "일본

---

23) 高尾新右衛門, 『元山發達史』, 1916, 22~35쪽. 이는 다른 개항지에서도 마찬가지
였다. 1902년 7월 부산에 유곽이 생겨나 같은 해 11월 현재 유곽 7곳의 예기 창기
수는 280명이었다. 12월에는 인천에도 부도(敷島)에도 유곽이 탄생했다. 1912년
무렵에는 기루 5칸, 창기 58명이었다(손정목, 「개항기 한국거류 일본인의 직업과
매춘업・고리대」, 『한국학보』 1980년 봄호, 109~110쪽).

24) 京城居留民團役所, 『京城發達史』, 1912, 85~86쪽.

25) 『通商彙纂』65, 1897, 21~22쪽.

인의 증가 상태를 유심히 살피면, 생산자의 증가와 함께 비생산자도 같은 비율로 늘고 있다. 1897년 12월말 현재 인구는 1,580명인데, 그 중 예기, 작부 그리고 유예(遊藝), 그리고 이들을 가르치던 사장(師匠)의 수는 실제로 61명에 달한다. 그런데 청국인의 증가 상태는 이와 완전히 달라서, 상공업자가 아니면 대개 노동자이다. 모두 생산업에 종사하는 자들이다"[26]고 개탄할 정도였다.

한성에서의 '성공' 소식을 듣고 각지의 민단도 유곽 설치에 나섰다. 1904년 진남포, 1906년 용산, 1907년 군산, 1908년 대구, 1909년 청진 나남, 1910년 목포 신의주 대전에 각각 유곽이 세워졌다. 창기는 1908년 말, 서울 244명, 부산 141명, 인천 141명, 평양 103명에 달했다. 또 작부는 서울 727명, 부산 350명, 인천 84명, 평양에서는 87명이 일했다.[27]

〈표3〉은 초기 도항자의 사유별 인수를 여권발급 신청사유에 의거하여 작성한 것이다.[28] 1895년의 경우, 상용 3,665명, 품팔이 2,919명, 여러 업무 1,787명, 어업 1,265명 순으로 모든 연도에서 '상용'이 가장 많았고, 이어서 여러 업무와 품팔이, 어업 등의 순이었다. 초기의 재조일본인은 이른바 소규모 '생계형 생업자'가 많았음을 알 수 있다.

---

26) 『通商彙纂』112, 1898, 89~90쪽.
27) 손정목, 앞의 논문, 1980년 봄호, 111~112쪽.
28) 일본의 여권제도는 1899년 6월에 개정되어 조선에 도항할 때 여권이 필요 없게 되었다. 조선 도항에는 여권을 소지하지 않아도 아무 문제가 되지 않았다. 이에 대해서는 木村健二, 앞의 책, 21쪽 참조.

<표3> 사유별 조선도항자수

연도	공용	유학	상용	여러 업무	직공	품팔이	어업	여행	계
1880	174	5	350	332	73	–	–	–	934
1885	30	6	186	142	17	24	–	2	407
1890	24	10	970	450	85	219	33	2	1,791
1895	144	90	3,665	1,787	517	2,919	1,265	4	10,391

(출전) 『帝國統計年鑑』 각 연도판.

개항 초기의 일본인 직업은 다양했다. 거류민들은 고리대업, 선박 운송업, 무역업, 미곡상, 정미업, 잡화상, 요리업, 주류상, 목재상, 과일상 등 다양한 직종에 종사했다. 원산의 경우, 1880년 말 직업별 통계를 보면 총계 235명 가운데 직인 100명, 영사관 관계자 75명, 상인 60명이었다. 직인이 약 43%를 차지한 것은 개항 이후의 건축 붐을 반영한 것이다. 영사관 관계자도 약 32%로 많은 편이었다. 그 가운데 관원은 5명이고 경찰관이 32명이었다.[29] 경찰관이 상대적으로 많은 것은 조선인의 습격을 두려워했기 때문일 것이다. 이후 1887년 말 직업별 통계를 살펴보면 하역날품팔이 28호, 도매상 24호, 목수 19호의 순이고, 이어 무역상 11호, 페인트칠공 5호, 소매 겸 도매상 4호, 일시 체제 무역상·소매 겸 도매상·하역날품팔이 관리책임자 각 3호, 기타 39호였다.[30]

1910년 8월 한국강점과 함께 조선총독부가 설치되어 일본인 관리와 임시 직원이 대폭 증원되었다. 1911년 6월말 현재 한성 거주 일본

---

29) 高尾新右衛門, 『元山發達史』 1916, 22~23쪽.

30) 위의 책, 94~95쪽.

인의 직업별 통계를 보면 1위 관리 2,134명, 2위 상점원 1,478명,
3위 임시직원 1,269명, 4위 하녀 993명, 5위 목수 961명이었다.[31]
이러한 경향은 부산에서도 거의 비슷했다. 1912년 8월 현재 직업별
통계를 보면 1위 관공리 467명, 2위 소매상 과 잡화상 274명, 3위
고물상 129명, 4위 백미소매상과 음식점 각각 115명이었다.[32]

〈표4〉 직업별 구성

구분	1911	1922	1933	1939	1942
농림목축업	20,623	38,573	39,031	33,257	29,216
어업과 제염업		10,775	10,208	9,540	9,093
광업	26,811	63,999	68,888	18,604	23,265
공업				111,808	141,063
상업	67,625	126,893	151,787	144,647	136,801
교통업				37,705	53,874
공무와 자유업	41,269	117,080	230,135	246,967	297,236
기타	444,475	20,642	21,746	24,932	32,651
무직 및 무신고	9,886	8,531	21,309	22,644	29,661
계	210,989	386,493	543,104	650,104	752,860

(출전) 『朝鮮總督府統計年報』 각 연도판 및 朝鮮總督府, 『朝鮮ニ於ケル内地人』 1923.

〈표4〉는 한국강점 이후 재조일본인의 직업별 구성의 추이를 나타
낸다. 공무와 자유업이 비중이 높아 각 시기를 통해 20~40%에 이른
다. 농림과 축산업은 10% 이하이며, 1930년대 이후는 어업, 제염업

---

31) 京城居留民團役所, 『京城發達史』, 1912, 430~432쪽.
32) 森田福太郎, 『釜山要覽』, 1913, 12~13쪽.

과 더불어 절대적으로 감소하고 있다. 물론 여기에는 지주와 그 사용인도 다수 포함되어 있다.

한편 〈표4〉에 따르면 광공업 종사자는 중일전쟁 이후 급증하고 있는데, 이는 대륙병참기지화 정책 때문이다. 상업과 교통업은 각 시기를 통해 광공업보다 많다. 또 기타, 무직, 무신고 등 정체가 불명한 계층이 많은데, 이는 일본인 사회가 조선총독부를 정점으로 전체적으로 조선인 사회에 군림하는 이른바 '식민자 사회'였음을 반증한다.

〈표5〉 직업별 본업 인구 구성(1930년)

	일본인	조선인
농업	8.7	80.6
수산업	3.1	1.2
광업	0.4	0.3
공업	17.6	5.6
상업	25.7	5.1
교통업	9.0	0.9
공무 및 자유업	31.8	1.2
가사사용인	1.6	1.2
기타	2.0	4.0

(출전) 朝鮮總督府, 『昭和五年朝鮮國勢調査報告』, 247쪽.

〈표5〉는 1930년의 국세조사에 의한 직업별 본업 인구 구성을 나타낸 것이다. 이에 의하면 인구 구성은 공무자유업, 상업, 공업의 순이다. 공무 및 자유업, 공업의 증가가 현저했는데, 이는 식민지 지배를 추진하면서 총독부와 지방 관청의 관리가 다수 재류한 것과 공업화도 추진되었음을 반영한 것이다. 이들 구성은 농업 중심의 조선인

과는 크게 다르다.

이처럼 재조일본인은 한국강점 이후 공무 및 자유업이 두드러진 성장을 보이고, 이어서 상대적으로 공업이 성장하고 있다. 상업은 한국강점 이전부터 일정 비율을 계속 유지하고 있는데, 여기에는 중소 독립 영업자와 함께 상업 사용인도 포함되어 있다. 요컨대 일본인의 조선 진출의 특징은 자영 중소상공업자를 중심으로 전 계층적 진출이었다고 말할 수 있다.

3. 출신지와 지역적 분포

조선의 개항 이후 서일본 각지로부터 많은 일본인이 도항하여 일본인 사회를 형성했다. 〈표6〉은 재조일본인의 출신지와 출생지를 나타낸 것이다. 1910년 이전에는 나가사키 현, 특히 쓰시마 출신자가 많았고, 그 뒤를 이어 야마구치 현이 많았다. 두 현은 전체의 58.1%(1896년)를 차지했다. 인천의 경우, 1896년 현재 거류민 4,148명의 출신지는 야마구치 1,178명, 나가사키 1,075명, 오이타 357명, 후쿠오카 235명, 구마모토 173명 순이었다.[33] 인천의 거류민은 야마구치 출신이 쓰시마를 포함한 나가사키 출신들을 앞섰음을 알 수 있다. 야마구치는 이 무렵 '하녀의 특산지'[34]라 불릴 정도로 하층노동자가 많은 지역이었다. 야마구치 출신자의 조선 도항은 이후에도 지속되었다. 이러한 경향은 식민지화 이후에도 지속된다.

---

33) 『通商彙纂』(號外, 1896), 74~75쪽.
34) 『通商彙纂』(155, 1899), 23쪽.

〈표6〉 출신별 구성

	1912		1925		1933		1939	
	인원	순위	인원	순위	인원	순위	인원	순위
山口	26,026	1	40,073	1	51,019	1	53,498	1
福岡	20,469	2	31,199	2	43,606	2	50,036	2
長崎	18,909	3	25,306	4	34,345	4	35,560	4
廣島	16,177	4	25,760	3	32,268	5	35,237	5
大分	12,176	5	18,853	6	25,405	6	29,449	7
熊本	11,927	6	21,895	5	34,451	3	44,627	3
佐賀	10,141	7	17,152	7	25,869	8	28,563	8
岡山	9,050	8	16,497	8	21,872	9	24,615	9
愛媛	8,046	9	12,167	10	15,800	10	19,166	10
大阪	7,606	10	9,865	15	9,399	16	12,320	16
鹿兒島	6,701	13	14,119	9	24,127	7	32,423	6

(출전) 『朝鮮總督府統計年報』, 각 연도판.

초기 재조일본인의 출신 구성에서 서일본 출신자가 많은 이유에 대해 기무라 겐지는 야마구치 현의 옛 마리후손(麻里府村)을 사례로 설명했다. 그에 따르면 야마구치 현은 에도시대에는 세토나이카이 (瀨戸内海) 항로의 중계지로서 번창했지만, 메이지 시대에 들어 쇠퇴하여 새로운 활로를 조선 무역에서 찾았다. 이러한 배경 아래 1890년을 전후하여 예를 들면 마리후손 우마시마(馬島)의 유력한 선주와 벳푸(別府)의 토호들은 서양 범선을 구입한 다음, 오사카의 잡화와 면포를 구입하여 조선에 판매하고 미곡과 대두를 오사카로 반출했다. 하지만 이러한 무역도 1890년대 후반에 들어서는 기선에 밀려 후회했다. 선장과 선원을 비롯하여 다수의 날품팔이 계층은 조선에

정주하게 되었다.[35)]

이후 서일본을 중심으로 그 밖의 부현의 비율도 차츰 높아갔다. 1910년에는 상위 두 현은 야마구치와 나가사키로 변함이 없지만, 그 비율은 20.4%로 감소한 반면 후쿠오카, 히로시마, 오이타, 구마모토 등 1만 명을 상회하는 현도 증가했다. 더욱이 1930년에는 본국 출생이 70.4%에 비해 조선 출생이 29.6%, 즉 약 3할에 달했다. 일본 본국의 출생지는 여전히 서일본 중심이었지만 점차 동일본 지역과 일본 전역으로 확대되었음을 확인할 수 있다.

각 지역 재조일본인의 이주와 정착 경로는 다양했다. 예를 들어 인천으로 이주한 일본인은 크게 두 부류로 나누어볼 수 있다.[36)] 하나는 인천보다 먼저 개항한 부산이나 원산에서 거주하다가 인천으로 이주한 부류이고, 또 하나는 인천의 개항과 더불어 일본에서 곧바로 이주한 부류이다. 호리 리키타로(堀力太郎)는 1878년 부친과 함께 부산에 도항하여 서양 잡화상을 운영하다가, 인천의 개항과 더불어 이주한 사례이다. 그는 개항장 인천에서 선박을 구입하여 한강 항로와 평양의 만경대 항로를 개척하는 등 조선 내의 항로권을 독점

---

35) 木村健二, 앞의 책, 40~43쪽. 이와 관련하여 부산 개항부터 한국강점에 이르는 식민지화 과정에서 재조일본인의 위치와 역할이 어떤 것이었는지를 정치, 경제, 사회적 측면에서 고찰한 기무라 겐지(木村健二)의 연구가 주목할 만하다. 기무라는 일본정부의 이민에 대한 보호, 보호정책으로 상징되는 유입요소(pull factor)와 유출요소(push factor)를 함께 살펴야 한다고 말한다. 재조일본인을 통한 조선침략의 구조적 특징은 국가와 거대자본과의 관계 위에서 명확히 규정될 필요가 있고, 일본자본주의의 변천과 관련하여 진출에 이르는 구체적 양상을 밝혀야 한다는 것이다. 기무라 연구의 출발점은 일본사 입장에서 해외로 진출한 일본인 이민을 규명하기 위한 작업의 일환이었다. 멕시코 등 여타 지역에 진출한 일본인과의 비교 등에는 나름대로 유용한 방법론이다.

36) 이에 대해서는 이규수, 앞의 논문, 2007 참조.

장악한 인물이다. 러일전쟁 당시에는 일본군의 용달 업무에 종사하여 부를 축적했지만, 소유 선박 3척이 침몰하자 손해액이 40만 원에 달해 결국 파산했다. 하지만 당국은 그의 손실액을 전액 보전해 주었고 그는 이후에는 고리대업에 종사하면서 황무지를 구입했다.[37]

쓰시마 출신 고오리 긴사부로(郡金三郎)는 부산 개항 이전인 1875년 무렵 부산에 주재하던 야마시로(山城)라는 사람이 보천사(報天社)라는 조선어학교를 창설했다는 소식을 듣고 친동생 오이케 다다스케(大池忠助)에게 입학을 권유하여 조선어를 배우게 했다. 이후 고오리는 1877년 부산에 도항하여 무역과 수화물 도매를 위해 고오리 상회를 개점했다. 사업이 번성하자 고오리는 1880년 동생 오이케에게 상회를 물려주고, 아직 개항하지 않은 인천에 진출했다. 그는 울릉도 탐험선인 진서환(鎭西丸)에 탑승하여 인천에 도항한 최초의 인물이었고, 갑신정변 당시에는 퇴각하는 일본인과 부상자를 부산으로 피난시켰다.[38]

이처럼 인천에 도항한 거류민 가운데에는 개항과 더불어 부산과 원산과 같은 다른 개항지로부터 이주한 사람들이 많았다. 원산의 경우, 인천 개항과 더불어 인천으로 이주한 사람이 많아 1883년 말 인구는 더욱 감소하여 199명으로 줄었다. 『통상휘편』은 "인천 개항의 영향이 점점 커져나가 마침내 원산은 텅 비어버릴 것 같다. 지금 본 항구에 무역상이라고 부를만할 사람은 겨우 4~5명에 불과하다"[39]고 보고할 정도였다. 한성에 접근하기 용이한 인천으로 부산과 원산

---

37) 信夫淳平, 『仁川開港二十五年史』, 1908, 66쪽.

38) 高橋刀川, 『在韓成功の九州人』, 虎與號書店, 1908, 101~103쪽 ; 信夫淳平, 『仁川開港二十五年史』, 1908, 66~67쪽.

39) 『通商彙編』(1883年 下半季), 252쪽.

의 일본인이 대거 이주했음을 짐작할 수 있다.

개항장 인천의 거류민을 형성한 또 한 부류는 일본에서 다른 경유지를 거치지 않고 직접 도항한 인물들이다. 다나카 요스케(田中良助)는 일찍이 1868년부터 선박을 건조하여 조선 도항을 시도한 '모험적' 인물이었다. 그는 1883년 인천의 개항과 더불어 이주하여 처음에는 잡화상과 하역업에 종사했다. 나중에 선박 몇 척을 구입하여 조선 연해안과 일본 항해를 개시하여 통상 이익을 올렸다. 이후 그는 해운업을 정리하고 위탁 판매와 주류 도매에 전념했다.[40]

히구치 헤이고(樋口平吾)도 1883년 일본에서 다른 개항장을 거치지 않고 직접 인천에 도항하여 도자기 판매상과 잡화점을 개설했다. 인천 일본인 상점의 효시이다. 그는 청일전쟁 당시에는 인천상업회의소 의원으로 인천거류민을 대표하여 일본군 군수품 수송위원이 되었다. 그는 조선인과 일본인 인부 천 명을 동원하여 최전선까지 군수품을 수송하여 축재했다.[41]

게이다 리키치(慶田利吉)는 1883년 개항과 동시에 인천에 건축재료 등을 취급한 게이다쿠미(慶田組) 본점을 설립했다. 게이다가 인천에 주목한 이유는 한성에 지점을 두어 일본공사관과 수비대의 납품업자로 활약하기 위해서였다. 이후 그는 조선정부의 건물 건설과 미곡수송에도 관여하는 등 사업을 확장했다.[42] 또 게이다쿠미의 사원으로 조선에 도항한 사원 중에는 갑신정변 당시 살해당한 사람도 있었지만, 다나카 사시치로(田中佐七郎)처럼 1886년에 미곡,

40) 信夫淳平, 『仁川開港二十五年史』, 1908, 67쪽.
41) 高橋刀川, 『在韓成功の九州人』, 虎與號書店, 1908, 138~141쪽.
42) 信夫淳平, 『仁川開港二十五年史』, 1908, 67쪽.

우피, 사금 등을 취급하는 무역상으로 독립하여 성공한 사람도 있었다.[43]

거류민 가운데는 인천에 도항한 뒤, 개항한 군산이나 목포 등 다른 개항지에서 사업을 확장한 사람도 있었다. 다카마쓰 노보루(高松昇)는 1883년 인천에 친형과 함께 도항하여 잡화상을 운영하다가, 1906년 독립하여 미곡상으로 전업했다. 이후 그는 무역과 해운업에 종사하여 부를 축적하자 군산지방으로 진출하여 비옥한 토지를 구입하여 대지주로 변신했다.[44] 또 하라타 긴타로(原田金太郎)는 1883년 인천 개항과 더불어 이주하여 여관업에 성공하여 한성에도 지점을 설치하는 등 사업을 확장시켰다.[45]

1884년 인천에 건너온 사람 가운데에는 앞에서도 언급한 고오리 긴사부로나 도자기 판매상 히구치 헤이고처럼 부산에서 이주한 사람, 약재상 와다 쓰네키치(和田常吉)처럼 원산에서 이주한 사람도 많았다.[46] 히구치 헤이고는 1883년 9월 인천에 도항하여 도기와 잡화를 판매했다. 인천 일본인 상점의 효시이다. 히구치는 이후 청일전쟁을 계기로 군수품 수송에도 관여하여 축재했다.[47] 와다 쓰네키치는 1883년 인천에 점포를 개설했지만, 1886년 한성 진고개로 옮겨가 옥양목과 석유를 수입하고 미곡을 수출했다. 나중에 와다는 야마구치 다베에(山口太兵衛) 및 나카무라 사이조(中村再造)와 더불어 '경성의 세 원로'라 불렸다.[48]

---

43) 木村健二, 「明治期の日本居留民團」, 『季刊三千里』, 1986년 가을호, 68쪽.
44) 信夫淳平, 『仁川開港二十五年史』, 1908, 68쪽.
45) 위의 책, 70쪽.
46) 高橋刀川, 『在韓成功の九州人』, 虎與號書店, 1908, 93·103·138쪽.
47) 위의 책, 138~141쪽.
48) 北川吉昭編, 앞의 책, 137쪽.

1884년 12월 갑신정변이 일어났다. 다케조에 신이치로(竹添進一郎) 공사와 이노우에 가쿠고로가 조직한 일본인 장사 등은 김옥균 등의 쿠데타를 응원했다. 갑신정변이 실패로 끝나자 다케조에 공사 이하 공사관원 13명, 순사 10여 명, 공사관원의 남녀 '몸종' 30여 명, 목수 직공 70어 명, 피난중인 거류민 34명은 140여 명의 일본군의 호위를 받으며 공사관을 탈출하여 일단 인천으로 피난했다. 하지만 각지에

〈표7〉 도시별 일본인 인구

도시	1890년	1900년	1910년	1930년	1940년
부산	4,344	5,758	24,936	47,761	52,003
원산	680	1,578	4,636	9,260	11,121
서울	609	2,115	38,397	105,639	124,155
인천	1,612	4,208	11,126	11,758	13,359
목포		894	3,612	7,922	9,174
진남포		339	4,199	5,333	5,967
군산		488	3,737	8,707	9,400
마산		252	7,081	5,587	5,966
평양		159	6,917	20,073	25,115
대구			6,492	19,426	21,455
신의주			2,742	7,526	8,916
개성			(1,470)	1,531	1,612
청진			(2,182)	8,873	12,411
함흥			(1,383)	8,984	10,594
대전					9,576
전주			(1,541)		5,494
광주			(1,326)		8,085
비율	100.0%	99.8%	66.4%	53.5%	48.5%

(출전) 『日本帝國統計年鑑』, 『韓國統監府統計年報』, 『朝鮮總督府統計年報』, 『朝鮮國勢調
查結果報告』 각 연도판.
(비고) 1910년까지는 개항장. 1930-40년은 부를 게재(1910년의 괄호는 군).

산재하던 공사관원 등 13인과 한성과 인천의 거류민 27명, 합계 40명이 희생당했다. 그들의 출신지를 살펴보면 나가사키 8명(그 가운데 쓰시마 6명), 오사카 3명의 순이었다.[49] 한성과 인천에서도 쓰시마 출신인과 오사카 상인이 비교적 많았음을 반영한다.

철도 개통에 따라 철도 주변에 새로운 일본인 도시가 형성되었다. 조치원과 대전 등이 대표적인 예이다. 기쿠치 겐조(菊池謙讓)는 조치원을 "경부철도가 낳은 신일본촌"이라 평가했다.[50] 이들 도시에서는 일시적으로 조선인보다 일본인이 많았다.

〈표7〉은 도시별 일본인 재주자 수를 나타낸 것이다. 일본인은 경부선과 경의선 등 철도 부설이 예정된 지역을 중심으로 집중되었다. 예를 들어 대구의 경우, 거류민은 청일전쟁 당시 병참 기지로 지정되었을 때만 해도 약 10호에 불과했다. 1900년 11월 일본인회가 결성되었을 때도 회원은 10여 명이었다. 대구에는 경부철도 건축사무소가 설치된 이후 거류민이 증가하여 1904년 2월말에는 약 200명으로 늘어났고, 6월말에 이르러는 1,000명을 넘어섰다.[51]

이처럼 러일전쟁 이전에는 당연한 현상이지만 거주가 허가된 개항장이 100% 혹은 그에 가까운 비율을 나타내는데, 한국강점 이후는 점차 그 비율이 저하하여 1940년에는 50%를 밑도는 수준이 되었다. 농촌부와 지방 중소 도시에도 일본인이 거주하게 된 것이다. 한국강점 이후 최다의 일본인 거주지는 서울이고, 부산과 평양이 뒤를 이었다. 차츰 내륙의 지방도시 등에도 확대되었는데, 특히 미곡의

49) 京城府編發行, 앞의 책, 538·541쪽.

50) 菊池謙讓, 『朝鮮諸國記』, 大陸通信社, 1925, 338쪽.

51) 大邱府, 『大邱府史』, 1943, 188~190쪽.

수출항(군산, 목포)과 공업화가 추진된 지역(대구, 청진, 함흥, 신의주) 등지에서의 증가가 눈에 띈다.

<표8> 지역별 분포

	1912			1925			1942		
	인원	A	B	인원	A	B	인원	A	B
경기	70,336	28.9	4.4	104,479	24.6	5.4	206,627	27.5	6.4
충북	4,003	1.6	0.6	7,317	1.7	0.9	9,417	1.3	0.6
충남	12,532	5.1	1.2	19,566	4.6	1.6	28,228	3.8	1.7
전북	13,594	5.6	1.4	27,167	6.4	2.0	35,363	4.7	2.1
전남	16,210	6.7	1.0	31,628	7.4	1.5	45,250	6.0	1.6
경북	14,959	6.1	0.9	41,672	9.8	1.8	45,244	6.0	1.7
경남	58,507	24.0	3.8	77,548	18.3	4.0	98,974	13.2	4.0
황해	5,800	2.4	0.5	14,696	3.5	1.0	26,189	3.5	1.3
평남	16,219	6.7	1.7	34,530	8.1	2.8	51,263	6.8	2.8
평북	7,623	3.1	0.7	16,239	3.8	1.2	32,252	4.3	1.7
강원	4,516	1.8	0.5	8,632	2.0	0.7	21,101	2.8	1.1
함남	11,708	4.8	1.1	20,339	4.8	1.5	73,990	9.8	3.6
함북	7,722	3.2	1.6	20,927	4.9	3.4	78,925	10.5	6.4

(출전) 『朝鮮總督府統計年報』, 각 연도판.
(비고) A=전 재조일본인에 대한 비율, B=해당 도의 총인구에 대한 비율.

<표8>는 재조일본인의 지역별 분포를 나타낸다. 초기에는 경기와 경남이 전체의 50%를 넘었고, 말기에도 40%를 넘었다. 이는 서울과 부산에 일본인이 집중하고 있음을 말한다. 말기에는 함남과 함북을 비롯한 북부 지역의 일본인 수가 급증한 것은 군사 공업화 정책과 만주 침략 정책과 관련된다. 역으로 순농촌 지역인 남부에서는 일본인이 점하는 비중은 그다지 높지 않다. 이는 조선 거주 일본인의 대다수가 기본적으로 도시 생활자였음을 말하고 있다.

이상 재조일본인의 출신지별, 산업별, 지역적 분포와 같은 인구통계학적 특징을 살펴보았다. 재조일본인은 개항장을 거점으로 조선의 전통과 문화에 큰 충격을 준 이질적인 존재들이었다. 이들은 조선 내에서 자신들의 기득권을 확보하고자 거류민단, 민회, 상업회의소 등과 같은 정치 경제적 자치조직을 형성하면서 조선사회에 정착했다.

재조일본인 사회의 형성 속도는 매우 빨랐다. 1876년 부산의 개항 이후 54명에 불과하던 거류일본인은 원산 개항 직후인 1881년에는 3,417명으로 늘어났다. 1883년에는 인천 개항과 더불어 4,003명, 1894년에는 청일전쟁의 승리에 의해 12,303명으로 각각 증가했다. 더욱이 조선에 거주한 일본인은 러일전쟁이 개시된 1904년에는 31,093명으로 증가했고, 일본의 조선지배가 확실해진 1905년에는 42,460명에 달했다. 재조일본인은 이후에도 꾸준히 증가하여 1910년 한국강점 당시에는 17만 명을 넘었고, 식민지 통치 말기인 1944년에는 90만 명을 돌파했다.

초기의 인구 구성은 현저한 남녀차를 드러냈다. 1900년에 남성 100명에 대해 여성 80명 수준이었는데, 이 시기에는 아직 가족의 동행이 이루어지지 않고 작부, 예기, 창기가 많았기 때문이다. 직업 구성도 특이했다. 공무와 자유업의 비중이 특이할 정도로 커서 각 시기를 통해 20~40%를 차지했다. 농림과 목축업은 10%에도 미치지 못했고, 일본의 만주침략 이후에는 어업과 제염업과 더불어 절대적인 감소 경향을 드러냈다. 이는 농림업 중심의 조선인과는 크게 다르다. 물론 광공업 종사자가 늘어난 것도 아니었다. 광공업은 만주침략 이후 침략전쟁의 확대로 인해 조선의 대륙병참기지화를 추진하던 시기에 이르러 비로소 늘어난다. 상업과 교통업이 각 시기를 통해 광공업보다도 많았다. 또 기타, 무직, 무신고 등 정체불명의 계층이 일관되게 많은데, 이것은 일본인 사회가 조선총독부를 정점으로 전체적으로 조선인 사회에 군림하는 사회구조였음을 잘 말해준다.

재조일본인의 지역별 분포는 대단히 불균등했다. 러일전쟁 이전에는 당연한 현상이지만 거주가 허가된 개항장이 100% 혹은 그에 가까운 비율을 나타내는데, 한국강점 이후에는 점차 그 비율이 낮아져 1940년에는 50%를 밑도는 수준이 되었다. 농촌부와 지방중소도시에도 재조일본인이 거주하게 된 것이다. 한국강점 이후 일본인 최대 거주지는 서울이고, 부산과 평양이 뒤를 이었다. 차츰 내륙의 지방도시 등에도 확대되었는데, 특히 미곡의 수출항(군산, 목포)과 공업화가 추진된 지역(대구, 청진, 함흥, 신의주)을 중심으로 증가했다.

일제 말기에는 함경도 등 북부 지역의 일본인도 급증한다. 만주침략정책과 군수공업화정책과 연관된 현상이다. 반대로 농촌지역에서 일본인이 차지하는 비중은 별로 높지 않았다. 조선 내 일본인 대부분은 상대적으로 치안이 안정된 도시를 거점으로 생활했기 때문이다. 특히 도시부에서 일본인은 자기 거주 영역에 집중하여 조선인과 직접 대면하지 않는 일상생활을 영위했다. 식민지 조선에서 일본인은 조선인과는 별개의 그들만의 세계에서 존재한 것이다.

제3장 해외식민정책과 농업이민론

1. 식민정책과 농업이민

(1) 식민정책의 배경

일본은 메이지유신(明治維新)을 계기로 세계자본주의 체제에 종속적으로 편입되었다. 국가주도의 급격한 부국강병정책의 강행으로 농촌사회는 소작지와 소작농을 기반으로 한 영세농 경영이 확대되는 등 사회모순이 첨예화되었다. 하지만 일본은 사회적 모순을 국내체제 개편을 통해 해결하지 않았다. 청일전쟁과 러일전쟁 등 침략을 통해 식민지를 확보함으로써 후진제국주의 국가로 국제사회에 등장했다. 일본의 식민지 지배정책은 식량 및 원료공급지, 그리고 상품판매시장으로서 한국의 산업구조를 재편성하는 것이었다. 이러한 식민지적 산업구조로 재편되는 과정에서 농업이민정책이 추진되었다. 한국에 막대한 농촌인구를 이주시켜 소작빈농층은 토지를 소유한 자영농 나아가서는 지주층으로 육성하고, 거대자본은 대농장을 설치하고 일본자본주의의 한 기구로서의 지주경영을 수행함으로써 현지 농민을 경제적으로 예속 지배하면서 수탈을 위한 농업기반을 확고히 다지려 하였다.

　일본인의 이주는 1876년에 체결된 '조일수호조규부록'(朝日修好條規附錄)과 '무역규칙'(貿易規則)에 의해 자유롭게 이루어졌다. 미쓰이(三井), 미쓰비시(三菱), 아사노(淺野)와 같은 거대자본은 일본정부의 적극적인 보호 아래 광산채굴권, 인삼선매권 등 각종 특권을 부여받았다. 일본이 다른 외국에 앞서 한국에 대한 지배권을 확보하고 대륙침략의 교두보를 확보하기 위해서였다. 이후 일본 이주민의 상업활동이 활발해지자, 일본은 1881년에 '거류인민영업규칙'(居留人民營業規則)을 제정하여 일본인의 상업 활동을 적극 지원하고, 또 1883년에는 한국정부와 '재조선국일본인민통상장정'(在朝鮮國日本人民通商章程)을 체결하여 일본 선박의 개항장으로의 자유왕래를 관철시키는 등 일본 상인의 내지침투와 영업활동을 적극 보호하였다. 일본인의 한국 이주자는 1880년 934명, 1885년 407명, 1890년 1,791명, 1895년 10,391명이었다. 1885년에는 일본인의 미주 이민이 증가하고 갑신정변의 영향으로 약간 주춤하였으나, 이후 여권제도의 개선 등 이주에 대한 편의정책이 실시되어 다시 증가추세를 보였다. 출신지는 주로 야마구치(山口)와 히로시마(廣島)를 중심으로 한 서일본(西日本)지역이 압도적으로 많았다.[1]

　농업이민은 러일전쟁을 계기로 더 적극적으로 추진되었다. 일본은 러일전쟁 직후 1904년 5월말 원로회의와 각의에서의 논의를 바탕으로 '대한방침 및 대한시설강령'(對韓方針竝ニ對韓施設綱領決定ノ件)을 결정했다. 구체적인 '한국경영' 방침으로 군사·외교·재정·교

---

1) 木村健二, 『在朝日本人の社會史』, 未來社, 1989, 10~29쪽.

통·통신·척식 등 6항목에 걸친 구체적 침략방안을 수립했다. '척
식' 항목에서는 농업식민정책의 기조를 다음과 같이 설정했다.

> 한국에서 일본인 기업 중 가장 유망한 것은 농사이다. 본래 한국은 농업
> 국으로 식량과 원료품을 일본에 공급했고, 일본은 공예품을 공급했다. 생각
> 건대 앞으로도 양국의 경제관계는 이 원칙 위에서 발달해야한다. 또 한국은
> 토지면적에 비해 인구가 적어서 많은 일본인 이민을 충분히 받아들일 수
> 있을 것이다. 따라서 만약 우리 농민을 한국 내지에 많이 들여보낼 수 있다
> 면 한편으로는 우리의 초과인구를 위한 이식지(移植地)를 얻고, 다른 한편
> 으로는 우리의 부족한 식량공급을 증가시켜 소위 일거양득이 될 것이다.[2]

일본은 한국을 식량 및 원료공급지라는 식민지 본래의 기능을 강
화시키고, 또 한편으로는 과잉인구의 배출지로서 한국을 주목하여
일본농민의 이주식민정책을 병행한다는 것이었다. 일본은 메이지유
신 이후 인구 및 식량문제가 새로운 사회문제로 부각되었다. 급격한
산업화로 인한 도시노동자 증가로 식량부족현상이 만성화되었고,
면방직업에 필요한 원면과 제사업의 원료인 누에고치의 원활한 공
급이 무엇보다도 절실했다. 또한 각종 '조사보고서'를 통해 한국은
단위면적당 인구가 적기 때문에 농업이민의 수용이 가능하고, 일본
의 과잉인구를 한국에 이주시키면 농산물 생산도 증가될 것이라고
강조했다.

일본의 대다수 식민론자와 언론 그리고 정부 당국자는 식량문제
와 과잉인구문제의 심각성을 실제 이상으로 강조하고, 그 해결책으
로 식민지 개척을 내세웠다. 이들은 당시 일본이 보유했던 타이완(臺

---

2) 外務省, 「對韓方針竝二對韓施設綱領決定ノ件」, 『日本外交文書』37-1, 1904, 355쪽.

灣)과 홋카이도(北海道)만으로는 무한히 팽창하는 일본 인구문제를 근본적으로 해결할 수 없다는 여론을 조성했다. '만한척식'(滿韓拓植), '만몽척식'(滿蒙拓植) 즉 대륙침략은 일본의 과잉인구문제를 해결하기 위해서는 절대적으로 필요한 것으로 간주했다.[3]

일본은 인구문제를 제국의 팽창과 국방문제와 직결시켜 해결하려 했다. 해외이민이나 국내개발이 가장 용이한 방법이긴 하였으나 후진 제국주의 국가인 일본에게 안정적인 방안이 되지는 못하였다. 미국에서 일어난 일본이민 배척운동은 해외이민의 불안정성을 극명하게 보여주는 사례였다. 19세기 후반 일본으로부터의 이민을 받아들인 것은 주로 하와이와 미국이었다. 하와이의 일본인 거주자는 1890년 12,360명, 1900년 61,115명에 달했고, 주로 사탕수수 농장의 노동자로 일했다. 미국 본토의 거주자는 1890년 2,039명, 1900년 34,326명으로 주로 캘리포니아에 집중하였다.[4] 이와 같은 일본인 이민의 증가에 대해 1900년경부터 배일운동이 캘리포니아에서 활발히 전개되었다. 이에 미국은 1907년 2월에 '이민법'을 개정하여 일본인 이민의 규제를 강화했다. 같은 해 12월에는 '미일신사협약'(美日紳士協約)을 체결하여 일본정부도 스스로 이민을 제한하는 등 일본인 이민문제는 외교 문제로 비화하기도 하였다.

결국 일본은 미국을 자극시키지 않고 한국에 대한 독점권을 확보함으로써 인구문제를 해결하려 했다. 청일전쟁과 러일전쟁은 한국

---

3) 鄭然泰, 「大韓帝國 後期 日帝의 農業植民論과 移住植民策」, 『한국문화』14, 1993, 464~474쪽 참조.
4) 木村健二, 「明治期日本人の海外進出と移民・居留民政策(1)」, 『商經論集(早稻田大)』 35, 1978.

에 대한 독점 지배권 확보라는 목적을 염두에 둔 전쟁이기도 하였다. 인구과잉문제는 일본의 침략을 국내외에 정당화하고 한국 식민정책을 추진시키려는 명분으로, 이 때 사회적으로 대두된 것이 '만한이민집중론'(滿韓移民集中論)이었다.

'만한이민집중론'은 러일전쟁 이전부터 형성되기 시작했다. 동방협회(東邦協會) 평의원과 체신성 철도국장 출신인 실업가 나카바시 토쿠고로(中橋德五郎)와 대표적인 식민학자인 나가이 류타로(永井柳太郎) 등은 상품판매시장의 확보라는 경제적 측면도 주목하면서 구미로의 이민을 반대하고 일본의 세력권인 만주와 한국에 이민을 장려해야 한다고 주장했다.[5] 한국은 농업이민지로 가장 적합하고 인구밀도가 낮기 때문에 적어도 1,000만 명 정도의 이민을 수용할 수 있다고 추산했다. '만한이민집중론'은 일본정부의 대외정책의 기조로 채택되어 1908년 9월 각의에서 '대외정책방침 결정의 건'(對外政策方針決定ノ件)으로 표출되었다. 이민에 관한 방침은 다음과 같다.

> 러일전쟁의 결과 제국의 지위는 크게 변했다. 제국은 아시아 대륙에 영유지(領有地)를 가진 대륙국이 되기에 이르렀다. 하지만 우리 대륙 영유지에는 청·러 양 대국이 인접해 있다. 어느 나라도 장래의 운명이 명확하지 않다. …… 이에 제국의 방침은 양 대국에 대항하기 위해 가급적 우리 민족을 동아 방면에 집중하여 그 세력을 확립, 유지해야 한다. 또한 대외 상공업의 발전이 제국의 국시(國是)이다. 이 목적을 저해할 수 있는 것은 가능한 피해야 한다. 미국·캐나다·호주 등 '앵글로 색슨' 국가에 우리 동포를 이식하는 것은 이들 국가에 흐르는 배일(排日) 열기를 자극하여 그들의 배일 단결을 촉발할 수도 있다. 그것은 우리의 정치상의 관계에 누를 미칠 수도 있을

뿐만 아니라, 우리 대외경영의 주목적인 상공업 발전을 저해할 염려가 있다. 따라서 제국은 이민에 관해서는 현상을 유지하기로 한다.[6]

즉 일본은 '만한이민집중론'을 받아들임으로써 한편으로는 이민문제로 인한 구미제국과의 갈등을 최소화하는 명분을 마련하고, 다른 한편으로는 한국과 만주지역에 대한 실질적 지배를 구축할 수 있는 인적 기반을 확보하려 하였다.

'만한이민집중론'은 제국의회에서도 여러 번 언급되었다. 당시의 외무대신 오무라 주타로(小村壽太郎)는 1909년 2월 제25회 일본제국의회의 외교방침 연설에서 "러일전쟁의 결과 제국의 지위가 크게 변하여 경영해야 할 지역이 확대되었다. 우리 민족이 섣불리 먼 외국 영지에 산포(散布)되는 것을 피하고 가능한 한 이 방면에 집중시켜 결합 일치된 힘으로 경영하는 것이 필요하다"[7]며 러일전쟁 이후 지배를 강화한 한국 혹은 만주에 이민을 집중시킬 방침을 표명했다.

이처럼 '만한이민집중론'은 대미협조 및 한국에서의 세력 확대라는 이중의 정치적 색채를 지니고 있었다. 후진 제국주의국가 일본의 요구를 반영한 대륙팽창정책이자, 일본인의 외연적 확대를 통해 한국을 실질적으로 지배하려는 침략정책이었다.

(2) 한국강점 이전의 농업이민

일본인의 한국 이주는 러일전쟁의 승리를 전후해 급격히 증가했다. 한국거주 일본인은 1902년에는 22,471명이었으나, 전쟁의 승리

---

6) 外務省, 「對外政策方針決定ノ件」, 『日本外交年表竝主要文書』上, 1908, 308쪽.
7) 『第25回帝國議會衆議院議事速記錄』, 1909년 2월 3일.

와 함께 1906년에는 83,315명으로 늘어났다. 그러나 이들 중 농업관련 종사자는 극히 소수였다. 일부 관리를 제외하고는 잡화상·무역상 등 중소상인 계층과 토목·건축 분야에 종사하는 노동자가 대부분이었다. 더욱이 그들은 한국에 정착하여 일본의 대륙침략정책을 성실히 수행한다는 원래의 의도에서 크게 벗어나 있었다. 이민의 대부분은 '생업적(生業的) 도항'이었고 일확천금을 꿈꾸는 자도 있었다.[8] 저조한 농업이민 실적은 식민정책 당국자에게 위기감을 조성했다. 특히 일본은 러일전쟁의 승리를 계기로 독점적으로 한국을 장악한 시점에서 무엇보다 지배안정을 위한 인적 자원의 확보가 시급했다.

농업이민 장려책은 두 가지 방향으로 추진되었다. 하나는 한국내륙지방을 개방시키고 토지소유관련 법률의 개정을 통해 농업식민을 제도적으로 보장하는 것이었다. 통감부는 한국정부에 1906년 '토지가옥증명규칙'(土地家屋證明規則)과 '토지가옥전당집행규칙'(土地家屋典當執行規則), 1908년 '토지가옥소유권증명규칙'(土地家屋所有權證明規則)의 공포를 강요하여 사실상 일본인의 토지소유권을 보장했다. 또 1907년에는 '국유미간지이용법'(國有未墾地利用法)을 제정하여 일본인들의 저리대부를 통한 대규모 개간을 허용했다.

또 하나는 법적 정비에 의거하여 지주·자본가 주도의 농업이민을 장려하는 것이었다. 러일전쟁 이전부터 각 지방 부현(府縣)은 중앙정부의 지원 아래 한국농업에 대한 조사를 실시하고 이를 토대로 농업식민회사 및 농업조합을 설립했다. 지방자치단체는 회사나 조

---

8) 木村健二, 『在朝日本人の社會史』, 未來社, 1989, 13쪽.

합에게 농업이민의 장려를 위해 이주자 보조, 회사 보조, 영업자금
차입보증, 이익배당 보조, 모범농장 경영보조 등 각종 명목의 보조
금을 지불했다. 〈표1〉은 각 부현별 농업식민회사 및 조합을 정리한
것이다.

〈표1〉 일본인 농업식민회사 및 농업조합

부현	회사 및 조합	설립일	설립목적	자본금	보조금
東京	韓國興業株式會社	1904	토지구입, 조차, 토지담보대부, 식림, 양잠, 수리	300,000	
福岡	韓國奬勵組合	1905	이주자 편의 제공	100,000	8,500
香川	韓國勸業株式會社	1906	이주자 편의 제공, 대금업, 토지매매·대여·개간	1,000,000	3,000
東京	韓國拓植株式會社	1906	황무지 개간, 전답·택지 매수	300,000	
和歌山	韓國興業株式會社	1906	경지·택지 매수, 황무지 개간	1,000,000	
山口	大韓勸業株式會社	1907	부동산 담보대금업, 농사경영	500,000	
島根	山蔭道産業株式會社	1907	기경지 매수, 미경지 개간, 대금업, 수출입 위탁매매	300,000	12,000
香川	韓國實業株式會社	1907	대금업, 토지·물품의 매매와 대부, 농업 및 부대사업	100,000	
岡山	韓國企業株式會社	1907	황무지개간, 경지매수, 광산	230,000	
高知	土佐勸業株式會社	1908	개간, 조림	30,000	18,000
岡山	韓國農業奬勵組合	1908	이주자보조, 농장경영	100,000	3,000
石川	石川縣農業株式會社	1908	일반농사, 이민		3,000
長野	韓國長野縣組合	1908	이주자 편의제공	500,000	3,000
佐賀	韓國興業株式會社	1908	농사경영		
香川	韓日興業株式會社	1908	농사경영	30,000	
大分	韓國興業株式會社	?	농사경영		600

(자료) 統監府, 『韓國ニ於ケル農業ノ經營』, 1907, 41~42쪽.

〈표1〉에서 알 수 있듯이 이들 회사나 조합 중 이민사업을 주목적으로 삼은 것은 없었다. 대부분의 회사나 조합의 창립목적은 농지를 매수하거나 황무지를 개간하는 것이었다. 농업이민과 관련된 이시카와 현(石川縣)의 이시카와 현 농업주식회사, 오카야마 현(岡山縣)의 한국농업장려조합, 그리고 지주와 자본가들이 자본을 동원하여 개인농장을 설립하거나 이민사업을 추진한 경우를 살펴보아도 농업이민사업에서는 소기의 실적을 거두는 데 실패했다.9)

예를 들면 이시카와 현 농업주식회사의 경우 농업이민사업은 주력 사업인 농업경영을 원활히 수행하기 위하여 도입한 경영장치였다. 일본농민을 이주시키고 일본식 농업을 시행하여 한국농민에게 '모범'을 보여줌으로써 한국개발을 도모한다는 명분 아래 추진되었다. 회사에서 요구한 첫 번째 이민 자격은 영주 토착하여 스스로 농업노동에 종사할 것이었다. 이 조건은 앞에서 지적했듯이 통치기반이며 영구강점의 토대구축이라는 국책 차원에서 추진한 '만몽이민집중책'과도 부합된 것이었다.

두 번째 조건은 회사의 농업경영과 관련하여 이민 자신이 실제 농사 경험 있는 '선량'한 농민으로서 한국인 소작농을 '지도'하고 '모범'이 될 수 있는 사람이어야 한다는 것이었다. 농장 측은 한국의 전통농법이 대단히 조잡하여 수확이 적다고 인식하고 농장경영 초기부터 일본식 농법을 도입, 지주경영의 수익을 극대화하려는 방침 아래 일본이민을 이주시켰으며, 이민들은 회사의 지휘방침을 준수하여

---

9) 최원규, 「日帝의 初期 韓國殖民策과 日本人 農業移民」, 『동방학지』 77·78·79 합집, 1993 ; 淺田喬二, 「舊植民地(朝鮮)에における日本人地主の存在形態-石川縣農業株式會社の事例分析-」, 『朝鮮歷史論集』下, 龍溪書舍, 1979.

주어진 임무를 수행해야 한다는 내용을 의무로 강제하였다.

일본이민들은 소작조건에서 매우 유리한 조건을 제시받았다. 대부면적은 일본 내의 평균 경작면적보다 훨씬 넓었고, 소작료 또한 저렴했다. 또한 거주와 농경에 필요한 별도의 특혜조치도 뒤따랐다. 하지만 회사가 이민을 모집해도 희망자는 극히 소수였다. 회사는 한국의 풍속·기후, 농업실태 등에 관한 자세한 조사보고서를 작성하고 현지 출장을 통해 한국 이주를 권유했지만 여전히 성과를 거둘 수 없었다. 농업이민 실적은 1909년 3호 12명, 1910년 10호 42명에 불과했다. 이 결과 회사는 1호당 평균 논 2정보, 밭 3단보를 할당하고 나머지 회사의 사유지(1908년 말 현재 논 5,881두락·밭 4두락, 1909년 말 논 14,432.5두락·밭 231.5두락)는 대부분 한국인을 이용한 소작경영에 치중했다. 이 같은 사정은 다른 회사나 조합에서도 거의 마찬가지였다.[10]

한국강점 이전의 농업이민 정책은 일본 중앙정부의 지원 아래 일본 각 지방의 소작농과 영세 자·소작농층을 한국에서 자작농화 시킬 목적으로 실시되었다. 사업목적은 전통적인 한국농업을 폐기하고, 대신 일본식 농법을 강제함으로써 한국 농촌을 장악하려는 것이었다. 1909년 말 현재 일본인 농가는 총 1,741호, 1911년 말에는 2,960호로 증가했다.[11] 그럼에도 불구하고 이 시기 농업이민의 이식과 한국농업 개발은 일정한 한계를 노출했다. 대다수 일본인 지주들은 일본인 농업이민의 이주에 소극적이었던 반면, 토지매수를 확

---

10) 田中喜男, 「明治後期, 『朝鮮拓殖』への地方的關心-石川縣農業株式會社の設立を通じて-」, 『朝鮮史研究會論文集』4, 1968 ; 최원규, 앞의 논문, 1993.
11) 朝鮮總督府, 『朝鮮總督府統計年譜(1912年)』, 30쪽.

대하여 한국인 농민들을 대상으로 한 소작경영에 몰두했다. 이에 따라 일본 정부는 한국지배의 완성하기 위한 현실적인 방안으로 대량 이민책을 강구하기에 이르렀다. 소위 국책이민으로서의 동척이민을 구상하게 된 것이다.

2. 기간지 이민사업

(1) '동척이민론'

동척의 설립구상을 최초로 제기한 것은 가쓰라 다로(桂太郎)가 이끄는 동양협회(東洋協會)였다. 동양협회는 1898년에 관민합동으로 정치 분야 이외의 효율적인 타이완 통치를 보필하기 위한 대만협회(臺灣協會)로서 설립되었다. 대만협회는 러일전쟁 이후 일본의 조선에 대한 지배권을 강화하게 됨으로써, 협회의 설립취지를 조선과 만주까지 확장하고, 1907년 2월 동양협회로 명칭을 변경했다.

가쓰라는 일본에게 한국의 경제개발이 가장 중요하고도 긴요한 일이라고 주장했다. 즉 가쓰라는 한국개발 방법으로 "경험과 기능(技能)을 갖춘 우리 농민을 한국에 이주시켜 그들과 공동으로 기간(旣墾) 경지를 개량하거나 미간(未墾) 옥야를 개척하고, 저리자본을 공급함으로써 산업발달을 도모하는 것이 가장 적절한 첩경"[12]이라 역설했다. 그리고 가츠라는 1907년 6월 고마쓰하라 에이타로(小松原英太郎)에게 만주와 한국을 시찰하도록 명령하고, 곧바로 동양협회 주관으

---

12) 「桂會頭及原内相の演說」, 『東洋時報』 제116호, 1908년 5월.

로 척식회사 설립계획을 결의했다.

1907년 9월 동양협회는 간부회의를 개최하여 9월 동척의 '설립요강'을 작성하고, 가쓰라는 이에 근거하여 정부에 동척 설립을 건의했다. 정부는 가쓰라의 제안을 받아들여 대장성(大藏省) 대신을 주임으로 조사를 거친 후, 12월에 동척 설립을 둘러싼 '대상성안'이 각의에 제출되었다. 이에 내각은 관계 부서와 통감부로부터 위원을 임명하여 보다 구체적인 조사연구를 실시한 다음, 1908년 2월에 최종 보고서 제출을 명령했다. 1908년 3월에는 '동척법안'이 제국의회에 제출되었다. 법안은 원안대로 양원을 통과하여 8월에 '동척법'이 공포되고 12월에 동척이 설립되었다.[13]

보고서에 따른 이주농민 수는 회사 설립 2년째에 1만 명, 3년째 2만 명, 4년째 이후는 매년 3만 명으로 10년 간에 걸쳐 24만 명 이상을 이주시킨다는 것이었다. 그리고 이주에 필요한 경작지의 면적은 24만 정보이고, 그밖에도 회사가 직접 경영할 직영지로서 1만 정보가 필요하다고 보고했다.[14] 보고서안은 이들 계획의 수행 여부에 회의를 품으면서도 이 계획에 의거하여 직영지 경영, 이주비 대부, 이주민에 대한 보통 대부 등 회사 사업에 의한 수입과 지출을 상세히 계산해 놓았다.

가쓰라의 이러한 움직임은 '만한이민집중론'을 반영한 것이었다. 앞에서도 언급했듯이 일본은 구미제국으로의 이민을 스스로 제한하는 조치를 취하여 갈등을 완화하는 한편, 대륙팽창정책을 추진하기

---

13) 君島和彦,「東洋拓殖株式會社の設立過程(上・下)」,『歷史評論』282・285, 1973.
14)「報告書案」,『勝田家文書』71책, 1907.

위한 '만한이민집중론'을 내세웠다. 하지만 일본 정부의 정책 기조에
도 불구하고 일본인 지주와 자본가들은 농업이민 유치보다는 토지
매수와 지주경영에 주력했다. 당시 대다수 일본인 농장은 일본인이
토지를 소유했을 뿐 실제 생산은 한국인 소작농이 담당했다. 이러한
상태는 앞에서 말한 이민의 목적에 부합되지 않을 뿐 아니라, 일본
국내농촌의 과잉인구를 처리할 수 없다는 인식이 커져갔다.

이러한 상황은 '만한이민집중론'과는 배치된 것이었다. 따라서 정
책당국자 사이에 농업이민을 국가적 차원에서 추진할 필요성이 제
기되었다. '동척이민론'의 구상은 바로 그러한 상황의 산물이며 '만
한이민집중론'의 구체적인 전개과정이었다. 동척 설립위원이었던
미네 하치로(嶺八郞)는 1907년 9월 '설립요강'을 작성한 후 동양협회
의 기관지인 『동양시보』(東洋時報)에서 다음과 같이 말했다.

> 우리 제국의 자본가는 많은 토지를 매수하여 한국 농민에게 소작시켜 소
> 작료만을 징수하는 것을 한국농사경영의 방침으로 삼고 있다. 만약 이러한
> 방침에 따르면, 첫째 한국농민을 그대로 소작인으로 삼는 것은 농업상의 진
> 보를 거의 기대하기 어렵다. 따라서 통상 거두어들일 수 있는 생산액도 적
> 고, 한국의 발달을 기대하기도 어렵다. 따라서 주로 일본으로부터 순박한
> 중소농민을 이식시켜 견실한 경영을 하지 않으면 안 된다. 주요 미간지를
> 이용하는 것만으로는 수십만을 이식시킬 수 없다. 내지에서 미소한 경지를
> 소유하거나 소작으로 생활을 영위하는 농민을 위하여 독립자영의 근거를 주
> 어 그들을 구제하는 일이 사회정책의 첫째가 되어야 한다. 외국으로부터 공
> 급받는 식료의 결핍 및 제조업의 원료를 공급받을 수 있을 것이다.[15]

---

15) 「韓國開發と日本帝國の責務」, 『東洋時報』 11호, 1907년 11월, 8~10쪽.

여기에서 미네는 기존의 한국농사경영의 방침, 즉 한국에서의 농지구입·개간·이주민의 알선을 목적으로 한 농사조합이나 식민회사의 설립을 반대하고 '순박한 중소농민의 이식'을 주장했다. 또 이식방침으로서 '미간지'를 이용하는 것만으로는 성과를 얻을 수 없다고 강조했다. 바꾸어 말한다면 '기간지'로의 이민을 통해 그들에게 '독립자영의 근거'를 주어야 한다는 것이다.

일본은 '기간지 이민'만이 아니라 '미간지 이민'도 유효한 방법으로 인식했지만, 동척 설립 논의를 거치면서 '기간지 이민'을 당면 방침으로 결정했다. 1904년 일본은 미간지에 주목하여 황무지 개간권을 확보하려 했지만 한국의 반대로 실패했다.[16] 또 1907년에는 '국유미간지이용법'을 이용하여 본격적으로 미간지를 수탈했다. 그러나 미간지 개간에는 기간지에 비해 과다한 투자비용, 장기간의 공사기간이 필요했다. 일본은 '미간지 이민'은 적절하지 않다고 판단한 것이다.

동척 또한 '기간지 이민'의 구상단계에서는 기간지의 구입만이 아니라 미간지 개척도 소유지 확대를 위한 방침이었으나 한국 현실과는 거리가 멀었다. 한국에는 이미 이용 가능한 많은 토지가 개간되었고, 미개간 상태로 남아있던 황무지 개척에 소요되는 비용이 상당히 소요되어야 했다. 반면 농지가격수준은 상대적으로 낮았기 때문에 미간지 개척의 수익성은 낮았다.

동척은 '기간지 이민'의 수용을 위해 기간지 확보에 노력했다. 동

---

16) 君島和彦, 「日露戰爭下朝鮮における土地略奪計畵とその反對鬪爭」, 『旗田巍先生古稀記念 朝鮮歷史論集』下, 龍溪書舍, 1979.

척의 사유지는 한국정부의 출자지(出資地)와 매수지(買收地)로 이루어
진 비옥한 기간지였다. 1914년 말 현재 사유지면적은 『제3기 영업보
고서』에 의하면 논 46,642정보, 밭 18,753정보, 산림 2,265정보, 잡
종지 2,482정보, 합계 70,143정보에 달했다.[17] 일본은 여기에 '기간
지형 이민'을 대량 이주시키는 방안이 이민정책의 최선이라 인식하
였다.

이민의 선발원칙은 치안확보와 자위체제의 구축이라는 점을 고려
하여 러일전쟁을 종군한 제대병이나 기타 예비병들을 중시했다. 전
가족 이주, 농사경험, 상당한 자력, 신체 건장한 자 등과 함께 병역
필을 조건으로 했다. 이들을 식민지 한국농촌의 '중견인물'로 양성하
여 지배체제의 안정을 도모한다는 것이 목표였다. 이를 달성하기 위
해서는 이민이 자립적인 농업생산자로 정착할 수 있는 '기간지 이민'
이 요청되었다.

이처럼 동척의 '기간지 이민'은 일본의 대외정책인 '만한이민집중
론'을 계승 반영한 것이다. 동척 설립의 배경에는 한국농업에 대한
객관적인 현실인식이 결여된 상태에서 치안유지 체제를 확보하려는
정치적 주장이 결부되었다. 대규모 농업이민을 한국에 이주시켜 식
민지 지배의 물리적 기반으로 삼고, 궁극적으로는 '한국농촌의 일본
화'를 도모한 정책으로 입안되었다. '기간지 이민'은 당시 일반적인
인식으로 자리 잡았고 동척이 설립되기까지 그 실현가능성이 문제
시되지도 않았다.

---

17) 東洋拓植株式會社, 『第三期營業報告書』, 1911.

(2) 이민사업의 전개

동척이민사업은 '창립조사위원회 조사보고서'로 정리되어 실행되었다. 이에 의하면 이민의 경작지 24만 정보, 소작 대부지 1만 정보, 직영지 3천 정보 등 합계 25만 3천 정보의 토지를 집적할 예정이었다. 동척은 1908년 12월 설립과 함께 적극적으로 토지 취득에 나섰다. 동척의 토지취득은 이민사업의 전개에 커다란 영향을 미쳤다. 기간지 이민사업에 충당될 토지는 한국정부의 출자지였다. 이는 동척 '정관'에 규정되어 있는 바와 같이 한국정부의 동척에 대한 출자금 300만 원을 전답 각 5,700정보로 충당한 것이다. 출자지는 역둔토(驛屯土)와 궁장토(宮庄土)를 중심으로 한 생산성이 높은 비옥한 토지였다.

동척은 한국정부가 소유한 역둔토와 궁장토 약 10만 정보 중에서 장래 경영에 유리하다고 판단한 우량 토지를 선택하여 출자 받았다. 더욱이 출자지는 실측면적이 아니었다. 동척은 출자 이후 실측에 들어갔는데, 실측면적은 출자의 기준이 된 개측면적을 크게 상회했다. 최종적으로 실측면적은 개측면적보다 78.4% 증가하여 합계 17,714 정보에 달했다.[18)

또 동척은 출자지를 기반으로 토지매수를 활발히 진행했다. 동척의 매수지는 한국정부의 출자지나 임차지에 근접하여 이민의 유치나 농장경영에 적당한 지가 매수의 기준이 되었다. 하지만 실제로 토지매수는 어려움에 직면했다. 토지소유권이 확립되지 않아 지적을 확정하는 것이 어려웠고, 동척 스스로도 인정할 정도로 격렬한 한국인의 저항을 불러일으켰기 때문이다. 동척의 매수지인 전남 나

---

18) 東洋拓植株式會社, 『東拓十年史』, 1918, 36쪽.

주군 궁삼면(宮三面)의 사례처럼 한국인은 동척의 불법적인 토지매수
와 농업이민에 격렬히 저항했다. 정책 당국도 동척의 약탈적인 토지
매수가 한국인의 반식민지 투쟁으로 격화되는 것을 우려했다.[19]

이는 당초 구상이었던 24만 명 이민송출계획에 필요한 24만 정보
라는 숫자와는 거리가 멀었다. 당초의 이민구상은 이민을 수용할 토
지면적의 부족 때문에 대폭 축소할 수밖에 없었다. 더욱이 취득한
토지에 이민을 그대로 수용한다는 것도 그 토지에 종래부터 소작권
을 지닌 한국농민의 저항으로 인해 난관에 봉착했다. 동척은 소유지
및 임차지는 이민 대여지를 제외하고는 모두 종래의 관례에 따라 한
국인으로 하여금 소작시킬 수밖에 없었다.

이민을 수용할 토지부족은 이민사업에서 결정적인 실패요인이었
다. 동척은 미간지 개간에 곧바로 착수하는 것이 불리하다는 판단
아래 기간지를 연부상환방식에 따라 소유권을 양도할 방침을 세우
고 당초의 미간지 개척구상은 크게 후퇴하였다. 더욱이 기간지에 대
한 이민 수용도 한국농민의 소작권을 박탈하면서 강행하기는 힘들
었다. 이런 상황에서 동척은 한정된 면적의 소유지로부터 이민 수용
지를 염출할 수밖에 없었다. 그래서 1911년부터는 단위면적당 노동
투입량의 증가를 통해 이민 입식의 여지를 창출함과 동시에 일본인
농민의 이주에 의해 일본식 농법을 전파하는 방침이 강조되었다.

이는 일본의 과잉인구를 토지가 풍부한 한국에 이주시켜 농산물
의 생산을 증가시킨다는 당초의 비현실적인 구상이 와해되고, 그 대

---

19) 이규수, 「전남 나주군 궁삼면의 토지소유관계의 변동과 동양척식주식회사의 토지
　　집적」, 『한국독립운동사연구』14, 2000 ; 이규수, 「일제하 토지회수운동의 전개과
　　정-전남 나주군 궁삼면의 사례」, 『한국독립운동사연구』16, 2001.

신에 소유농지의 생산성 증대를 통해 농산물의 증산을 도모하는 방향으로 전환했다는 것을 의미한다. 따라서 이민계획은 그 규모가 축소되었을 뿐 아니라 그 지위도 생산성 상승에 공헌한다는 보조적인 역할로 전환하였다.

동척은 1910년 9월 '이주민취급규칙'(移住民取扱規則)을 제정하고, 1911년부터 제1회 이민을 시작으로 1927년까지 17회에 걸쳐 이민을 실시했다. 〈표2〉는 동척이민의 추이를 나타내고 있다.

〈표2〉 동척이민 모집상황

연도	회수	모집	응모	승인	갑종	을종	1종	2종	계	1928년 현재
1911	1	미정	1,235	160	135	25	−	−	160	112
1912	2	1,000	1,714	720	424	7	−	−	431	329
1913	3	1,045	2,086	1,167	848	2	−	−	850	598
1914	4	1,300	3,472	1,330	842	−	−	−	842	522
1915	5	1,500	1,062	1,106	687	−	−	−	687	388
1916	6	1,500	1,280	770	−	−	501	7	508	259
1917	7	1,500	1,101	540	−	−	290	5	295	206
1918	8	1,050	1,542	650	−	−	441	34	475	313
1919	9	1,000	1,528	598	−	−	442	37	479	319
1920	10	750	2,111	967	−	−	639	49	688	419
1921	11	350	1,442	500	−	−	257	63	320	178
1922	12	350	368	120	−	−	−	100	100	56
1923	13	350	361	122	−	−	−	85	85	62
1924	14	350	252	93	−	−	−	80	80	58
1925	15	350	318	102	−	−	−	84	84	72
1926	16	350	430	97	−	−	−	86	86	72
1927	17	350	620	54	−	−	−	51	51	38
계		13,095 (100%)	21,832 (166.7%)	9,096 (69.5%)	2,936	34	1,384	564	6,221 (47.5)	4,004 (30.6%)

(자료) 友邦協會, 『資料選集 東洋拓植株式會社』, 1976, 330~331쪽.

〈표2〉에서도 나타나듯이 17회에 걸쳐 동척이 모집한 이민 호수는 13,095호였으며, 이에 대해 이민을 신청한 응모 호수는 21,832호였다. 그리고 동척이 이민을 승인한 호수는 9,096호로서 모집 예정 호수의 69.5%에 해당했다. 그러나 실제로 이주한 호수는 6,221호로서 모집 예정 호수의 47.5%에 불과했다. 더욱이 이주 후 계약을 해제하거나 질병 등의 이유로 상당수가 탈락하여 이듬해인 1928년 현재까지 약 4,000호의 이민만이 한국에 정착했을 뿐이다. 이민모집의 상황은 24만 명에 이르는 애초의 이민구상과는 거리가 멀었다.

또한 '이주민취급규칙'에 의거하여 이주민 모집이 이루어진 것은 제1회부터 제5회까지 5년 간이었다. 이 시기의 이민 종류는 2정보 이내의 농지를 연부상환으로 양도받아 자작농이 되는 갑종(甲種)과 할당 토지를 소작하는 을종(乙種)으로 구분되어 있었다. 하지만 동척은 이민의 모집과 계약이 부진했기 때문에 1915년 4월에 '이주민취급규칙'을 개정했다.

을종은 완전히 폐지되고 갑종은 제1종으로 개칭되었으며 새로이 제2종 이민이 설정되었다. 제2종은 10정보 이내의 농지를 연부상환으로 양도받게 하고, 이 토지는 자작은 물론 타인에게 소작시키는 것도 허가했다.

규칙의 개정은 자작농 이민이라는 애초의 구상이 크게 전환되었음을 의미한다. 즉 동척은 소유지의 한국인 농민의 소작권을 박탈하지 않으면서 이민사업을 수행하기 위해 규칙을 개정하지 않을 수 없었을 것이다. 더욱이 이는 자작농 중심의 일본이민은 그 존립 자체가 힘들고 결국 지주화될 수밖에 없다는 것을 인정한 것이기도

했다.

　이러한 사실은 1917년 3월 '이주규칙' 개정에서도 명확히 나타난다. 동척은 '이주규칙'을 개정하여 토지소유권 이전 조건을 완화하는 등의 조치를 내놓아 이민 유치와 기존 이민들의 토지에 대한 애착심을 고취시키려 했지만 큰 성과를 거두지는 못했다. 특히 3·1운동 이후 동척 이민의 모집은 급격히 감소되었다.

　이에 따라 1922년 동척은 또다시 이주규칙을 개정하여 제1종 이민을 철폐하고, 제2종 이민의 할당 면적도 5정보 이내로 축소시켰다. 그리고 1927년에는 제17회 이민을 마지막으로 이민모집이 중지되었다.

　동척의 이민사업은 기간지에 농업이민을 정착시킴으로써 식민지 지배를 위한 인적 기반을 확보하는 한편, 일본식 농법을 식민지에 보급시켜 농업 생산량을 증대시킴으로써 일본 국내의 식량문제 해결에 기여하려는 '기간지 이민'이었다. 하지만 동척의 '기간지 이민'은 실패로 끝나고 말았다. 실패의 원인은 최초 입안 단계부터의 무리한 이민계획 수립과 이민 수용지의 부족 등의 요인도 들 수 있으나, 무엇보다도 이민 수용지의 확보과정에서 비옥한 국유지와 기간지를 강제 수용하는 과정에서 소작권을 빼앗긴 한국농민의 격렬한 이민반대투쟁에 직면했기 때문이다. 당국으로서도 동척 이민사업에 대한 재검토를 제기할 수밖에 없었다. 그 대안으로 부상한 것이 미간지 이민사업이었다.

3. 미간지 이민사업

(1) '집단농업이민론'

불이의 '집단이민'은 조선의 '수리왕'(水利王)이라 불린 후이지 간타로(藤井寬太郞)에 의해 실시되었다. 동척이민과 다른 점은 먼저 이민 입식에 필요한 경지를 미간지(未墾地) 간척이나 개간공사를 통해 확보한 것이다. 이민 사업지인 전북 불이농촌(不二農村)과 강원도 평강농촌(平康農村)은 식민지 농업정책의 전형적인 성공사례로 국내외에 '이상농촌' 혹은 '모범농촌'으로 선전되었다. 미간지 집단이민 정책은 총독부 및 대장성 예금부의 막대한 보조금과 저리자금의 융자를 받았고, 산업조합 조직을 통한 경영방식은 만주침략 이후 관동군과 탁무성에 의한 만주농업이민정책의 기본방침이 되었다.

후지이 간타로는 러일전쟁 직후 한국 시찰에 나서 "가장 중요한 문제인 인구식량문제는 우선 조선에서 완화시킬 수 있다. 즉 조선의 황무지를 개량하여 농업을 발달시켜 미곡의 증수를 도모한다면 일본에서 동일한 일을 하는 것보다 훨씬 효과가 크다"[20]며 인구식량문제의 해결을 위해 황무지의 개량사업을 실시해야 한다고 주장했다. 후지이는 1904년 한국진출 당초부터 한국을 일본 과잉인구의 흡수지, 식량공급지로서 주목하면서 소작제 농장경영에 의한 미곡증산 및 인구문제 해결을 위한 이민사업을 구상하기 시작했다.

이민사업의 구상은 1918년 쌀소동과 다음 해 전개된 3·1운동의 전국적인 확대를 계기로 구체화되었다. 총독부는 한국을 일본의 식

---

20) 不二興業株式會社, 『不二興業株式會社農業及土地改良事業成績』, 1929, 8쪽.

량공급원으로 재편하려는 '산미증식계획'을 입안함과 더불어 3·1운동의 진압과정에서 표출된 치안유지체제의 강화를 위한 광범한 인적 기초가 필요했기 때문이었다. 후지이는 1919년 5월 조선은행 도쿄지점장인 와타나베 류이치(渡辺龍一)에게 보낸 '조선독립에 대해서'라는 서간에서 재정독립문제와 관련해서 일본인 이민문제를 다음과 같이 말하고 있다.

> 조선을 이상적인 낙천지로 만들어야 한다. 거주하던 정든 고향을 떠나 이주하게 될 내지인에게도 내지보다 조금은 편안한 곳이어야 한다. 그렇지 않다면 기후도 다르고 생활도 불편한 조선에 무엇을 바라고 오겠는가. 내지인의 이주가 지금처럼 미미해서는 동화라는 것은 있을 수 없다. 따라서 재정독립과 같은 사상을 근본적으로 바꾸어 내지인의 이주에 편리를 제공할 시설에 자금을 투자해야 한다. 조선의 재정은 현실적으로 독립되어야 하만, 정략상 상당액은 본국으로부터 보조하는 형식을 취해야 한다. 다수의 내지인이 이주하여 이익을 얻는다면 표면상의 보조는 결코 손실이 아니다.[21]

후지이는 조선의 완전 합병의 한 방책으로 일본인 이주의 장려와 이에 필요한 시설에 대한 투자를 건의한 것이다. 후지이 스스로가 개간지로의 집단이민 필요성을 본격적으로 주장한 것은 1921년에 개최된 산업조사위원회(産業調査委員會)에서 제기된 동척이민의 성적 부진을 둘러싼 추궁에서도 나타난다. 대장성 차관인 오노 기이치(小野義一)는 동척의 이민문제에 대해 "조선 병합과 동시에 일본과 조선 조야의 뜻에 기초하여 동양척식주식회사가 창설되어 대규모 내지

---

21) 藤井寬太郎, 「朝鮮獨立運動に就て(池辺龍一宛)」, 『寺內文書(書翰之部)』 No. 429, 1919년 5월 12일.

농민의 이주계획을 수행하게 되었다. 하지만 동척의 이민사업이 부진을 면하지 못하고 거의 이루어지지 못한 것은 국책사업의 중대 사명을 잊고 있기 때문이 아닌가"[22]라며 동척에 부진한 이민 성적을 추궁했다. 동척 총재 이시쓰카 에이조(石塚英藏)는 "내지 농민의 이민사업은 동척 창립의 큰 사명이기 때문에 창립 이후 모든 힘을 쏟아 노력했지만, 문제가 속출되어 뜻처럼 이루어지지 못한 점은 유감으로 생각한다. 하지만 이미 거주하던 조선인 농민이 이를 싫어하는 것을 감안하면, 그들이 바라지 않음에도 불구하고 이를 강행하여 내지 농민을 이주시키는 것이 이민사업 부진의 한 원인이 되었다. 또 사람이 거주하지 않는 미간지를 개간하여 이민을 수용하는 방법이 없는 것은 아니지만 미간지의 개간이란 것은 과거부터 알 수 있는 바와 같이 결코 쉽지 않을 뿐 아니라 경제적으로도 수지가 맞지 않기 때문에 도저히 이민의 수용지로서 적절하지 않다"[23]고 밝힘으로써, 기간지 이민 입식의 한계를 인정했다.

이런 연유로 동척 이민을 대신하여 새로운 간척지로의 이민 입식의 필요성이 급속히 부상하였다. 위원회 위원이었던 후지이는 "동척과 같이 이미 조선인들이 경작하고 있는 곳에 내지 농민을 데려오는 방법은 실패할 수밖에 없다. 그 이유는 첫째로 경작하던 조선인이 우리 조상 전래의 토지를 빼앗는 것이라고 반발하기 때문이고, 둘째로는 데려온 내지 농민에게도 여러 가지로 불쾌하고 불편한 고충이 따르기 때문이다"[24]며 동척과 같은 기간지로의 이민은 실패할 수밖

---

22) 藤井寬太郎,「移民事業と不二農村の建設」, 『藤井寬太郎自敍傳』.
23) 위의 책.
24) 위의 책.

에 없다고 주장했다. 그리고 이민 장려책으로서 간척지에 일본인 농민을 집단적으로 이주시키는 것이 국책으로 보아도 의의 있고 긴급한 일이라며 간척지로의 집단입식을 공개적으로 제시했다.

이처럼 '집단농업이민론'은 일본의 인구와 식량문제의 해결 장소로 한국에 진출한 후지이가 3·1운동 후의 식민지 지배체제의 강화를 위한 인적 자원을 입식할 필요성이 다시 높아지면서 새로운 이민 장려책으로서 구상되었다. 이민입식방식의 특징은 동척이 실시한 기간지로의 이민이 아니라, 우선 이민 입식 이전에 미간지의 간척과 개간사업을 실시하여 그곳에 농업이민을 집단적으로 이주시킨다는 '미간지 이민'의 형태였다. 그리고 후지이는 1919년 전북 군산의 간척공사를 통해 불이농촌과 옥구농장의 건설계획을 수립했다. 또 1928년에는 강원도 평창군의 개간사업을 통한 집단이민촌 건설을 입안했다.

한편 후지이는 조선에서 집단농업이민을 실시했던 경험을 바탕으로 1932년에는 '만주 및 조선이민 실행안'을 전면에 내세운다. 이 '실행안'은 어디까지나 '사안'(私案)이라는 형태로 조선총독부에 제출되었지만, 여기에 집단이민의 필요성과 입식방침 등이 잘 나타나있다. 우선 후지이는 '실행안'의 필요성에 대해 다음과 같이 말하고 있다.

대 이민사업은 국책상 전쟁 이상으로 중대하다. 국민은 어떠한 난관이 있더라도 이를 꼭 수행해야한다. 전국의 농민 중 빈곤한 소작농의 자제로부터 생각과 체력 모두 우량한 자를 선택하고 훈련시켜 대동아 건설의 중견으로 삼는 일은 분명 가능하다. 원래 전쟁은 아무리 큰 승리를 거둘지라도 크게 보면 일시적인 것에 불과하다. 다수 이민을 이주시키게 되면 장래의 어떠한 변화나 군사적 패퇴에도 우리 일본인은 결코 대륙으로부터 퇴각하지 않

을 것이다. 아무리 큰 승리를 거둘지라도 군대가 개선하여 그 자리에 사람과
사업이 남지 않는다면 국가로서 과연 무슨 이익이 있을 것인가. 설령 많은
상금과 이권을 획득하더라도 물질적 풍요는 국민을 부화뇌동하게 만들고 사
치풍조를 만들어 많은 정화도 수년이 지나면 없어질 것이다. 오늘날 우리나
라의 현실은 어떠한가. 집단 이민을 단행하여 영원히 만주국의 치안을 확보
하고, 동시에 이상적인 신일본이 대아시아 건설의 중심이 되어 영원한 동양
의 평화를 가져다 줄 이 사업이 국책상 얼마나 중대한 의의를 지니고 있는가
를 절규한다.[25]

　여기서 후지이는 이민사업이 전쟁 이상으로 중대하다는 것, 또
‘만주’의 치안확보를 위해 집단이민을 먼저 입식해야 한다고 주장했
다. 집단이민의 궁극적인 목적은 무엇보다도 ‘대아시아 건설’과 식민
지의 안정적인 통치에 필요한 중견 인적 자원의 양성에 있었음을 알
수 있다.

　후지이의 ‘실행안’에는 이주지, 시설비, 이민모집 대상, 양도면적
방식 등이 구체적으로 명기되었다. 특징적인 것은 불이농촌과 평강
산업조합과 같이 간척지와 개간지에 산업조합조직을 통해 입식시킬
것, 또 수용이민으로서는 일반 이민만이 아니라 ‘만주’ 주둔군 병사
를 적극적으로 활용해야 한다는 항목이 포함되었다.

　또 후지이는 ‘실행안’ 중에 “조선에 대한 내지인 인구의 증가는 국
책상 정말로 시급한 일이다. 하지만 이 방법 이외 다른 묘안을 짜내
기 어렵기 때문에 매년 퇴역병사 약 1만 명을 수용할 수 있는 개간
간척지 논 2만 정보, 밭 1만 정보의 개척은 어떠한 어려움을 무릅쓰
고 필히 실현해야 한다. 이를 통해 20만 호의 진정한 식민과 조선의

---

25) 藤井寬太郎, 『國策と移民事業の重大性』, 1932, 3~4쪽.

치안을 확립하고 진정한 일본의 조선을 만들 수 있다"[26]며 지속적인
간척과 개간사업의 추진에 의한 다수의 조선주둔군 병사의 입식을
제안하기도 했다. 그리고 이 '실행안'은 그 자신의 표현대로 '우견'(愚
見)에 불과했지만, 1933년에는 다시 '만주국대이민안'(滿洲國大移民案)
의 형태로 낭국에 제출되었다.

그런데 집단이민은 무장이민의 제창자였던 가토 간지(加藤完治)와
의 긴밀한 협력을 통해 실시되었다. 가토는 '만주' 농업이민계획서의
입안과정에 깊이 관여한 인물로, 그를 중심으로 '만주' 이민 제1차
이민단장을 역임한 야마자키 요시오(山崎芳雄, 불이 사원) 등은 탁무성
에 만주이민계획의 추진을 권고한 인물이었다.[27] 불이농촌은 1925
년 제2회 이민 유치에는 가토가 추천한 야마가타 현(山形縣)의 이민
을 입식시켰고, 특히 평강산업조합의 이민은 전원 그의 교육을 받은
이바라키 현(茨城縣) 도모베국민고등학교(友部國民高等學校) 출신의 이
민이었다. 이러한 사정을 고려하면 후지이의 집단이민론은 가토의
만주이민계획과 일맥상통하다는 것을 알 수 있다.

후지이는 이후 '실행안'에 의거하여 1939년에는 중국 화북의 식량
및 면화의 증산정책으로 '황하 말류평야 수리관개 계획안'(黃河末流平
野水利灌漑計畫案)을 입안하였고,[28] 1943년에는 중국 톈진(天津)에 '후
지이수리흥업공사 토지개량사업대행부'(藤井水利興業公司土地改良事業
代行部)를 설치하였다.[29] 특히 '대행부'는 "지금 식량인 미곡과 의류

---

26) 藤井寬太郎, 『滿州及朝鮮移民實行案愚見槪要』, 1932, 18   .

27) 淺田喬二, 『日本帝國主義下の滿州移民』, 龍溪書舍, 1976, 25쪽.

28) 藤井寬太郎, 『黃河末流平野水利灌漑計畫案』, 1939.

29) 藤井水利興業公司, 『藤井水利興業公司土地改良事業代行營業案內』, 1943.

인 면화의 증산은 장기전 대책상 제1선보다도 오히려 최후의 승패를 가늠하는 중요성이 있기 때문에 관민 모두 증산에 분투하고 있다"[30)] 고 선전하고 있는 바와 같이, 토지개량사업에 의거한 집단이민 입식의 실무적인 대행기관이었다고 말할 수 있다.

이처럼 후지이의 집단이민론은 그의 한국진출 이후 지속적으로 주장된 한국 및 만주의 치안확보, 또 일본의 인구와 식량문제의 해결에 그 목적을 둔 전시군사경제적인 구상이었다. 일본은 식민지 민중의 지속적인 항일투쟁에 의한 식민지 지배체제의 붕괴위기에 직면하여 그 타개책의 일환으로 집단농업이민을 실시할 수밖에 없었다. 그리고 불이농촌산업조합과 평강산업조합의 집단이민은 만주 농업이민의 실현을 위한 실험장이었다. 후지이는 집단이민에게 "너희들은 장래 전개될 만주이민의 모범이 될 각오로 노력하라"[31)]고 훈시했다.

(2) 이민사업의 전개

불이는 동척이민과 같은 '기간지 이민'에서 파생한 한국 농민의 소작권 박탈문제 등을 완화하고 이주지의 안정적인 확보를 위한 간척공사와 토지개량사업을 실시한 한국 최대의 간척회사였다. 간척사

---

30) 藤井寬太郎, 「藤井水利興業公司土地改良事業代行部開業に際し謹告」, 『天津東亞新報』, 1943년 3월 8일자.

31) 「開拓に先驅するもの-藤井寬太郎氏の半生-」, 『綠旗』6-5, 1941, 142쪽. 또 후지이는 만주이민의 실시과정에서의 조선의 위치에 대해 "일본인의 대륙진출은 필연적으로 불가피하다. 그렇다면 이 목적을 달성하기 위해서는 필히 조선을 선량한 우리 편으로 만들어야만 한다. 만약 조선이 이에 불평하거나 일본에 충실하지 않을 경우에는 그 어떠한 방법으로도 이 목적을 관철시킬 수 없고 일본의 존재는 위험해진다"고 말했다(藤井寬太郎, 「朝鮮統治の根本問題」, 『朝鮮統治問題論文集』1, 1929, 258쪽).

업은 지리적인 여건상 주로 서남해안에 집중되었다. 국유미간지와 간석지(干潟地)는 1914년 '조선공유수면매립령'(朝鮮公有水面埋立令)의 시행 이전은 '국유지미간지법'에 의해 10년 한도로 대부받았지만, 예정 사업이 성공했을 경우 무상으로 토지를 부여받을 수 있는 특권이 주어졌다.[32]

불이는 집단이민 수용지를 확보하기 위해 1920년 이전에는 염전이었던 전북 군산 서안에 있는 옥구군(沃溝郡)의 간석지 2,500정보를 불하받아 불이농촌과 옥구농장 간척사업에 착수했다. 1922년 말에는 방조제와 배수갑문 공사를 완성하고 저수지와 용수로 등을 제외한 경지면적 1,800정보를 확보했다. 사업비 총액은 약 224만 3천 원, 반당 약 121원으로 다른 간척공사보다 저렴하였다. 그리고 개답사업(開畓事業)을 통해 북반부 1,000정보에는 불이농촌, 남반부 800정보에는 옥구농장을 설립하여 각각 일본인과 한국인 이민을 입식시켰다.

개답사업은 제염작업에 필요한 충분한 수원의 확보문제 때문에 수리조합에 편입될 수밖에 없었다. 간척사업의 성공여부는 개답과정에서 제염작업이 효과적으로 이루어지느냐에 달려 있었기 때문이다. 1919년 후지이는 불이농촌을 중심으로 익옥수리조합(益沃水利組合)을 설립하고 제염작업을 위한 수원을 확보했다. 불이는 1923년에 완성된 저수지의 용수를 이용해 본격적인 제염작업을 시작했다.

이민은 제염작업의 진전 정도에 따라 3개 지역으로 나뉘어 단계적으로 이루어졌다. 제1기 이주지 334정보에는 1924년부터 1926년에

---

32) 淺田喬二, 『日本帝國主義と舊植民地地主制』, 御茶の水書房, 1968, 88~89쪽.

걸쳐 110호, 제2기 이주지 290정보에는 1925년부터 1927년에 걸쳐 약 96호, 간척공사가 가장 늦은 제3기 이주지 376정보에는 1927년부터 1930년에 걸쳐 약 125호가 개답작업을 위해 각각 이주했다.

이민 자격은 '불이농촌이주민규정요강'(不二農村移住規定要綱)에 구체적으로 명기되었다. 이에 의하면 ① 영농자금 500원 이상을 휴대한 자, ② 만 20세 이상의 남자로 기혼자, ③ 신체 강건하고 노동을 이겨낼 수 있는 의지 확고한 자, ④ 미작농업의 유경험자, ⑤ 한국농민에게 모범을 보일 수 있는 자로 규정했다. 그리고 이주자에게는 가족 전원의 영주를 요구했다.[33]

이민은 불이농촌이 직접 모집하지 않고, '요강'에 해당하는 이민을 각 부현에 의뢰하는 방식이었다. 1924년 4월 불이농촌은 각 부현에서 선발된 제1회 이민을 유치했지만, 8개현으로부터 겨우 33호가 응모했다. 이민 모집이 부진한 이유는 개답사업의 추진 정도와도 관계가 있었지만, 그 보다는 '요강'의 자격 요건이 엄격했기 때문이었다. 불이농촌은 이민 자격을 완화시키기 위해 '요강'에서 영농자금에 관한 규정을 삭제하고, 이민에게 보조금을 지급하도록 개정했다.

보조금은 도항 직전에 내무대신이 불이농촌을 경유해 지급한 도항보조금 300원과 불이농촌이 지급한 영농자금 500원이 지급되었다. 더욱이 1924년과 1929년 이주자에게는 특별히 제염수당 약 300원이 지급되었다.[34] 동척의 기간지 이민에 대한 자금 지원이 주로 토지대금에 한정되었으며 고작 60~70원 정도였음을 감안하면[35],

---

33) 不二農村産業組合, 『不二農村一覽』, 11쪽.

34) 藤井寬太郎(1932), 『國策と移民事業の重大性』, 9쪽.

35) 黑瀨郁二(1975), 「日露戰後の「朝鮮經營」と東洋拓殖株式會社」, 『朝鮮史研究會論

불이농촌 이민에게 지급된 보조금은 상당한 규모였다. 막대한 보조
금이 지급된 이유는 동척이민이 거의 실패한 상황에서 이를 대신할
새로운 형태의 이민이 절실히 요청되었기 때문이다. 높은 보조금의
지급 결과 1928년도부터는 응모자가 급증했다. 〈표3〉은 1929년 9월
말 현재 불이농촌 이민 호수를 나타낸다.

〈표3〉 불이농촌 이민호수

제1기			제2기			제3기		
촌명	출신지	호수	촌명	출신지	호수	촌명	출신지	호수
德島村	德島縣	10	愛媛村	愛媛縣	10	南佐賀村	佐賀縣	10
宮城村	宮城縣	10	南熊本村	熊本縣	10	南宮城村	宮城縣	10
岡山村	岡山縣	10	南廣島村	廣島縣	10	西福島村	福島縣	10
山口村	山口縣	10	奈良村	奈良縣	10	西佐賀村	佐賀縣	10
香川村	香川縣	10	佐賀村	佐賀縣	10	岐阜村	岐阜縣	15
石川村	石川縣	10	長崎村	長崎縣	10	西熊本村	熊本縣	10
新潟村	新潟縣	10	高知村	高知縣	10	西岡山村	岡山縣	11
山形村	山形縣	20	岩手村	岩手縣	10	西廣島村	廣島縣	11
大分村	大分縣	10	福島村	福島縣	10	南高知村	高知縣	2
廣島村	廣島縣	10	西山形村	山形縣	20			
熊本村	熊本縣	10						
	소계	120		소계	110		소계	89

(자료) 不二農村産業組合, 『農村の概況』

이민은 '이주신청서'(移住申込書)에 이주자와 가족의 주소. 이름.

文集』12, 122쪽.

연령, 병역관계, 노동력 수, 자산 및 부채액, 직업과 경력, 상벌 유무 등을 상세히 기입하여 불이농촌에 제출했다. 그리고 '이주계약서'(移住契約書)에는 보증인 2명의 연서가 의무였다. 허가받은 응모자는 이주 시기와 방법 등을 정한 '이주자 주의사항'(移住者心得)에 따라 불이농촌에 이주했다.36)

하지만 이민은 처음 예상과는 달리 '근면 우량한 농민'의 모집에 실패했다. 제1회 이민 중에는 일본에서 소작쟁의에 관여한 인물들도 섞여 있었으므로, 불이농촌은 '불량' 이민을 퇴촌시키고 희망자가 적은 현(縣)의 이민모집을 중지했다. 이민모집도 응모성적이 좋은 현으로부터 무제한 유치하는 것으로 방침을 바꿨다. 제2회 이민부터는 앞에서도 말했듯이 무장이민론을 주장한 가토 간지가 훈련시킨 야마가타 현(山形縣)의 자치강습소(自治講習所) 출신자가 이주했다.

이민에게는 논 3정보, 밭 1반보를 연부상환방식으로 양도했다. 불이농촌 이민은 동척 갑종(甲種) 이민에게 2정보 이내의 농지를 양도한 것과 비교할 때 많은 특혜를 받았음을 알 수 있다. 또 이민에게는 농지 이외에 주택 1동과 주택건설자금 약 1,000원, 그리고 10호당 집회소용지 등을 양도했다. 불이농촌 이민은 10호 단위로 32부락에 집단 수용되었다. 각 부락에는 부락대표로 구장제도를 두었다. 구장은 불이농촌산업조합의 평의원으로 불이농촌의 지시를 받아 부락을 통제했다.

불이농촌의 집단이민 수용에 소요되는 예산은 대장성 예금부의 장기저리자금으로 충당되었다. 저리자금은 조선식산은행을 경유하여

---

36) 不二農村産業組合, 『不二農村一覽』, 5~7쪽.

지급되었는데, 불이농촌의 차입금액 비율은 전체 기채금액에서 8–9할을 차지했다. 불이농촌은 1928년 3월 예금부의 저리자금 운용에 관한 제도개정에 따라 불이농촌산업조합으로 개편되어 운용되었다.

한편 불이는 1928년 불이농촌 이외에 강원도 평강군(平康郡)에 평강산업조합을 설립하고 개간사업에 의한 집단이민촌 500정보를 조성했다. 1930년에는 개답사업을 위한 저수지를 축조하고 수리공사를 완성하여 논 250정보, 밭 250정보에 이민 101호를 집단수용했다. 토지구입비, 주택건설비, 개간비 등의 사업비는 불이농촌처럼 대장성 예금부의 저리자금으로 충당되었다. 평강산업조합 이민은 가토 간지가 훈련시킨 이바라키 현(茨城縣) 도모베국민고등학교(友部國民高等學校) 졸업생들이었다. 이민은 6개 부락에 집단 수용되었고, 각 촌에는 '간사'를 두어 철저히 통제했다. 농가경영은 '공동경제' 방식으로 비료와 생활필수품 등을 공동 구매했다.

이처럼 집단이민은 대장성 예금부의 저리자금과 보조금에 의해 실시되었다. 저리자금 융자가 가능했던 것은 동척이민이 폐지되는 상황에서 당국은 식민지의 안정적인 지배를 위한 새로운 형태의 인적 자원의 확보가 필요했기 때문이다. 후지이가 주장하는 미간지 이민은 당국의 방침으로 수용되었고, 동척이민을 대신하여 농업이민의 원래 취지에 부합하는 것으로 받아들여졌다. 하지만 불이농촌은 저리자금의 상환액이 증가함에 따라 결국 실패할 수밖에 없었다. 총독부는 1936년 '갱생계획'을 발표하여 재생을 도모했으나 저리자금을 상환하지 못하고 결국 조선식산은행의 지배하에 놓이게 되었다. 즉 불이농촌의 경영권은 저리자금을 직접 관리하던 조선식산은행의 자회사인 성업사(成業社)로 이전되고 말았다.

제4장 인천의 개항과 거류민사회

1. 개항과 조계 설정

(1) 개항

일본은 1876년 2월 소위 운양호사건을 계기로 '조일수호조규'를 체결함으로써 조선침략의 첫걸음을 내디뎠다. 침략을 첫 걸음을 내딛기 위해서는 전략적 근거지가 필요했다. 주지하는 바와 같이 '조일수호조규' 제4관과 제5관에서는 부산 이외의 두 항구를 개항하기로 규정하고, 개항장에서는 일본에 의한 토지와 가옥의 임차 권리 등을 삽입시켰다. 일본은 부산과 원산에 이어 세 번째 개항지로 조선의 심장부인 한성에 접근하기 용이한 인천을 선택했다.[1]

---

1) 세 번째 개항지로 인천이 결정된 정황은 다음과 같다. 즉 "인천이 항구로 선정된 것은 주로 하나부사 요시타다(花房義質)의 의향 때문이었다. 하나부사는 항구 두 곳을 선정하는 임무를 맡았는데, 처음부터 수도 경성 부근에 한 곳, 함경도 방면에 한 곳을 마음에 두었다. 경성 부근에서 후보 항구를 찾는다면 바로 제물포가 예상되었다. 그곳은 일찍이 구로다(黑田)와 이노우에(井上) 양 전권대사가 조약 체결을 목적으로 지나가던 곳이었다. 하지만 해군 측에서 간만의 차가 너무 심하다며 이론을 제기했다. 이후 하나부사는 목포와 군산, 아산만 등지를 조사하여 아산만을 최적지로 결정했다. 그러나 결국 1881년 인천으로 결정되었다. 하나부사의 의향은 인천보다 아산만 쪽에 더 기울어졌으나, 결국 인천항으로 결정된 것이다. 정확한

일본정부는 1876년 9월 나가사키(長崎), 고토(五島), 쓰시마(對馬), 부산을 잇는 항로개설에 5천 원의 조성금 지급을 결정함으로써 조선 도항과 무역을 장려했다. 이후 상선은 한 달에 한 번씩 나가사키와 부산을 왕복했다.[2] 10월에 접어들면서는 그동안 조선과 특수한 관계를 맺었던 쓰시마 사람에게만 한정되던 '조선도항규칙'을 철폐함으로써 일본인은 누구든 자유롭게 조선으로 건너가 무역활동을 전개할 수 있었다.[3]

개항 당시 인천 제물포에는 조선인 가옥이 십 수 호밖에 없는 곳이었다. 인천거류민의 표현을 빌자면 "인천은 갈대만 무성히 자라고, 월미도 동쪽과 만석동 해변에 소수의 어촌만이 점재한 곳이었다. 가느다란 연기가 솟아오르고 슬픈 아리랑 노래만 들려오는 후미진 어촌"[4]에 불과했다. 하지만 인천은 도읍지 한성의 외항에 위치하며, 한성을 향한 해로의 관문에 해당하는 전략적 요충지이다. 인천은 일본의 도쿄와 요코하마와 같은 의미를 지닌 개항지였다. 일본이 인천 개항을 고집한 연유는 대륙침략의 전진기지 항구로 인천을 염두에 두었기 때문이다. 즉 일본은 "인천은 단지 경성의 관문에만 머

진상은 알 수 없으나 여러 악조건에도 불구하고 인천이 수도 경성에 가장 근접한 항구라는 점이 결정적인 이유였을 것이다"라고 전해진다. 仁川府, 『仁川府史』, 1933, 104~107쪽 참조.

2) 山田昭次, 「明治前期の日朝貿易」, 『近代日本の國家と思想』, 三省堂, 1977, 70쪽.

3) 일본은 조선 이주를 장려하기 위해 1878년 조선행 여권 부여지를 히로시마, 야마구치, 시마네, 후쿠오카, 가고시마, 나가사키 현의 이즈하라(嚴原)로 확대했다. 또 해외도항 허가를 엄격히 규정한 '이민보호법'을 적용하지 않고, 여권 발급 규정을 완화하여 결국 1904년 여권휴대의 의무를 폐지시켰다. 일본의 조선도항 편의정책에 대해서는 『在朝日本人の社會史』, 19~26쪽 참조.

4) 信夫淳平, 『仁川開港二十五年史』, 1908, 33쪽.

물지 않고, 동시에 만주와 북청지방을 향하는 요로에 해당한다"[5]고 판단하고 인천의 개항을 강력히 요구한 것이다.

일본은 '조일수호조규'의 체결과 개항이 조선을 청국의 종속국으로부터 '독립'시킨 것처럼 왜곡 묘사한다. 일본은 조선이 청국의 종속국이라는 전제 위에서, "한국은 실질상 청국과 속방 관계에 있다. 우리 정부는 한국을 독립국으로 담판지어야 한다고 결정했다. 이를 위해 구로다 기요타카(黑田淸隆)를 전권대사로, 이노우에 가오루(井上馨)를 부대사로 임명하고, 함대가 이들을 호위하여 한국에 파견했다. 이로써 1876년 2월 26일 화친조약이 체결되기에 이르렀다. 이것이 소위 일한수교조약이다. …… 이후 한국정부는 일본의 요구를 받아들여 인천과 원산 두 항구를 열고, 수호조규 부록 일본인민무역규칙과 표류선취급약정에 조인했다. 인천의 개항은 여기에서 시작되었다"[6]며 인천 개항의 경위를 설명하고 있다. 즉 일본은 마치 '청국과 속방 관계'에 있는 조선을 '독립국으로 담판지어야 한다'고 결정한 것이 '조일수호조규'라고 인식한다. 소위 한국강점을 조선에 대한 '선정론' 내지는 '시혜론'으로 바라보는 인식의 원형을 보는 듯하다.[7] 일본은 나아가 '화친조약'이라는 용어를 사용함으로써 인천을 근거지로 이루어진 침략행위를 정당화한다. 또 조선정부가 일본의 요구를 순순히 받아들여 인천을 개항한 것처럼 묘사하고 있다. 하지

---

5) 『仁川開港二十五年史』, 序文, 4~5쪽.
6) 『仁川開港二十五年史』, 5쪽.
7) 한국강점을 전후한 일본의 식민지 지배계층과 지식인이 조선인식에 대해서는 이규수, 「한국강점 직후 일본 지배계층의 조선인식-잡지 『太陽』을 중심으로-」, 『대동문화연구』54, 2006를 참조.

만 인천 개항을 둘러싼 과정은 결코 순탄치 않았다.

인천 개항과 관련하여 조선정부로부터의 반대는 강했다. 인천은 도성이 가까워 민심의 소란과 각종 물자의 유출이 막심하리라는 우려 때문이었다. 더욱이 인천은 한성을 방위하기 위한 전략적 요충지였다. 이런 사정으로 인해 당초 1878년 10월로 예정된 인천 개항은 무기한 연기되었다. 전국적으로 전개된 유림들의 척사 상소도 한 몫을 담당했다.[8]

개항의 지연과 더불어 1880년 하나부사 요시타다(花房義質)는 40명의 관원을 이끌고 공사로 부임하여 인천 개항을 강력히 요구했다. 1881년 조선정부는 20개월 이후라는 조건으로 개항에 동의했다. 1882년 4월 일본영사관이 설치되었다. 하지만 이후에도 개항은 1882년 7월에 발생한 임오군란 등으로 계속 늦어졌다. 우여곡절 끝에 인천은 1883년 1월에 이르러서야 개항하기에 이르렀다. 일본은 '조일수호조규'의 체결 이후 1876년 부산, 1880년 원산에 이어 7년여 만에 인천을 개항시킴으로써 조선침략을 위한 거점을 확보한 셈이다.

인천은 1883년 1월에 개항한다. 인천의 경우는 일본뿐 아니라 외국인 공동 거류지였기 때문에 일본인의 전관 거류지 설정이 쉽지 않았다. 이에 일본 정부는 일본 거류지의 법률적 근거를 마련하기 위해 1883년 9월 30일 '인천항 일본 거류지 차입 약서'를 체결한다.[9]

---

8) 조선정부의 개항을 둘러싼 논의에 대해서는 강덕우, 「인천개항과 관련한 몇 가지 문제」, 『인천학연구』1, 2002, 5~11쪽 참조.

9) '거류지 차입 약서'의 주요 내용은 다음과 같다. 거류지 내 순포(巡捕) 비용은 한국 지방관과 일본 영사와 상정하여 차지주로부터 납입할 것(제3조), 지세 전액의 3분의 1은 한국 정부에 납입하고, 3분의 2는 거류지 적금으로 할 것, 이적금으로 도로, 도랑, 다리, 거리등 등의 수선 기타 거류지에 관한 사업에 충당할 것(제4조), 택지,

'차입 약서' 제1조의 규정을 보면, "조선국 인천항 외국인 거류지 중 별지 도면에 붉게 그은 부분을 특별히 일본 상민의 거처로 충당하는 데 이를 '일본 상민 선착(先着)의 보수(報酬)'로 간주한다. 만약 후에 이 거류지가 협소하게 되면 조선 정부는 다시 거류지를 확장해주어 야 한다. 대체로 외국인 거류지 안에서 어떤 장소든지 일본 상민이 임의로 거주할 수 있다"[10]며 일본인에게 다른 나라보다 먼저 개항장 에 입성한 특권을 부여한다는 명분을 내세워 외국인 거류지 가운데 에서 일본인 거류지 설정의 특권을 명시했다.

인천이 공식 개항되기 이전부터 인천을 둘러싼 동아시아 정세는 매우 유동적이었다. 임오군란 당시에는 인천으로 도주하던 일본관헌 6명이 조선인에게 살해당했다. 일본 측은 이를 '흉도의 추격(追擊)'[11] 이라 표현했다. 일본공사는 영국 측량선에 탑승하여 일본으로 도주 할 정도로 사태가 급박했다. 조선정부의 요청으로 무장군대의 진압 을 위해 청국함대와 4,000여 명의 청국군대가 인천에 급파되었고, 1882년 8월 하나부사는 4척의 함대와 1,200명의 일본군을 이끌고 다 시 인천에 나타났다. 일본과 청국 간에는 조선의 주도권을 둘러싸고 전운의 기운마저 감돌았다. 일본은 임오군란을 빌미로 공관 시설과 인원에 대한 피해보상을 강요한 '제물포조약'을 체결했다. 조약은 일 본군함에서 조인되었고, 일본은 공사관 경비대 명분으로 1개 중대

경매의 원가 4분의 1은 한국 정부로부터 거류지 적립금에 조입하고 경매 원가에서 경상되어진 대가의 반액도 또한 적립금에 조입할 것(제5조), 도로, 다리, 거리등 등 기타 거류지에 관한 사업으로서 비상, 천재로 파손되어진 것에 대해서는 한국 정부에서 관계할 것(제6조). 『居留地關係書類(1908~1910)』, 1908년 2월 1일.

10) 仁川府廳編, 『仁川府史』, 1933, 121~122쪽.

11) 『仁川開港二十五年史』, 6쪽.

병력을 주둔시켰다. 이 병력은 이후 갑신정변을 주도하는 병력으로 활용되었다. 청일 양국은 조선의 주도권을 장악하기 위해 인천항을 무대로 진퇴를 거듭했다. 인천 개항 당시의 일본인 호수는 75호, 인구는 340명 정도였다. 처음에 이들은 '세화의 괘(世和掛)'를 설치하여 공공사무를 처리하였는데 인천 영사는 1887년에 거류지 단체의 설립이 필요하다고 보고 3월에 '거류지규칙'을 반포하고 대표(총대)1명, 의원 10명을 선출하고 예산편성 및 과세 제도를 수립했다. 이로써 인천 일본인 거류민 조직이 자치단체의 모습을 갖추게 되었다.[12]

개항 이후에도 정세는 급박하게 전개되었다. 1883년 말 관원과 관속을 제외하고 400명 정도였던 인천거류민은 1884년 말 116명으로 격감했다. 상반기는 "수출입 모두 극심한 불경기를 맞이했다. 상점은 거의 문을 닫고 불을 끈 모습"[13]이었고, 하반기에는 갑신정변 과정에서 일본인도 많은 희생자가 속출했기 때문일 것이다. 1884년 12월 갑신정변에 실패한 일본공사관 관원과 김옥균 등 개화파는 인천을 통해 일본으로 탈출했다. 일본공사관은 조선인의 공격을 받았고, 이소바야시 신조(磯林眞三) 육군 대위 이하 14명이 전사했다. 일본공사 다케조에 신이치로(竹添進一郎)는 한성에서 일장기를 내리고 인천으로 도주했다. 인천에서는 육전대(陸戰隊)가 정박 중이던 일본군함 일진(日進)으로부터 상륙했고, 재조일본인은 '의용대'를 조직하여 거류민 전원을 기선 천세환(千歲丸)에 탑승시켜 일본으로 철수를 준비했다.[14] 이후 이노우에 가오루(井上馨) 일본전권대사는 군함 7척과

---

12) 『仁川開港二十五年史』, 36쪽.
13) 『通商彙編』, 1884年 上半季, 363쪽.
14) 『仁川開港二十五年史』, 7~8쪽.

2개 대대 병력을 거느리고 인천에 입항하여 '한성조약'을 강압적으로 체결했다. 공사관 경비대라는 명분으로 1개 대대 300명을 주둔시킨 곳도 바로 인천항이었다.

1885년 말에 이르러 거류민은 562명으로 늘어났다. 11월에는 인천일본인상업회의소가 설립되었다.[15] 1887년 말 거류민은 855명이 되었다. 출신지는 원산처럼 나가사키와 야마구치가 압도적으로 많았고, 이어서 후쿠오카, 오이타, 오사카 순이었다. 이후도 거류민은 계속 증가하여 5년 후인 1892년 말에는 2,540명에 달했다. 하지만 1893년 말에는 2,504명으로 약간 감소했다. 청일전쟁을 앞에 두고 귀국한 사람들도 나왔기 때문일 것이다.

이처럼 인천은 부산이나 원산과는 달리 정치적으로 첨예하게 대립한 곳이었다. 인천을 군사적으로 장악하는 것이 다름 아닌 조선에 대한 우월권의 확보와 직결되었다. 일본이 세 번째 개항장으로 인천을 주목한 것도 바로 이런 배경에서 이루어졌다. 인천은 조선을 장악할 수 있는 지름길에 위치했기 때문이다. 일본은 조선을 장악하기 위해 식민거점의 확보가 필요했다. 일본인의 대거 이주도 요청되었다. 하지만 일본의 독점적인 세력권이 형성되기에는 시일이 필요했다. 인천 개항이 결정된 이후에도 공교롭게 임오군란이 발생하여 일본의 정치적 입지는 후퇴하고 개항은 지연되었다. 갑신정변에 관여한 일본에 대한 여론은 악화되었다. 또 임오군란 직전인 1882년 5월 조선정부는 '한미수호통상조약'을 체결하고 이후 영국, 독일, 이탈리아, 러시아, 프랑스와도 연이어 조약을 맺었다. 이들 국가는 1884

---

15) 藤田文平編發行, 앞의 책, 230쪽.

년 '인천 제물포 각국조계장정'에 따라 인천에 공동조계를 설치했다. 개항과 더불어 인천에는 일본조계, 청국조계, 공동조계가 설치되어, 인천은 각국의 세력권 확보를 둘러싼 동아시아의 각축장으로 변모하게 된 것이다.

(2) 조계 설정

조계란 일정한 지역 범위 안에 전용 거주 지역을 설정하여 그곳의 지방 행정권을 외국인에게 위임한 지역을 말한다. 조계가 설정된 것은 19세기 서구열강이 동아시아에 진출하면서 무력을 앞세워 통상조약을 체결하면서부터 생겨났다. 서구열강은 앞 다투어 개항장에서 자유롭게 자국의 주권을 행사할 수 있는 영역을 확보하고자 분주했다. 동아시아에서는 1845년 영국이 중국과 조계계약을 체결하고 상하이에 외국인 조계를 설치했다. 1858년에는 일본이 미국, 영국, 프랑스 등 서구 5개국과 통상조약을 체결하면서 도쿄와 히로시마, 나가사키 등 5개 지역에 조계를 설치했다. 조선에서는 1876년 부산을 시작으로 1880년 원산, 그리고 1883년 인천 제물포에 일본을 비롯해 서국 열강과 조계협정을 맺어 조계가 생겨났다.[16]

---

16) 당시에는 조계, 지계, 거류지라는 용어가 혼용되었다. 조계라는 명칭은 1883년에 체결된 '조영수호통상조약' 본문에 조계에 관한 규정을 둠으로써 조선정부의 공식 명칭이 되었다. 이를 반영하듯, 일본과 체결된 '조계약서'(1883년 9월 30일)와 미국, 영국, 청국, 일본, 독일과 공동으로 맺은 '각국조계장정'(1884년 10월 3일)에서는 모두 조계라는 명칭이 사용되었다. 하지만 청국과의 '화상지계장정'(1884년 4월 2일)에서는 조계라는 명칭 대신 지계가 사용되었고, 또 일본과의 '조계약서' 이외의 모든 조약에서는 '거류지약서'와 같이 거류지라는 명칭이 사용되었다. 조계와 관련된 개념과 성격에 대해서는 손정목, 「개항장·조계제도의 개념과 성격−한반도 개항사의 올바른 인식을 위하여−」, 『한국학보』8, 1982 참조.

인천에는 개항 이전인 1882년 4월 일본영사관이 설치됨으로써 일본인 거주가 시작되었다. 인천에 처음으로 상륙한 일본인은 개항 직후인 1883년 4월 현재 상인 7~8명과 직공 7~8명이었다.[17] 1883년 9월 인천에는 '인천항 일본인 조계차입약서'에 의해 약 7천 평의 일본 전관조계가 설정되었다. '조계차입약서'의 내용은 조선정부가 일본인 조계를 설정하기 위해 일정지역을 구획하여 일본상인 등에게 이 지역을 일종의 보수로서 할애하고, 지역이 협소하면 조계를 확장한다는 것이었다. 또 조계에서는 조선정부가 세금을 전액 징수할 수 없었다. 다시 말해 조계는 거의 무상에 가까운 대가로서 일본인에게 영구히 대여한다는 것이었다.[18]

조계에는 제한과 권리가 동시에 적용되었다. 조계에 거주하는 외국인은 조계의 일정구역 밖으로의 내지여행은 금지되었다. 조선정부가 외국인의 자유여행을 원칙적으로 금지했기 때문이다. 하지만 조계 안에서는 조선 법률의 적용을 받지 않는 '치외법권' 지역이었다. 이른바 영사재판권이 인정되었다. 또 자유로운 무역도 보장되었다. 일본은 '조일수호조규' 제9관에 '인민은 각자 임의로 무역하되 양국 관리는 이에 관여하지 않으며 또한 제한하거나 방해할 수 없다'고 규정함으로써 자유로운 통상활동을 보장했다. 더구나 수입제품에 대한 관세부과권도 조약에 의해 제한되었다. 일본인에게 조계는 일확천금을 얻을 수 있는 황금어장과도 같은 곳이었다.

일본은 조계 확장의 필요성이 절실했다. 인천의 일본인 조계 면적

---

17) 『仁川府史』, 278쪽.

18) 정광하, 「개항장을 기반으로 한 일본의 대한침략사 소고」, 『통일문제와 국제관계』 8, 인천대학교 평화통일연구소, 1997, 316~317쪽.

은 부산 11만 평, 원산 9만 평에 비해 협소했다. 더구나 인천에서는
부산과 원산과 달리 1884년 일본 전관조계 주변에 약 5천 평 규모의
청국 전관조계와 14만 평의 각국 공동조계도 설치되었다. 그리고 조
계 외곽지대는 조선인의 거주지로 둘러싸였다.[19] 일본이 점유한 조
계지로는 밀려드는 일본인을 수용할 수 없었다. 거류민조차도 "개항
과 더불어 거류 방인이 점차 증가하고 이와 비례하여 일본 거류지가
발달되었다. 당시는 관민 모두 오늘날과 같은 현저한 발달을 예상하
지 못했다. 이 때문에 얼마 지나지 않아 거류지가 협소하여 방인에
게 엄청난 불이익과 불편을 주었다. 따라서 방인은 외국 거류지에
유입되었는데, 소수 외국인에게 고가의 지대와 임대료를 지불하게
되어 방인의 발달을 방해했다"[20]고 불만을 토로할 정도였다.

　일본은 이후 '조계차입약서'에 따라 해안 매립을 통해 조계의 확장
을 도모했다. 하지만 그 또한 급증하는 일본인 이주자를 수용하기에
는 역부족이었다. 일본의 힘은 상대적으로 약화되는 것처럼 보였다.
조계의 확장이 급선무였다. 특히 청일전쟁의 승리 이후 급증하는 일
본인의 대량유입은 조계지의 과밀화로 이어졌다. 일본인들은 일본 전
관조계를 벗어나 조선인 거주지역과 청국조계를 침식했다.[21] 당시 정
황에 대해 거류민들은 "청일전쟁 이후 인구의 현저한 팽창으로 자연
히 광대한 각국 거류지에 유입했는데, 외국인 지주의 가혹한 지대와

---

19) 「釜山・仁川の形成」, 248쪽. 각 조계지의 위치와 도시경관의 변화에 대해서는 최
　　영준, 「개항을 전후한 인천의 지리적 연구」, 『지리교육』2, 1974 참조.

20) 『仁川府史』, 126~127쪽.

21) 일본인 거류지의 확장에 관한 연구로는 양상호, 「인천개항장의 거류지확장에 관한
　　도시사적 고찰」, 『논문집』1, 1998 ; 박찬승, 「조계제도와 인천의 조계」, 『인천문화
　　연구』1, 2003 등을 참조.

임대료 때문에 신거류지 확장이 요구되었다. 일본 거류지 앞의 해안 매립을 추진했으나, 한국 정부가 허락하지 않아 결국 한국인 지역과 예정된 청국 조계로 확장했다"22)고 말한다. 더구나 일본인은 조선인 거주 지역에서 각종 분규를 일으켰다. 치외법권을 악용한 각종 불법 행위를 저지르고 토지를 점거하기 시작했다. 조선정부가 규정한 외국인의 내지여행 금지 조항은 실질적으로는 지켜지지 않았다.23)

일본은 여기에 멈추지 않았다. 조계지 확장문제가 원만히 해결되지 않자 조계를 벗어나 공동조계로 진출하기 시작했다. 당시 공동조계에는 영국, 미국, 러시아, 독일, 프랑스, 일본인이 혼거하면서 세력경쟁을 벌였다. 공동조계에 거주하는 일본인의 인구와 소유면적은 일본의 전관조계를 능가할 정도였다. 공동조계의 주민 99%는 일본인이었다.24) 공동조계의 행정권을 전담하는 자치조직인 신동공사(紳董公司)의 임원도 일본인과 친일파 외국인이 독점했다. 공동조계는 실질적으로 일본조계와 같은 양상을 보였다. 하지만 일단 외교상의 문제가 야기되면, 공동조계라는 형식은 일본에 의한 세력독점에 장애가 될 수밖에 없었다. 예를 들면 일본이 공동조계에 군대를 주둔시키자, 영국은 그 철수를 요구하고 일본군의 행동에 항의를 계속했다. 조계를 기반으로 한 각국의 이해관계는 서로 얽혀있었다.25)

또 청일전쟁의 승리 이전까지는 청국조계와 일본조계는 경쟁관계

---

22) 『仁川府史』, 445쪽.
23) 일본조계 확대를 둘러싼 일본인 거류민과 조선인과의 분쟁에 대해서는 노영택, 「개항지 인천의 일본인 발호」, 『기전문화연구』5, 1974 참조.
24) 김용욱, 『한국개항사』, 서문문고, 1976, 155쪽.
25) 「釜山・仁川の形成」, 249쪽.

에 있었다. 청국은 주지하는 바와 같이 책봉체제 아래 조선을 의례적 종주국으로 간주했다. 하지만 청국은 조선의 개항과 더불어 종래의 외교방침을 전환하여 조계를 중심으로 통상관계를 강화했다. 조선을 실질적으로 속국화하려는 속셈이었다. 조계 내의 청국 상인의 단결력은 높았고 풍부한 자금력을 활용하여 일본조계와 경쟁적으로 상권을 확대했다.26) 인천 개항 이후 1890년 이전까지 인천항 수입의 적어도 8~9할은 일본상인에 의해 이루어졌다. 그런데 이후 청상의 거래가 늘어나 옥양목과 한냉사의 수입은 "청상으로 인해 계속 줄어들었다. 지금은 그 전부가 청상의 손아귀에 들어갔다"27)는 보고가 이루어질 정도였다. 청국인도 1890년 47명에서 1891년에는 138명으로 늘어났고, 1892년에는 521명으로 격증했다.28)

인천 개항과 더불어 일본조계는 청국의 전관조계와 구미열강의 공동조계 틈바구니 속에서 생존할 수밖에 없었다. 일본은 조선에서의 세력 확대를 위해 필사적으로 몸부림쳤다. 하지만 일본조계의 상황은 유동적이었다. 청국과의 경쟁관계에서 승리하기 위해서는 먼저 군사적인 우위를 차지할 필요가 있었고, 경제적으로도 세력을 확장시켜야 했다. 일본의 확고한 지위를 다지기 위한 인적 자원이 필요했다. '식민열'을 고양시켜 일본인의 조선 이주를 적극 유도하고,

---

26) 「釜山・仁川の形成」, 251~252쪽. 인천의 화교에 관한 연구로는 김영신, 「개항기 (1883~1910) 인천항의 대외무역과 화교의 역할」, 『인천학연구』2-1, 2003 ; 김영신, 「일제초기 재한화교(1910~1931)-인천지역 화교를 중심으로-」, 『인천학연구』 4, 2005 참조.

27) 청국인도 1890년 47명에서 1891년에는 138명으로 늘어났고, 1892년에는 521명으로 격증했다. 그들의 직업은 주로 잡화상이었다(『植民地朝鮮の日本人』, 37쪽).

28) 町田耘民, 「日本人から見たる三十五年以前の朝鮮」, 『會報』(朝鮮電氣協會), 16-2, 1927년 11월호, 40~41쪽.

식민기지 건설에 박차를 가했다. 일본으로서는 동아시아 해상교통의 중심지이자 통상과 군사상의 중요 거점인 인천을 결코 포기할 수 없었다. 개항 직후 인천은 대륙진출의 중계지로 일본 근대의 방향을 좌우할 수 있는 '생명선'과도 같은 곳이었기 때문이다.

2. 거류민 사회의 형성

1876년 조선과 일본이 체결한 조일수호조규 제4관에는 "조선의 부산의 초량항은 일본공관이 있으며 오랫동안 양국 인민의 통상 장소였다. 지금부터 종전의 관례 및 세견선 등을 개혁하여 이번에 새로 세운 조약에 근거하여 무역사무를 처리해야 한다. 또한 조선정부는 제5관에서 적힌 두 항구를 열어 일본인민의 왕래와 통상을 허락해야 한다. 그 장소에서는 토지를 임차하여 가옥을 조영하거나 조선인민의 주택을 임차하는 것도 각각 그 편리를 도모한다"[29]고 규정하여 일본인에게 개항장에서 통상의 자유 및 개항장에서의 거주를 허락하는 조항이 명시되었다. 이와 함께 조일수호조규는 일본에게 영사재판권을 허락했다. 이러한 내용은 당시 일본이 서양열강에게 불평등조약을 강제당하여 일본의 개항장에서 외국의 영사재판권과 외국인거류지를 허락하고 있던 상황에 비추어본다면 그것을 거꾸로 조선에 적용시킨 첫 번째 사례였다. 조일수호조규에 직접 일본인 거류지 설정 조항이 명시된 것은 아니었지만 그 이것이 빌미가 되어 결국 일본은 조선의 개항장에 전관거류지를 설정하게 된다. 청일전

---

29) 仁川府廳編, 『仁川府史』上, 1933, 102쪽.

쟁 후가 되어서야 중국의 텐진(天津)과 한커우(漢口)에 일본인 거류지
를 확보했고, 상하이(上海)에는 공동거류지 밖에 두지 못하였던 점을
감안한다면 일본은 조선에서 일찌감치 대단한 특권을 향유할 수 있
는 기반을 닦은 것이다. 따라서 재조일본인 사회의 형성은 기본적으
로 개항 이후 일본의 한국 침략과정과 궤를 같이 하거나 혹은 그것
을 견인하는 측면을 갖고 전개되었다고 볼 수 있다.

　인천 개항과 더불어 일본인 이주가 시작되었다. 〈표1〉은 개항 이
후 1910년까지의 인천지역 일본인 인구를 나타낸다. 일본인 인구는
개항 직후인 1883년 75호 348명이었지만,[30] 1884년에는 갑신정변
의 여파로 일시적으로 26호 116명으로 감소했다. 인천 거류민의 증
감은 정치적 상황의 변동과 연동되었기 때문이다. 『통상휘편』(通商彙
編)에 의하면, 1884년 상반기의 경제상황은 "수출입 모두 극심한 불
경기를 맞이했다. 상점은 거의 문을 닫고 불을 끈 모습"[31]이었다고
전해진다. 갑신정변의 여파로 거류민이 감소했음을 알 수 있다. 이
후 거류민은 꾸준한 증가세를 보여 1888년 155호 1,359명으로 천 명
을 돌파했다. 청일전쟁의 승리와 더불어 거류민은 4천 명을 넘어섰
고, 러일전쟁 직후에는 만 명을 돌파했다. 폭발적인 인구증가 현상
이다. 인천에는 조선에 대한 일본의 지배권이 확고해짐에 따라 거류
민이 꾸준히 몰려들었음을 확인할 수 있다.

---

30) 다른 통계에 의하면 1883년 4월 불과 14~16명이었던 인천의 일본인 인구는 같은
　　해 말에는 관원 관속을 제외하고 401명(남성 326명, 여성 74명)이었다고 한다(『通
　　商彙編』(1883年 下半季), 325쪽). 이에 의하면 불과 8개월 만에 인구가 약 27배
　　증가한 것이다.
31) 『通商彙編』(1884年 上半季), 363쪽(『植民地朝鮮の日本人』, 23쪽에서 재인용).

〈표1〉 연도별 인구 변화

연도	조선인		일본인		중국인		기타 외국인	
	호수	인구	호수	인구	호수	인구	호수	인구
1883			75	348				
1884			26	116				
1885			109	562				
1886			116	706				
1887			112	855				
1888			155	1,359				
1889			167	1,362				
1890			255	1,616				
1891			338	2,331				
1892			388	2,540				
1893			425	2,504				
1894			511	3,201				
1895	1,146	4,728	709	4,148				
1896	1,768	6,756	771	3,904				
1897	2,360	8,943	792	3,949	157	1,331	24	57
1898	1,823	7,349	973	4,301	212	1,781	30	65
1899	1,736	6,980	985	4,218	222	1,736	28	67
1900	2,274	9,893	990	4,215	228	2,274	29	63
1901	2,296	11,158	1,064	4,628	239	1,640	31	73
1902	2,257	9,803	1,221	5,136	207	956	33	75
1903	2,452	9,450	1,340	6,433	228	1,160	41	109
1904	2,250	9,039	1,772	9,403	237	1,063	38	91
1905	3,479	10,866	2,853	12,711	311	2,665	33	88
1906	2,485	18,361	3,067	12,937	186	1,254	38	98
1907	3,227	13,362	2,922	11,467	414	1,373	37	63
1908	4,458	15,711	3,830	11,283	383	2,041	28	60
1909	3,515	12,903	3,025	10,907	419	2,069	31	71
1910	3,794	14,820	3,446	13,315	524	2,806	26	70

자료 : 『仁川府史』, 6~10쪽.

거류민의 출신별 구성은 어떠했을까. 초기 거류민의 출신별 구성을 전체적으로 나타내는 통계는 구체적으로 확인할 수 없다. 다만 개항 직후의 정황은 다음과 같다. 즉 "인천이 개항되었지만 당시 우리 국민의 해외사상은 극히 유치했다. 조선에 발을 들여놓는 사람이 거의 없었다. 다만 부산에 거주하던 쓰시마 사람들과 소수의 나가사키 사람들이 이주했을 뿐이다. 점차 새로운 개항지 인천이 유망하다는 사실이 세간에 알려지고 조선열이 불타 야마구치와 나가사키 주변의 사람들이 속속 도항했다"[32]고 전해진다. 초기 거류민 사회는 지리적으로 조선에 가까운 서일본 지역의 일본인을 중심으로 형성되었다.

기무라 겐지의 연구에 의하면, 1910년 이전 조선 전체의 일본인 거류민은 나가사키 그 가운데에서도 쓰시마 출신자가 가장 많았고, 그 뒤를 이어 야마구치가 많았다. 두 현은 1896년 현재 일본인 거류민의 58.1%를 차지했다. 이후에는 차츰 서일본을 중심으로 그 밖의 부현의 비율도 높아갔다. 1910년에는 상위 두 현은 야마구치와 나가사키로 변함이 없지만, 그 비율은 20.4%로 저하한 반면, 후쿠오카, 히로시마(廣島), 오이타, 구마모토 등 1만 명 전후의 현도 증가했다.[33]

〈표1〉과는 약간 통계적 오차가 존재하지만, 1896년 현재 인천 거류민 4,148명의 출신지는 야마구치 1,178명, 나가사키 1,075명, 오이타(大分) 357명, 후쿠오카(福岡) 235명, 구마모토(熊本) 173명 순이었다.[34] 인천 거류민은 야마구치 출신이 쓰시마를 포함한 나가사키 출신들을 앞섰음을 알 수 있다. 야마구치 출신자의 인천 도항은 이

32) 『仁川開港二十五年史』, 33쪽.
33) 『在朝日本人の社會史』, 10~19쪽.
34) 『植民地朝鮮の日本人』, 64쪽.

후에도 지속되었다. 이러한 경향은 식민지화 이후에도 지속된다.

〈표2〉일본인의 출신지별 구성(1931년 말 현재)

출신지	호수	인구	출신지	호수	인구	출신지	호수	인구
北海道	5	16	石川	20	97	奈良	18	74
靑森	7	23	福井	15	67	和歌山	28	120
岩手	10	43	德島	53	252	鳥取	21	72
宮城	20	90	香川	46	189	島根	49	181
秋田	12	53	愛媛	75	302	岡山	79	338
山形	12	56	高知	16	98	廣島	198	857
福島	16	64	山梨	8	39	山口	405	1,934
茨城	18	87	長野	8	39	福岡	190	877
栃木	9	50	岐阜	13	58	佐賀	112	448
群馬	5	29	靜岡	24	116	長崎	138	536
埼玉	16	76	愛知	35	145	熊本	207	838
千葉	23	109	三重	38	151	大分	201	785
東京	50	187	滋賀	35	167	宮城	23	115
神奈川	23	90	京都	43	174	鹿兒島	118	520
新潟	30	109	大阪	80	267	沖繩	4	8
富山	22	123	兵庫	77	304	**합계**	2,655	11,373

자료 : 『仁川府史』, 12쪽.

〈표2〉는 1931년 말 현재 인천 거주 일본인의 출신지별 구성을 나타낸다. 시기적으로 약간 차이가 있지만, 인천 개항 직후의 출신지별 분포의 특징을 살펴볼 수 있을 것이다. 이에 따르면 1931년 말 현재 인천의 거류민 수는 야마구치가 405호 1,934명으로 가장 많았고, 이어서 후쿠오카 190호 877명, 히로시마 198호 857명, 구마모토 207호 838명, 오이타 201호 785명, 나가사키 138호 536명, 가고시마 118호 520명 순이었다. 개항 초기에 비해 나가사키 출신 거류민 수가 상대적으로 완만한 증가를 보이고 있지만, 전체적으로 서일본

출신 거류민을 중심으로 점차 동일본 지역과 일본 전역으로 확대되었음을 확인할 수 있다.

〈표3〉은 1883년 개항과 더불어 인천에 이주하여 1910년 전후까지 인천에 거주한 주요 일본인의 업종과 출신지를 나타낸다. 이들은 소위 인천의 '토박이'이자 '명망가' 재조일본인이다. 개항 초기에 인천에 이주한 일본인의 직업은 다양했다. 거류민들은 고리대업, 선박운송업, 무역업, 미곡상, 정미업, 잡화상, 요리업, 주류상, 목재상, 과일상 등 다양한 직종에 종사했음을 알 수 있다. 그들의 출신지 분포를 살펴보면 나가사키와 야마구치 출신자를 중심으로 오이타, 후쿠오카, 구마모토, 효고 등 서일본 출신자가 많았다.

〈표3〉 인천 거주 주요 일본인(1910년 이전)

이름	업종	출신지	인천 도항 연도
堀力太郎	고리대업	長崎	1883
郡金三郎	선박운송업	長崎	1883
田中良助	주류상	山口	1883
樋口平吾	잡화상	佐賀	1883
土肥福三郎	무역상	長崎	1883
慶田利吉	선박운송업	鹿兒島	1883
久野勝平	무역상	長崎	1883
田中佐七郎	무역상	鹿兒島	1883
高杉昇	잡화상	山口	1883
福岡利吉	요리업	山口	1883
力武平八	정미업	佐賀	1883
林長太郎	무역상	長崎	1883
平山末吉	미곡상	長崎	1883
太田吉太郎	고리대업	長崎	1883
中野谷秀雄	목재상	廣島	1883
水津イヨ	여관업	山口	1883

이름	업종	출신지	인천 도항 연도
廣池亭四郎	조합업	大分	1883
高野周三郎	정미업	長崎	1883
浦崎善助	선박운송업	長崎	1883
田中富之助	선구상	山口	1883
原田金太郎	여관업	長崎	1883
淸水米太郎	과일상	長崎	1884
友永藤一	고리대업	長崎	1884
幾度直作	운송업	長崎	1884
古賀勝治	양복상	長崎	1884
小野久治	중매상	長崎	1884
古木トヨ	약종상	長崎	1884
大久保機一	무직	長崎	1884
赤松吉藏	잡화상	兵庫	1884
進藤鹿之助	목욕업	兵庫	1884
松本淸太郎	중매업	長崎	1884
八坂ユリ	요리업	長崎	1884
八幡一藏	잡업	長崎	1884
佐野喜三郎	은세공업	長崎	1884
平岡仙右衛門	무직	長崎	1884
山中ツヱ	무직	長崎	1884
藤原虎五郎	생수업	長崎	1884
川上又治郎	석공	長崎	1884
金尾郡平	무직	福岡	1884
久保重吉	무직	大分	1884
貞安倉吉	잡화상	山口	1885
吉貴藤吉	조합업	山口	1885
中上藤太郎	전당포	長崎	1885
井上安太郎	기모노상	福岡	1885
增田米吉	우유상	廣島	1885
大久保文助	관리	長崎	1885
萩野寅吉	건축업	福井	1885
中野喜代吉	농업	兵庫	1885
八波虎吉	곡물상	佐賀	1885

이름	업종	출신지	인천 도항 연도
奈良崎勝助	과자상	福岡	1885
坂口源助	과자상	長崎	1885
小谷留吉	건축업	兵庫	1885
上野友吉郎	우유업	長崎	1886
勝木嘉七	세탁업	熊本	1886
木村中一	선박운송업	長崎	1887
奧田貞次郎	무역상	長崎	1887
日野彌三	중매상	大阪	1887
山口熊太郎	철공업	長崎	1887
山崎好藏	농업	廣島	1887
國近新藏	중매업	長崎	1887
植山芳藏	중매업	大分	1887

자료 : 『仁川開港二十五年史』, 63~65쪽.

인천 거류민의 도항과정상의 특징은 무엇일까. 인천으로 이주한 일본인은 크게 두 부류로 나누어볼 수 있다. 하나는 인천보다 먼저 개항한 부산이나 원산에서 거주하다가 인천으로 이주한 부류이고, 또 하나는 인천의 개항과 더불어 일본에서 곧바로 이주한 부류이다. 〈표3〉의 호리 리키타로(堀力太郎)는 1878년 부친과 함께 부산에 도항 하여 서양잡화상을 운영하다가, 인천의 개항과 더불어 이주한 사례 이다. 그는 개항장 인천에서 선박을 구입하여 한강 항로와 평양의 만경대 항로를 개척하는 등 조선 내의 항로권을 독점 장악한 인물이 었다. 러일전쟁 당시에는 일본군의 용달 업무에 종사하여 부를 축적 했지만, 소유 선박 3척이 침몰하자 손해액이 40만 원에 달해 결국 파산했다. 하지만 당국은 그의 손실액을 전액 보전해 주었고 그는 이후에는 고리대업에 종사하면서 황무지를 구입했다. 그는 초기 거 류민의 개척자였다.[35]

쓰시마 출신 고오리 긴사부로(郡金三郎)는 부산 개항 이전인 1875
년 무렵 부산에 주재하던 야마시로(山城)라는 사람이 보천사(報天社)
라는 조선어학교를 창설했다는 소식을 듣고 친동생 오이케 다다스
케(大池忠助)에게 입학을 권유하여 조선어를 배우게 했다. 이후 고오
리는 1877년 부산에 도항하여 무역과 수화물 도매를 위해 고오리 상
회를 개점했다. 업무가 번성하자 고오리는 1880년 동생 오이케에게
상회를 물려주고, 아직 개항하지 않은 인천에 진출했다. 그는 울릉
도 탐험선인 진서환(鎭西丸)에 탑승하여 인천에 도항한 최초의 인물
이었고, 갑신정변 당시에는 퇴각하는 일본인과 부상자를 부산으로
피난시켰다.[36]

이처럼 인천에 도항한 거류민 가운데에는 개항과 더불어 부산과
원산과 같은 다른 개항지로부터 이주한 사람들이 많았다. 원산의 경
우, 인천 개항과 더불어 인천으로 이주한 사람이 많아 1883년 말 인
구는 더욱 감소하여 199명으로 줄었다. 『통상휘편』은 "인천 개항의
영향이 점점 커져나가 마침내 원산은 텅 비어버릴 것 같다. 지금 본
항구에 무역상이라고 부를만할 사람은 겨우 4~5명에 불과하다"[37]
고 보고할 정도였다. 한성에 접근하기 용이한 인천으로 부산과 원산
의 일본인이 대거 이주했음을 짐작할 수 있다.

개항장 인천의 거류민을 형성한 또 한 부류는 일본에서 다른 경유
지를 거치지 않고 직접 도항한 인물들이다. 다나카 요스케(田中良助)
는 일찍이 1868년부터 선박을 건조하여 조선 도항을 시도한 '모험적'

---

35) 『仁川開港二十五年史』, 66쪽.
36) 『植民地朝鮮の日本人』, 13쪽 ; 『仁川開港二十五年史』, 66~67쪽.
37) 『通商彙編』(1883年 下半季), 252쪽(『植民地朝鮮の日本人』, 18쪽에서 재인용).

인물이었다. 그는 1883년 인천의 개항과 더불어 이주하여 처음에는 잡화상과 하역업에 종사했다. 나중에 선박 몇 척을 구입하여 조선연 해안과 일본 항해를 개시하여 통상 이익을 올렸다. 이후 그는 해운 업을 정리하고 위탁판매와 주류도매에 전념했다.[38)

히구치 헤이고(樋口平吾)도 1883년 일본에서 다른 개항장을 거치 지 않고 직접 인천에 도항하여 도자기 판매상과 잡화점을 개설했다. 인천 일본인 상점의 효시이다. 그는 청일전쟁 당시에는 인천상업회 의소 의원으로 인천거류민을 대표하여 일본군 군수품 수송위원이 되었다. 그는 조선인과 일본인 인부 천 명을 동원하여 최전선까지 군수품을 수송하여 축재했다.[39)

일반 일본인의 한성 거주가 허가된 것은 1883년 11월 조선과 영국 사이에 한성을 개방하여 영국인의 잡거를 인정한다는 조약이 체결 되고, 일본이 이와 동등한 이익을 얻은 뒤였다. 나중에 의복상으로 유명해진 야마구치 다베에(山口太兵衛)가 무역상을 개업한 것도 이 무렵이었다.[40) 일본은 1884년 10월 한성에 영사관을 두고 남산 밑 일대를 일본인 거류지로 삼았다.[41)

인천의 어용상인 게이다 리키치(慶田利吉)는 1883년 개항과 동시 에 인천에 건축재료 등을 취급한 게이다쿠미(慶田組) 본점을 설립했 다. 게이다가 인천에 주목한 이유는 한성에 지점을 두어 일본공사관 과 수비대의 납품업자로 활약하기 위해서였다. 이후 그는 조선정부

---

38) 『仁川開港二十五年史』, 67쪽.

39) 『植民地朝鮮の日本人』, 22쪽.

40) 北川吉昭編, 『山口太兵衛翁』, 山口太兵衛翁表彰會, 1934, 22면.

41) 京城府編發行, 앞의 책, 524~525면.

의 건물 건설과 미곡수송에도 관여하는 등 사업을 확장했다.[42] 또 게이다쿠미의 사원으로 조선에 도항한 사원 중에는 갑신정변 당시 살해당한 사람도 있었지만, 다나카 사시치로(田中佐七郎)처럼 1886년에 미곡, 우피, 사금 등을 취급하는 무역상으로 독립하여 성공한 사람도 있었다.[43]

거류민 가운데는 인천에 도항한 뒤, 개항한 군산이나 목포 등 다른 개항지에서 사업을 확장한 사람도 있었다. 다카마쓰 노보루(高松昇)는 1883년 인천에 친형과 함께 도항하여 잡화상을 운영하다가, 1906년 독립하여 미곡상으로 전업했다. 이후 그는 무역과 해운업에 종사하여 부를 축적하자 군산지방으로 진출하여 비옥한 토지를 구입하여 대지주로 변신했다.[44] 또 하라타 긴타로(原田金太郎)는 1883년 인천 개항과 더불어 이주하여 여관업에 성공하여 한성에도 지점을 설치하는 등 사업을 확장시켰다.[45]

조계를 중심으로 한 개항장 인천에는 도심의 정비와 더불어 신사와 유곽도 번창했다. 1885년 인천에는 동본원사(東本願寺) 인천포교소가 문을 열었다.[46] 또 불사는 1866년 대곡파(大谷派) 본원사 별원, 1895년 일련종(日蓮宗) 묘각사(妙覺寺), 1898년 정토종(淨土宗) 인천사(仁川寺), 1900년 진언종(眞言宗) 편조사(遍照寺)가 각각 설치되었다.[47] 유곽은 개항 초기부터 설치되었다. 개항장 인천에는 1898년

42) 『仁川開港二十五年史』, 67쪽.
43) 『植民地朝鮮の日本人』, 22쪽.
44) 『仁川開港二十五年史』, 68쪽.
45) 『仁川開港二十五年史』, 70쪽.
46) 「釜山・仁川の形成」, 250쪽.
47) 『仁川開港二十五年史』, 53쪽.

말 현재 작부 55명, 예기 53명이 거주했다.[48] 1902년에는 인천에도 17곳의 부도루(敷島樓)라는 유곽이 성업을 이뤘다.[49]

일본 조계 내에서는 재조일본인에 의한 신문도 발행되었다. 1890년 아오야마 요시에(靑山好惠)가 발간한『인천경성격주보』(仁川京城隔週報)가 그것이다. 이 신문은 이후『조선순보』(朝鮮旬報),『조선신보』(朝鮮新報)로 제호를 변경했다.[50] 개항장 인천에서는 일본인을 대상으로 신문사 경영이 가능할 정도로 독자층이 형성되었다. 신문은 인천 이주를 장려하고, 재조일본인 사회의 정보를 공유했다.

청국 상인의 힘의 증대되어 조선에 거주하던 일본인에게 위기의식을 불러일으킨 것은 청일전쟁 4년 전인 1890년 무렵부터였다. 한성에서는 "우리 상점은 작은 구역 안에 잡거하지만, 청상은 경성 시내 여러 곳에 자유롭게 상점을 마련하여 노점을 펼치고 있다"[51] "청상과 우리 상점과의 경쟁은 점점 청상의 승리로 돌아가고 …… 1890년부터 점점 몰락으로 치닫고 있다"[52]는 상황이 생겨났다.

또 청일전쟁 직전 1894년 4월의『통상휘찬』제4호에 의하면 다음과 같은 상황에 직면했다. 즉 "청국 상점 …… 그 점포는 160개 정도

---

48) 『植民地朝鮮の日本人』, 65쪽.
49) 유곽은 한성에서의 '성공' 소식을 듣고 각지의 민단도 유곽 설치에 나섰다. 1904년 진남포, 1906년 용산, 1907년 군산, 1908년 대구, 1909년 청진과 나남, 1910년 목포 신의주 대전에 각각 유곽이 세워졌다. 창기는 1908년 말, 한성에 244명, 부산 141명, 인천 141명, 평양 103명에 달했다. 또 작부는 한성 727명, 부산 350명, 인천 84명, 평양에서는 87명이 일했다고 한다. 이에 대해서는 손정목,「개항기 한국거류 일본인의 직업과 매춘업·고리대」,『한국학보』1980년 봄호, 1980, 109~110쪽 참조.
50) 靑山好惠,『仁川事情』, 朝鮮新報社, 1892, 21~23쪽.
51) 『通商報告』2706, 1892.
52) 『公使館及領事館報告』2965, 1893.

에 달한다. 그 가운데 28호는 옥양목류 과 견직물류를 거래하는 거상이다. 50호는 중등 정도에 해당한다. …… 재류자 총 수는 …… 2천명에 달한다. 그 가운데 노약자, 유부녀자는 전부 50명에 불과하다고한다. 그런데 재류 본방인 호수는 250호이지만, 무역상이라 칭할 사람은 3호이고 더구나 2호는 잡화점을 겸하고 있다. 이어서 양만물상 8호, 잡화상 52호인데, 그 가운데 양만물상 4호, 잡화상 24호를 제외하고는 거의 대부분이 재류 일본인용 일용품을 공급하는 것에 불과하다 …… 재류자 수는 …… 799명인데 326명이 부녀자이다. 남자 가운데 15세 이하 과 60세 이상은 86명에 달한다"[53]는 상황이었다.

이처럼 청일전쟁을 전후하여 개항장 인천에는 일확천금을 노린 일본인이 대거 진출하여 재조일본인 사회를 형성하면서 식민도시를 건설했다. 인천은 조계를 중심으로 영사관, 거류민회, 상업회의소, 금융기관 등의 후원을 받으면서 조선침략의 근거지로 자리 잡아갔다. 하지만 조선에서의 일본의 위치는 여전히 불안했다. 조선의 완전 식민지화를 이루어내지 않으면, 개항 이후 쌓아온 그간의 '성과'도 수포로 돌아갈 수 있다는 위기의식도 여전했다. 재조일본인들은 조선에서의 확고한 위치를 보장받고자 1894년 청일전쟁이 시작되자 일본군에 적극 협력했다. 왜냐하면 전쟁의 승리는 조선에서 청국 상인을 내몰고 조선의 경제권을 장악하는 지름길이고, 전쟁의 패배는 일본군만이 아니라 거류민 자신도 조선으로부터 철퇴하는 것이었기 때문이다.

---

53) 『通商彙纂』4, 1894, 104~105쪽.

3. 식민 거점의 확보와 인천

(1) 거류민의 전쟁협력

재조일본인은 갑오농민전쟁에 이어 청일전쟁이 발발하자 전쟁에 적극 협력했다. 인천 개항 이후 자신들이 이룩한 식민기지를 굳건히 지켜내려는 당연한 몸부림이었다. 거류민들의 집단행동은 이전부터 지속되었다. 방곡령이 발포되었을 때도 그랬다. 방곡령은 조선 정부의 관찰사가 흉작 등을 맞이하여 곡물가격의 폭등을 방지하기 위해 일본으로의 곡물 이출과 수출 금지를 정한 조치이다.[54]

조선으로부터의 주요 수입품은 곡물 특히 미곡이었다. 1876년부터 1894년에 걸쳐 일본으로의 총 수출액에서 곡물이 차지하는 비율을 보면 많을 때에는 88.9%, 그 가운데 미곡이 차지하는 비율은 많을 때에는 58.2%에 달했다.[55] 물론 조선의 흉작으로 거의 수입할 수 없는 해도 있었다. 방곡령이란 흉작 등을 맞이하여 곡물가격의 폭등을 방지하기 위해 관찰사가 곡물 이출과 수출의 금지를 정한 것이다. 이 법령은 곡물을 매입하여 일본에 수출하던 일본인거류지 상인에게는 극히 불리한 것이었다. 그래서 1884년부터 1901년에 걸쳐 조선과 일본 사이에 충돌이 계속되었다. 이것이 방곡령사건이다.

방곡령을 둘러싸고 1884년부터 1901년에 걸쳐 조선과 일본 사이에는 충돌이 계속되었다. 유명한 것으로는 1889년 황해도 관찰사와

---

54) 방곡령은 곡물을 매입하여 일본에 수출하던 거류지 상인에게는 대단히 불리한 것이었다. 1876년부터 1894년에 걸쳐 일본으로의 총 수출액에서 곡물이 차지하는 비율을 보면 많을 때에는 88.9%, 그 가운데 미곡이 차지하는 비율은 58.2%에 달했다(唐澤たけ子, 「防穀令事件」, 『朝鮮史硏究會論文集』6, 1969, 66쪽).

55) 唐澤たけ子, 「防穀令事件」, 『朝鮮史硏究會論文集』6, 1969, 66쪽.

인천 거류민 이소베 로쿠조(礒部六造)와 이시이 호타로(石井芳太郎) 사이에서 일어난 사건, 함경도 관찰사와 원산거류지 상인 가지야마 신스케(梶山新介)와 오쓰카 에이지로(大塚榮四郎) 사이에서 일어난 사건, 다음 해 1890년 황해도 관찰사와 오사카 상인 사이에서 일어난 사건 등 세 건이다. 특히 세 번째 사건은 백미와 대두 등 6만 석 이상에 달하는 투기적 매입 때문에 일어났다. 사건이 발생하자 인천의 거류민들은 일본의 변리공사를 통해 조선 정부에 방곡령의 철회를 소원하여 이를 해제시켰다. 하지만 거류 상인과 오사카 상인은 이에 만족하지 않았다. 그들은 배상을 요구하기 위해 공사관과 외무성에 진정하고 정당 등에도 압력을 가했다. 이 결과 1893년 5월 일본은 조선에 통첩을 보내 11만 원을 지불하도록 했다.[56]

1894년 2월 갑오농민전쟁이 시작되었다. 개항 이후 조선을 침식하던 일본에 대한 조선 농민의 대반격이었다. 조선인의 일본인에 대한 반감은 높아져갔다. 한성에서는 "민심의 상태가 흉흉했다. 재류 본방 상인은 노약자와 부녀자를 인천으로 피난시키기에 바빴다. 그동안 상업은 완전히 위축되어 마치 휴업"[57]과 같은 상태였다. 인천은 임오군란이나 갑신정변 당시처럼 한성 거류민의 피난처였다. 일본으로의 비상퇴각로는 인천뿐이었기 때문이었다. 더욱이 농민군이 전주를 함락시켰다는 소식은 "온 도시의 인심을 진동시켰다. 언제

---

56) 하지만 거류 상인과 오사카 상인은 이에 만족하지 않았다. 그들은 배상을 요구하기 위해 공사관과 외무성에 진정하고 정당 등에도 압력을 가했다. 이 결과 1893년 5월 일본은 조선에 통첩을 보내 11만 원을 지불하도록 했다. 이에 대해서는 『植民地朝鮮の日本人』, 35~36쪽 참조.

57) 『通商彙纂』4, 1894, 96~97쪽(『植民地朝鮮の日本人』, 43쪽에서 재인용).

어디로 피난해야 할지 그 누구도 안심하지 못했다. 상업은 계속해서 날로 위축"[58]되는 상황이었다. 일본인의 피난처였던 개항장 인천의 위기의식은 오히려 한성보다 높아졌다.

일본은 농민군을 진압한 뒤, 조선에 대한 지배권을 확립하기 위해 청일전쟁을 계획했다. 개항장 인천은 전쟁을 위한 군사기지였다. 인천 거류민들은 일본 정부를 향해 전쟁 개시 2개월 전인 1894년 6월 거류민 보호를 위해 수천의 정예를 보내 달라고 청원했다. 이에 해병단 70명은 인천을 향해 요코스카(橫須賀)로부터 황급히 출발했다. 일본공사는 같은 해 6월 12일 군함의 호위 아래 수백의 군대와 함께 인천에 상륙했고, 이어 12일에는 혼성여단 선발대 1,500명, 16일에는 혼성여단 본진 3,000명, 27일에는 2개 연대, 8월에는 제5사단 병력이 인천에 각각 상륙했다. 인천에는 병참감독부와 군용품 집적소, 야전병원이 들어섰다. 인천에는 청일전쟁 발발 이전인 6월에 이미 1만 명 가까운 군대가 주둔했다. 인천으로 출동한 군대와 인천에서 합류하여 전원 거류민 집에 숙박했다.[59]

재조일본인은 자신들의 생명과 기득권을 보호할 일본군을 환영했다. 자신들의 거주지를 일본군 숙사로 제공하고 용수를 공급했다. 병사 위문, 군수물자 하역과 운반에도 적극 협력했다. 그 중에는 앞에서 소개한 히구치 헤이고처럼 "일본인과 한국인 인부 수 천 명을 지휘하여 각지의 병참선을 떠맡음으로써 군국의 급무에 공헌함과 동시에 스스로도 적지 않은 이익"[60]을 올린 사람도 생겨났다. 한성

---

58) 『通商彙纂』, 1894, 29쪽(『植民地朝鮮の日本人』, 43쪽에서 재인용).

59) 藤原彰, 『日本軍事史 上卷 戰後編』, 日本評論社, 1987, 95쪽.

60) 『在韓成功の九州人』, 140~141쪽.

의 야마구치 다베에는 한성과 인천 간의 군수품 수송, 교통과 통신의 편의를 제공했다.[61] 또 아키요시 도미타로(秋吉富太郎)는 전주와 전선 설치를 하청받았다.[62]

전쟁이 시작되자 지리에 밝고 조선어 소통이 가능한 재조일본인은 통역관과 인부의 감독으로 고용되었다. 인천에서만 일본군이 고용한 통역관이 57명에 달했다.[63] 거류민은 청일전쟁 당시의 인천의 정황에 대해 "인천 거류민은 각자 분발하여 인부와 조선어 통역자가 되기로 결의했다. 한 집에 한 명 혹은 두 명 이상이 종군했다. 당시 거류지에 남은 사람은 부녀자와 아이들 이외에 건장한 남자는 한 집에 불과 한 두 명에 불과했다"[64]고 전해질 정도였다.

전쟁 이전인 1893년 말에 8,871명이었던 재조일본인은 전시였던 1894년 말에는 9,353명으로 늘어났다. 전쟁 중에 약 5% 증가한 것이다. 한성에는 1894년 초부터 일본 잡화상이 들어오기 시작하여 1895년 무렵부터 20~30호가 소위 '본정'에 거주하게 되었다. 잡화상과 무역상은 대부분 겸업으로 우피와 우골을 인천으로 반출하여 일본으로부터 들여온 잡화와 물물 교환했다.[65]

개항장 인천에는 전쟁특수를 노린 모험상인들이 연이어 입항했다. 인천 거류민은 앞의 〈표1〉과 같이 1894년 3,201명이었지만, 1년 후인 1895년에는 4,148명으로 약 1.3배 증가했다. 1894년 11월 인천에 정

---

61) 北川吉昭編, 앞의 책, 205쪽.

62) 高橋刀川, 앞의 책, 145쪽.

63) 『仁川府史』, 427쪽.

64) 『仁川開港二十五年史』, 10쪽.

65) 森啓助, 「在鮮四十有餘年夢の如し」, 『朝鮮公論』, 1935년 10월호, 37~39쪽.

착한 사람 중에는 이후 미곡과 대두 거래로 부를 축적한 가쿠 에이타로(加來榮太郞)가 있었다. 구기모토 도지로(釘本藤次郞)는 1895년 불과 20원 정도의 철물을 들고 인천에 도항하여 행상을 시작했다. 그는 7월 한성의 일본인 거류지에 노점을 펼쳐 10여 년 후에 '경성의 철물왕'이 되었다.[66] 신 다쓰마(進辰馬)는 1895년 인천에 건너와 다음 해 1월 한성의 일본인 거류지에 가메야(亀屋)라는 서양 잡화 양주 식료품점을 열었다. 그로부터 약 10년 후에는 점원이 20여 명으로 늘어났다.[67]

인천에는 상륙한 일본군을 상대로 장사하려는 사람들이 연이어 입항했다. 인천거류민은 1894년 4월 2,564명이었지만, 1년 후인 1895년 4월에는 4,379명으로 격증했다. 하지만 "진짜로 한일무역에 종사하는 자"는 극히 소수였다.[68] 같은 해 11월 인천에 정착한 사람 중에는 이후 미곡과 대두 거래로 부를 축적한 가쿠 에이타로(加來榮太郞)가 있었다.[69] 조선에 도항한 사람들 가운데는 장사나 깡패도 많았다. 일본정부는 이런 사람들 240명을 귀국시켰고, 1894년 10월 에는 무면허 도항에 대한 금지령을 공포할 정도였다.[70]

전선이 북상함에 따라 일본군을 상대로 부를 축적하려던 사람들은 군과 더불어 개항장을 떠나 북부지역인 평양, 개성, 진남포, 의주 등지로 진출하여 정착했다. 1894년 9월 일본군이 평양에 입성하자 불과 1개월 사이에 400~500명의 일본인이 평양에 모여들었다.[71] 가

---

66) 『植民地朝鮮の日本人』, 67쪽.
67) 『植民地朝鮮の日本人』, 67쪽.
68) 『通商彙纂』16, 1895, 78쪽.
69) 高橋刀川, 앞의 책, 46쪽.
70) 한우근, 「개국후 일본인의 한국침투」, 『동아문화』1, 1963, 15~16쪽.
71) 平壤商業會議所, 『平壤全誌 上』, 1927, 359쪽.

카사키에 의하면, 그들은 한성이나 인천에 거주하면서 "소개료를 업으로 삼는 사람, 잡화상 실패자나 일정한 영업을 하지 않는 사람, 또는 전혀 장사 경험이 없는 사람"이었다. 말하자면 모험상인들이었다. 그들은 "모두 필사적으로 경쟁하여 이곳으로 와 한인의 빈집을 차지하고, 각자 임의로 점포를 열어 술, 담배, 사탕 또는 방한구를 팔았다"고 한다. 그 중에는 '매춘업'을 운영하는 사람도 있었다.[72]

나가토미 이치노스케(長富一之祐)는 1895년 간장제조업인 쓰보타상점(坪田商店) 인천지점 사원으로 조선에 건너왔다. 2년 후에는 독립하여 미곡 등을 일본에 수출했다. 인천에 본점을 두고 진남포 평양 목포에 지점을 확대하여 일시 번성했지만 실패하여 진남포로 이주했다. 이후 선박용 철물상으로 재기한 다음 1914년 귀국했다. 하지만 일본에서 다시 사업에 실패하여 1917년 평양으로 건너와 철강상을 운영했다. 만년에는 "서선 3도 가운데 손꼽히는 철상"이 되었다.[73] 조선에서는 칠전팔기할 수 있는 기회가 많았다.

모험상인의 대표적 단체는 계림장업단(鷄林奬業團)이다. 계림장업단은 1896년 5월 인천에서 결성되었는데, 농상무성 관료였던 후쿠이 사부로(福井三郞)가 단장을 맡았다. 본부는 인천, 지부는 한성 부산 원산 대구에 각각 설치했고, 대구(大區)는 평양, 개성, 강경, 목포, 소구(小區)는 진남포에 두었다. 이들은 개항지를 나가 내지로 들어가 행상하며 돌아다녔다. 내지를 여행하려면 여행권을 휴대해야 했는데, 일본정부는 이들 단원에 한해 여행권 취득수속을 간소화했다.

---

72) 『植民地朝鮮の日本人』, 53쪽.
73) 長富甚八郎他著發行, 앞의 책, 30~31쪽.

또 일본정부는 이들을 지원하기 위해 1만 원을 대부해 주었다. 이 결과 1898년 1월에는 회원이 1,380명에 달했다.[74]

1904년 2월 러일전쟁이 발발하자 거류민은 재차 군에 협력했다. 거류지에는 청일전쟁 당시처럼 병참감부, 병참사령부, 보조수졸대(補助輸卒隊), 임시군용철도감부, 군용병원이 각각 설치되었고, 인천항에는 선박사령부, 정박장감부, 임시육군운수통신부 인천지부 등 군사기관이 포진되었다. 인천영사 부인 가토 스에(加藤直枝) 등은 '인천간호부인회'를 조직하여 부상병을 수용할 준비에 분주했다.[75]

서전의 승리를 통해 해상교통의 안전이 확보되자 한성과 인천의 물자부족 소식을 접한 일본 상인들이 물자를 싣고 건너왔다. 전쟁을 부의 축적 기회로 삼으려는 사람도 적지 않았다. 1904년 3월말까지 6,000~7,000명이 인천에 상륙했다.[76] 〈표1〉과 같이 1904년 말 인천의 일본인은 9,403명에 달했고 처음으로 조선인 수를 넘어섰다.

이처럼 인천의 거류민은 전쟁에 적극 협력했다. 개항장은 일본군의 병참기지로 제공되었고, 거류민은 일본군의 통역은 물론 군수물자의 하역과 운반에 가담했다. 재조일본인은 일본군의 '첨병'으로 활약한 것이다. 러일전쟁의 승리는 일본의 조선에 대한 기득권을 확립시켰다. 청일전쟁으로 청국의 세력을 잠재우고, 러일전쟁을 통해 한반도를 둘러싼 패권경쟁에서 승리했다. 개항 초기 거류민들이 직면한 불확실한 상황은 제거되었다. 이로써 조선은 사실상 일본의 식민

---

74) 계림장업단의 조직과 활동에 대해서는 한철호, 「계림장업단(1896-1898)의 조직과 활동」, 『사학연구』55 · 56합집, 1998 참조.
75) 『仁川開港二十五年史』, 11~14쪽.
76) 『京城府史 1』, 732쪽.

지로 전락되었다. 개항장 인천이 지니는 전략적 위치는 일본의 침략 전쟁 수행과정에서 유감없이 그 존재가치를 발휘했다.

(2) 인천의 식민시설

일본은 러일전쟁에서의 승리를 기반으로 조선을 실질적으로 지배하기 시작했다. 일본의 조선침략은 강력한 군사력을 동원하여 다방면에 걸쳐 치밀하게 이루어졌다. 통감부는 '을사보호조약' 이후 각지에서 전개된 의병투쟁을 무력으로 진압함으로써 일본에 맞선 최대 저항세력을 제거하고, '화폐정리사업'과 '역둔토조사사업' 등의 실시를 통해 조선의 경제·사회구조를 통감부 권력에 종속시켰다. 이렇듯 일본은 '새로운 제국영토'에 대한 지배권을 확보하고 식민지 지배정책을 본격적으로 실시했다.

러일전쟁 와중에 전쟁 그 자체를 관망하면서 조선 진출을 타진하는 사람들도 많았다. 식민지 이전의 조선 상황을 몸소 체험하면서 자본진출 여부를 가늠하기 위해서였다. 예를 들면 조선의 대표적 지주로 성장한 후지이 간타로(藤井寬太郎)의 사례는 일본인 상업자본가의 조선 진출과정과 식민지 지주로의 전환과정을 잘 보여준다.[77] 그는 러일전쟁과 더불어 인천에 진출하여 황해도 방면의 미곡, 잡곡, 우피의 반출과 전쟁수행에 필요한 잡화 용달 업무를 수행하다가 식민지 지주로 변신한 대표적 인물이다. 그는 조사여행을 마친 다음, "우리 실업가의 임무는 군대보다 오히려 중요하다"[78]는 인식을 갖

---

77) 그의 인천 진출과정과 농장경영에 대해서는 이규수, 「후지이 간타로(藤井寬太郎)의 한국진출과 농장경영」, 『대동문화연구』49, 2005 참조.

고 오사카의 후지모토합자회사(藤本合資會社)의 인천 진출 방침을 굳히기에 이른다. 그는 러일전쟁 이후 인천을 기반으로 타 지역으로 진출한 식민지 지주의 전형적인 인물이다.

조선으로의 일본인 이주를 장려하기 위해 인천에 입항한 사람들도 많았다. 러일전쟁의 승리에 '무한의 감격'을 느끼고 인천에 입항한 국수주의자 시가 시게타카(志賀重昂)와 같은 인물이 이에 해당한다.[79] 그는 개항장 인천의 정황에 대해 "인천의 인구 1만 5천 명인데, 그 가운데 일본인은 8천 명(개전 이후 유동인구를 포함하면 1만 명)이다. 큰 도로에는 거의 일본인 상점들이 즐비하다. 일본의 작은 지방 도읍을 유람하고 있는 느낌이다. 그 가운데에는 '규신류 유술 안내소'(扱心流柔術指南所, 규신류란 일본 유술의 일종이다−인용자)라는 간판조차 보인다. 정말로 일본적이라고 말해야 할 것이다. 일본인은 이처럼 팽창력이 있다. 일본인은 식민적 국민이 아니라고 누가 말하는가"[80]라며 일본인의 조선 이주는 '일본인의 실력'이라고 자부한다. 그는 러일전쟁의 승리는 단순한 전쟁에서의 승리에 머물지 않는다고 지적하면서, 무궁무진한 경제적 가치를 지닌 조선으로의 진출을 선동했다. 러일전쟁은 궁극적으로 '조선에 대한 일본의 종주권'을 현실화함으로써 완결된다는 점을 강조한 것이다.

이들의 조사와 예견대로 개항장 인천은 러일전쟁 이후 일본의 식민기지로 변화했다. 이사청, 경찰서, 헌병분견소, 우체국, 관측소, 세관,

78) 不二興業株式會社, 『不二興業株式會社農業及土地改良事業成績』, 1929, 5쪽.

79) 시가 시게타가의 조사여행에 대해서는 이규수, 「일본의 국수주의자, 시가 시게타카(志賀重昂)의 한국인식」, 『민족문화연구』45, 2006 참조.

80) 志賀重昂, 『大役小志』, 東京堂, 1909, 62쪽.

세관공사부 전등국 등과 같은 각종 관청과 더불어 회사가 즐비했다. 〈표4〉는 1907년 현재 인천에 설립된 주요 회사를 나타낸다. 이에 의하면 인천에는 일본은행의 지점 이외에 일본 각지에 본점을 둔 주식회사를 비롯해 인천에 본점을 각종 형태의 회사가 설립되었다. 영업항목은 유통과 관련된 무역업 등 상업이 주종을 이루고 있음을 알 수 있다.

〈표4〉 인천의 주요 회사(1917년 현재)

명칭	영업	자본금	본점	주임자
주식회사				
제일은행 지점	은행업	10,000,000	도쿄	太田三郎
제18은행 지점	은행업	3,000,000	나가사키	足立龍二郎
제58은행 지점	은행업	3,000,000	오사카	兵須久
일본우선주식회사 지점	해운	20,000,000	도쿄	近藤勝之助
오사카상선주식회사 지점	해운	16,500,000	오사카	廣居精一郎
인천전기주식회사	전등전력업	500,000	인천	秋田毅
인천미두취인소	정기거래	45,000	인천	加來榮太郎
한국근농회	농사경영	100,000	인천	杉甲一郎
인천장유주식회사	간장발효	200,000	인천	茂木啓三郎
인천수산주식회사	수산업	300,000	인천	加來榮太郎
만석동매축주식회사	매축지 매립 대부	300,000	인천	尾高次郎
일한무역주식회사	무역업	250,000	인천	河野竹之助
합자회사				
아키타상회	상업창고 및 운송업	500,000	인천	秋田毅
일영무역합자회사	수입 및 대리업	100,000	인천	頴原修一郎
후지모토합자회사	미곡 및 기타 매매	20,000	군산	藤井寬太郎
인천재목합자회사	목재판매	200,000	인천	中野谷秀雄
합명회사				
미쓰이물산합명회사 지점	무역	1,000,000	도쿄	藤木秀次郎
다쿠합명회사 지점	청주	500,000	사카이	靑木一葉
후지타합명회사 지점	무역 및 인쇄	100,000	경성	藤田謙一
한국통운합명회사	운송	10,000	인천	川井田彌三郎
기무라합명회사	운송	180,000	인천	木村淸太郎

자료 : 『仁川開港二十五年史』, 50~51쪽.

　거류민의 증가와 더불어 거류민의 공적 사무를 담당할 조직도 정비되었다. 인천에서는 개항 이전인 1882년 일본영사관이 설치되었다. 이후 영사관은 거류지 단체 설립의 필요성 때문에 1887년 '거류지 규칙'을 발포하여 거류민회를 설립하고 총대 1명, 의원 10명을 선출했다.[81]

　인천의 무역상과 도매상을 금융적인 측면에서 지원한 것은 은행이었다. 1878년 시부사와 에이이치(渋沢榮一)는 일본정부로부터 영업자금으로 은동화 10만 원을 대부받아 부산에 제일은행 지점을 개설한 다음, 1880년 원산, 1883년 인천, 1887년 한성에 각각 출장소를 개설했다. 제일은행은 조선과 일본 사이의 무역에 관련된 단기 상업 금융업무가 주된 영업항목이었다.[82] 구체적으로는 충분히 비축된 자금을 대출하여 미곡을 매입하거나 면제품의 수입을 장려했다.[83] 제일은행은 인천의 금융시장을 장악하고 조선 조정에 차관을 공여했다. 또 개항장 인천에는 제일은행 인천출장소 이외에도 1890년 제18은행, 1892년 제58은행의 인천지점이 각각 설치되었다. 이들 은행은 식민지 금과 은의 흡수에도 노력했다. 은행의 조선 진출목적은 주지하는 바와 같이 조선산 금을 수매 반출하는 일이었다. 조선에서 수매 반출한 금과 은은 1억 원을 넘어 일본의 금본위제 확립에 공헌했다.[84]

---

81) 『仁川開港二十五年史』, 36쪽.

82) 朝鮮銀行史硏究會編, 『朝鮮銀行史』, 東洋經濟新報社, 1987, 3쪽.

83) 「明治前期の日朝貿易」, 72쪽.

84) 예를 들어 수출입 금은화와 지금의 수출 총계는 1906년 4,934,727원, 1907년 5,356,039원으로 1년에 421,312원 증가할 정도였다(『仁川開港二十五年史』, 26쪽).

은행제도의 확립과 더불어 기선회사도 설립되었다. 개항장 인천에는 1885년 일본우선주식회사, 1893년 오사카상선주식회사 지점이 각각 설치되었다. 이들 회사는 당시 목조범선밖에 보유하지 않았던 조선에서 서구식 기선을 도입함으로서 조일 간의 무역은 물론 인천항의 수출입상품을 거의 독점했다. 1876년부터 1881년까지 조일항로에 취항한 일본 선박은 연간 2,108척이었으며, 그 가운데 서구식 기선은 401척이었다. 개항장 인천의 경우, 1897년의 입항선박 수는 총 985척이었으며, 서양식 기선은 292척이었다.[85]

〈표5〉 각 개항장의 수출입액(1907년 현재)

개항장	수출	수입	계
인천	4,541,350	19,508,223	24,049,593
부산	4,352,605	8,742,804	13,095,409
진남포	1,949,960	3,902,195	5,852,155
원산	1,186,780	3,090,815	4,286,595
목포	1,553,146	62,797	2,215,942
군산	1,909,624	909,777	2,819,401
신의주	568,401	739,939	1,308,340
경성	4,560	1,210,733	1,214,889
마산	335,518	835,720	1,171,238
성진	188,786	297,357	486,143

자료 : 『仁川開港二十五年史』, 2쪽.

금융기관과 운수회사의 지원을 받은 거류민은 개항장 인천의 경제계를 확고하게 장악할 수 있었다. 〈표5〉는 1907년 현재 각 개항장

---

85) 『仁川開港二十五年史』, 27쪽.

의 수출입액을 나타낸다. 이에 따르면 인천의 무역액은 수출액 4,541, 350원, 수입액 19,508,223원, 총계 24,049,593원으로 인천보다 빨리 개항한 부산과 원산 등 다른 개항지를 압도하고 있다. 개항장 인천은 조선 제일의 무역항이었다. 특히 수입액이 부산보다 2배 이상 많은 것은 인천을 통해 한성으로 유입되는 물품이 많았음을 반증한다. 나아가 인천의 수출입액은 일본의 주요 항구와 비교하더라도 결코 뒤지지 않았다. 인천은 일본의 전통적인 무역항이었던 나가사키보다 많은 '동양 유수의 무역시장'이었다.[86]

이처럼 일본인의 본격적인 조선 이주는 1876년 2월 '조일수호조규'의 체결을 계기로 이루어졌다. '조일수호조규'는 주지하는 바와 같이 부산을 개항할 것, 앞으로 20개월 이내에 다른 두 항구도 개항할 것, 이들 개항지에서는 일본인이 토지를 임차해 가옥을 세우거나 또는 소재지의 조선인이 사는 곳을 임차하더라도 임의에 맡길 것, 일본인이 조선이 지정한 각 항구에 재류 중 만약 죄과를 범하여 조선인과 교섭이 필요한 사건은 모두 일본 관헌이 처리할 것 등을 규정했다. 같은 해 8월에는 '수호조규에 부속하는 왕복문서'와 '수호조규 부록'이 체결되어 수출입품에 관세를 부과하지 않을 것과 조선에서의 일본화폐 통용이 인정되었다. '풀뿌리 식민지 지배와 수탈 구조'의 외양이 정비된 것이다.

일련의 시책은 결과적으로 재조일본인에게 유리하게 작용했다.

---

86) 1906년 현재 일본을 포함한 각 무역항의 수출입액은 다음과 같다. 상위 4위는 요코하마(橫浜) 349,917,752원, 고베(神戸) 302,795,459원, 오사카(大阪) 84,788,942원, 모지(門司) 40,442,912원이었고, 인천은 제5위로 24,049,573원이었다. 인천의 무역액은 나가사키(長崎) 19,146,570원, 욧가이치(四日市) 8,588,616원, 시모노세키(下關) 5,849,288원을 앞질렀다(『仁川開港二十五年史』, 3쪽).

막부 말기에 미국이 일본에 강요한 불평등조약은 미국의 치외법권을 인정시키고 일본의 관세 자주권을 인정하지 않는 것이었다. 이에 반해 일본은 조약을 통해 일본의 치외법권을 확인시켰을 뿐만 아니라, 관세 자주권은 물론 관세 자체를 인정하지 않았다. 더욱이 일본은 미국조차도 일본에 강요하지 않았던 자국 화폐를 통용시키는 권리까지 손에 넣었다. 일본은 미국으로부터 강요당한 불평등조약의 '아픔'을 조선에 몇 배로 앙갚음한 것이다.

개항장 인천은 조선침략의 전진기지로 활용되었다. 인천은 개항과 더불어 격동기 일본의 이권 획득의 발판이 되었다. 임오군란과 갑신정변 당시에는 일본 관헌의 유일한 피난처이자 도주로였다. 한성에 접근할 수 있는 유리한 지리적 조건을 배경으로 일확천금을 꿈꾸는 일본인들의 경유지 혹은 종착지로 중시되었다. 청일전쟁과 러일전쟁은 이들에게 절호의 기회를 제공했다. 급격한 인구증가 현상이 말해주듯 일본인은 개항장 인천을 기반으로 전쟁협력 등을 통해 부를 축적해나갔다. 다양한 계층이 재조일본인 사회를 형성했다. 그들은 본국 정부의 지원 아래 일본의 지방행정체제를 도입한 식민도시를 건설했다.

인천의 산업은 경성을 보조하는 역할로서 거류민의 수요를 충족시키는데 그쳤으나 1900년 경인선 철도가 완공되면서 상업 중심지로 발달했다. 그러나 한국을 식민지화한 후에는 경제의 중심은 다시 경성으로 옮겨갔다. 인천에는 무역을 위주로 한 일본 상인과 청국 상인의 경쟁이 치열하였으며 조선 상인들도 이에 가세하였으나 결국 일본 상인이 주도권을 잡게 되었다. 인천 경제는 항구로서의 특성을 나타내며 상업과 소비재 산업, 운송업 분야가 강하며 여관, 요리점, 오락시설 등의 유흥시설이 발달했다. 이러한 오락 분야는 전통 한국식 시설

보다는 일본의 게이샤와 요리를 갖춘 일본인이 경영하는 시설이 많았는데 이곳의 경영자는 대부분 일본에서 건너와 성공한 사람들이었다.

개항장 인천은 1883년 개항한 이래 일본 조계, 청국 조계, 각국 공동 조계가 건설된 지역으로서 무역의 중심지로서 각국 무역상의 세력 다툼이 치열한 지역이었다. 일본 인구는 개항 이래 꾸준히 증가하여 1911년 15,148명으로 최고조에 달하였으나 이후 11,000명 수준으로 정체되는 경향을 보였다. 인천의 산업은 상업, 소비재, 오락 분야가 특색이며 종교, 교육, 위생, 의료 분야가 일본의 영향을 받으며 이식되었다.

한편 개항장 인천의 지위는 러일전쟁 전후에 부설된 철도의 개통으로 동요한다. 1900년 경인선의 개통을 시작으로 1905년 경부선과 마산선, 1906년 경의선이 개통되었기 때문이다. 이에 대해 인천 거류민단은 "경부선의 직통은 무역항으로서의 인천에 치명상을 입혔다. …… 한국을 관통하는 철도의 개통은 인천의 화물 흡인력을 말살시켜 인천을 사지로 내몰았다"[87]고 평가할 정도였다. 여기에 목포, 마산, 군산 등 개항장의 증가는 조일무역과 교통의 중계지로서의 인천의 지위를 상대적으로 위협했다. 인천은 '비운절망'의 상태에 놓이게 되었다. 더욱이 1900년 한성 거류민보다 인구가 두 배 많았던 인천은 한국강점 당시 한성의 절반으로 역전당했다. 철도의 개통이 가져온 위기는 가히 짐작하고 남음이 있다.

한국강점을 전후로 한 상황의 변화에 따라 인천 거류민들은 한국강점 이후 새로운 활로를 찾을 수밖에 없었다. 그것은 철도 개통 이

---

87) 『仁川開港二十五年史』, 序文, 14쪽.

후 인천이 지닌 사회경제적 약점을 보완하는 방안이었다. 이는 조선의 식민지화 과정에서 인천이 담당한 역할과 식민지 이후의 역할은 약간 다를 수밖에 없다는 것을 예고하는 것이었다. 조선 제일의 무역항이었던 인천은 이후 새로운 활로를 모색한다. 조선 내에서는 철도를 중심으로 한 경제시스템이 우위를 차지했지만, 일본의 대륙정책과 관련한 해운의 중요성을 강조한 것도 바로 이 때문일 것이다. 이러한 상황의 변화와 함께 한국강점 이후의 재조일본인 사회의 변모는 이전과는 다른 새로운 양태를 띠며 전개되었다.

제5장 후지이 간타로(藤井寬太郎)의
인천 진출과 한국경영

　일본은 러일전쟁에서의 승리를 기반으로 한국을 실질적으로 지배하기 시작했다. 일본의 한국침략은 강력한 군사력을 동원하여 다방면에 걸쳐 치밀하게 이루어졌다. 통감부는 '을사보호조약' 이후 각지에서 전개된 의병투쟁을 무력으로 진압함으로써 일본에 맞선 최대 저항세력을 제거하고, '화폐정리사업'과 '역둔토조사사업' 등의 실시를 통해 한국의 경제・사회구조를 통감부 권력에 종속시켰다. 이렇듯 일본은 '새로운 제국영토'에 대한 지배권을 확보하고 식민지 지배정책을 본격적으로 실시하였다. 20세기 초 양국관계는 지배와 피지배라는 왜곡된 역사 속에서 출발한 것이다.

　일본의 한국 통치는 군사적인 지배만으로는 불가능했다. 일본인의 대규모 이주가 뒷받침되지 않은 군사적 통치체제만으로는 효율적인 식민지 지배가 이루어질 수 없었기 때문이다. 일본인 상업자본가의 한국진출도 효율적인 지배정책의 일환으로 적극적으로 이루어졌다. 상업자본가들 편에서도 한국에 진출할 경우 획득할 수 있는 투자가치성에 일찍이 주목했다. 일본상품의 한국반입과 미곡 등의 일본유출과정에서 얻을 수 있는 높은 수익률은 그들의 관심을 끌기에 충분했다. 한국의 저렴한 지가와 소작제 농장경영을 통한 고율의 토지수익률은 상업자본가와 지주계층의 한국진출을 가속화시켰다. 그들은 '자본가의 임무'를 내세우며 한국의 실질적인 통치자임을 자부했다. 일본의 한국지배체제는 이 상업자본가의 진출을 통하여 그 물적 토대가 완성되었다고 말할 수 있다.

일본인의 한국진출에 관한 연구는 다양한 각도에서 주목받았다. 일본인의 한국진출과정을 둘러싼 실증연구와 함께 일본인의 왜곡된 한국인식에 대한 강한 비판도 제기되었다.[1] 또한 식민지 지주제와의 관련에서 일본인 자본가의 한국진출과정과 농장경영구조에 관한 사례연구도 활발히 이루어졌다. 일본인 지주의 토지집적과정은 중앙정부, 지방정부, 민간(회사) 등 다양한 주체를 통해 광범위하고 불법적으로 이루어졌음이 밝혀졌다. 그들의 소작제 농장경영 방침은 결과적으로 대지주 중심의 왜곡된 한국농촌사회 구조를 심화시켰고, 지주소작관계도 소작인에게 일방적으로 불리하게 이루어졌음이 강조되었다.[2]

---

1) 木村健二, 『在朝日本人の社會史』, 未來社, 1989 ; 梶村秀樹, 『朝鮮史と日本人(梶村秀樹著作集1)』, 明石書店, 1992 ; 高崎宗司, 『植民地朝鮮の日本人(岩波新書790)』, 岩波書店, 2002.

2) 일본인 지주의 한국진출에 관한 사례분석으로서는 다음과 같은 연구가 있다. 淺田喬二, 「舊植民地・朝鮮における日本人大地主の變貌過程(上)」, 『農業總合研究』19-4, 1965 ; 淺田喬二, 「舊植民地・朝鮮における日本人大地主の變貌過程(下)」, 『農業總合研究』20-1, 1966 ; 田中喜男, 「石川縣農業株式會社(資料紹介)」, 『北陸史學』15, 1967 ; 淺田喬二, 『日本帝國主義と舊植民地地主制』, 御茶の水書房, 1968 ; 田中喜男, 「明治後期『朝鮮拓殖』への地方的關心─石川縣農業株式會社の設立を通じて─」, 『朝鮮史研究會論文集』4, 1968 ; 山崎隆三, 「地主制衰退期における一小地主の植民地地主への轉化」, 『經濟學雜誌』64-23, 1971 ; 淺田喬二, 「舊植民地(朝

이 글에서는 러일전쟁 시기에 한국에 진출한 후지이 간타로(藤井寬太郎)를 사례로 일본인 상업자본가의 한국진출과정과 식민지 지주로의 전환과정을 분석하고자 한다. 러일전쟁이 발발하자 후지이는 새로운 시장으로 한국에 주목하여 면포유입과 미곡유출을 통해 막대한 상업이득을 올린 상업자본가이다. 또 그는 당시 최대의 화두였던 '일본의 인구 및 식량문제'의 해결책이 한국에 있다고 보고, 한국을 일본 과잉인구의 흡수지, 식량공급지로 주목하였다.

후지이는 소작제 농장경영을 통한 미곡증산과 인구문제해결을 위한 이민사업을 구상함으로써 자신의 한국진출 목표를 구체화하였다. 1914년에는 불이흥업주식회사(不二興業株式會社)를 설립하고 소작제 농장경영과 이민사업을 본격적으로 추진한다. 전국에 걸쳐 분포한 불이농장의 소유면적은 당시 한국에서 최대지주인 동양척식주식회사에 이어 두 번째 지위를 차지했고, 집단농업이민 유치를 위해 건설한 불이농촌(不二農村)은 '이상농촌' 내지는 '모범농촌'으로 국내외에 선전되었다. 불이농장은 러일전쟁 시기에 한국에 진출한 대표적인 식민지농사회사였다.

후지이의 한국진출과 농장경영구조에 관한 연구는 비교적 많이 이루어져 왔다. 수리조합사업을 중심으로 전개된 불이흥업주식회사의 농민수탈과 지주소작관계, 금융자본의 농기업 지배와 관련한 농장경영구조의 추이, 불이농촌의 이민사업, 그리고 농장의 수탈에 대한 농민투쟁 등 많은 부분이 밝혀졌다.[3] 거의 모든 개설서에는 일본에 의한 토지수탈의 대표적인 사례로 불이농장이 빠짐없이 등장한다. 후지이가 식민지 농업정책에서 차지하는 위치를 반영한 것이다. 후지이는 식민지 농정의 대표적인 브레인으로 활약했다. 그의 토지 집적과정과 수리조합사업을 통한 소작제 농장경영, 집단농업이민의 유치 등은 일본의 식민지 농정의 성공적인 사례로 거론되었다. 그의 미간지 개간을 통한 농장설립과 수리조합사업은 피폐한 식민지 농촌문제를 해결할 수 있는 새로운 대안으로 부각되었다. 후지이의 사업들은 총독부의 '산미증식계획'과 맞아떨어지면서 총독부의 적극적인 후원 아래 진행되었다.

하지만 여전히 해결해야 할 의문점은 많다. 우선 종래의 연구에서는 후지이가 한국에 진출한 직후 곧바로 소작제 농장경영에 착수한 것처럼 인식되어 왔다. 물론 시기적으로 보면 농장설립이 러일전쟁

---

3) 불이흥업주식회사의 수리조합사업과 이민사업, 그리고 농장지역에서 일어난 농민운동에 관한 분석으로는 다음과 같은 연구가 있다. 황명수, 「일제의 수리사업과 농민수탈-불이흥업을 중심으로-」, 『移山趙璣濬博士華甲紀念論文集』, 1977 ; 황명수, 「일제하 불이흥업주식회사의 농민수탈-수리사업을 중심으로-」, 『산업연구』4, 1982 ; 황명수, 「일제하 수리조합과 농민투쟁-불이흥업회사산하 농장을 중심으로-」, 『韓國近代經濟史硏究의 成果-秋堰 權丙卓博士 華甲紀念論叢2』, 1989 ; 홍성찬, 「일제하 기업적 농장형 지주제의 역사적 성격」, 『동방학지』63, 1989 ; 홍성찬, 「일제하 금융자본의 농기업 지배-불이흥업(주)의 경영변동과 조선식산은행」, 『동방학지』65, 1990 ; 김용달, 「일제하 용천지방의 농민운동에 관한 연구」, 『북악사론』2, 1990 ; 최원규, 「1920・30년대 일제의 한국농업식민책과 일본인 자작농촌 건설사업-불이농촌 사례-」, 『동방학지』82, 1993 ; 李圭洙, 「1920年代後半期, 不二西鮮農場地域の朝鮮農民運動について」, 『朝鮮民族運動史硏究』9, 1993 ; 李圭洙, 「植民地期朝鮮における集團農業移民の展開過程-不二農村を中心に」, 『朝鮮史硏究會論文集』33, 1995 ; 이규수, 「20세기 초 일본인 농업이민의 한국이주」, 『대동문화연구』43, 2003.

직후였기 때문에 그렇게 말할 수도 있다. 그러나 중요한 것은 한국
에 진출한 후지이 같은 상업자본가의 활동 전개 방식이다. 즉 그들
은 한국 진출 초기에는 상업활동을 전개하였지만 점차 고율의 토지
투자 수익률을 올릴 수 있는 소작제 농장경영으로 전환했다는 사실
에 주목해야 한다. 상업활동과 토지투자의 수익률을 비교할 때 토지
에 자본을 집중시키는 것이 보다 높은 이윤을 창출할 것으로 판단했
기 때문이었을 것이다. 따라서 상업자본가의 식민지 지주로의 전환
구조를 둘러싼 더 구체적인 논의가 필요하다고 생각된다.

또 종래의 연구에서는 일본인의 토지집적방식의 차이가 이후의
농장경영방식에도 영향을 준다는 점에 주목하지 못했다. 후지이의
사례에서도 드러나듯이, 거대자본과 비교할 때 상업자본가들의 경
우 토지매수자금이 상대적으로 부족했다. 따라서 대규모 토지를 단
기간에 확보하기 위해 상업자본가들은 저렴한 저수량지와 미간지를
집중적으로 구입할 수밖에 없었고, 이것은 농장경영에도 영향을 미
쳤다. 후지이는 농장경영의 방침으로 수리시설의 완비와 생산력 증
진을 통한 고율소작료 수취체제의 확립에 두었다. 수리시설이 미비
한 상태로는 소작료의 안정적인 징수가 어려웠기 때문이다. 후지이
가 한국 최초로 수리조합사업을 추진한 배경에는 그의 토지집적형
태와 밀접한 관련이 있었던 것이다.[4]

---

[4] 이는 금융자본(조선식산은행)과 농장회사와의 관계에 주목하여 금융자본에 의한
농업회사의 지배를 주장하는 홍성찬의 논의와도 관계있다. 물론 현실적으로 금융
자본은 농장회사를 지배했다. 하지만 금융자본에 의한 농업회사에 대한 지배의
실태는 밝혔지만, 그 과정이 어떠한 상황에서 이루어졌는가에 대해서는 미흡하다.
즉 금융자본에 종속될 수밖에 없었던 최대 원인이었던 농장경영의 조건과 한국농
민의 회사에 대한 대응 등을 시야에 넣어 고려해야한다는 것이다. 후지이는 한국

이하에서는 인천 진출 직후 수입품 반입과 미곡반출이라는 상업
활동을 전개한 후지이의 사례분석을 통해 상업자본가의 식민지 지
주로의 전환과정을 재조명해 보겠다. 인천 진출 이후 후지이의 토지
시찰 및 구입과정, 그리고 미간지를 중심으로 전개된 농장설치과정
에 주목하여, 그것이 이후의 소작제 농장경영과 지주소작관계에 어
떠한 영향을 주었는지에 대해서 파악하겠다.

1. 오사카의 미곡상

후지이는 1876년 1월 도쿠시마 현(德島縣)에서 몰락상인 집안의 차
남으로 태어났다. 후지이 집안의 선대는 도쿠시마 현을 중심으로
'후지야마후지'(藤山藤)라는 상호로 바구니를 독점 판매했다. 도쿠가
와(德川) 말기에는 도쿠시마를 기반으로 하카다(博多)와 오사카(大阪),
멀리는 규슈(九州) 지방으로까지 상권을 확대하여 집안의 최전성기
를 맞이했다. 하지만 메이지유신(明治維新) 이후, 인도산 수입바구니
의 증가로 인한 거래량의 급감과 도쿠시마 현 바구니 독점판매권의
상실로 후지이 집안은 쇠락의 길을 걷게 된다. 독점판매권의 상실에

진출 당초부터 타인자본에 의존할 수밖에 없었고, 불이흥업주식회사의 설립 이후
에도 간척과 개간에 의한 농장경영방침을 세웠다. 이 때문에 후지이는 조선식산은
행으로부터 다액의 저리자금을 융자받을 수밖에 없었다. 그리고 1930년대 대공황
기의 미가하락은 총수입의 대부분을 소작료수입에 의존하던 불이흥업주식회사의
수지구조에 커다란 변동을 가져왔다. 더욱이 1920년대 후반기부터 전개된 서선농
장지역에서의 소작쟁의는 농장경영에 커다란 타격을 주었다. 이 결과 후지이는
차입금에 대한 변제능력을 상실하고 조선식산은행의 부채정리회사인 성업사(成業
社)에 흡수되어 합병되었다고 바라보아야할 것이다.

따른 채무증가도 경제적 쇠락의 주요 원인이었다. 가문의 몰락으로 소년시절의 후지이는 정식교육을 받을 수 없을 정도였다. 야학교에 서 경서와 한적을 배운 것이 그가 받은 교육의 전부였다.[5]

후지이는 소년시절에 고향을 떠나게 된다. 오사카상인 가나자와 진효에(金澤仁兵衛)가 설립한 가나자와상점(金澤商店)에 사촌형 후지 이 만타로(藤井萬太郎)가 지배인으로 부임하자, 후지이는 1885년(9세) 사촌형을 따라 오사카로 간다. 후지이의 오사카 진출은 미곡상으로 서의 첫걸음을 내딛는 계기였다. 가나자와는 해산물 중계상인으로 오사카공립은행(大阪共立銀行) 대표, 오사카상선주식회사(大阪商船株 式會社) 부사장, 히라노방적주식회사(平野紡績株式會社) 사장 등을 지 낸 인물이었다.[6] 후술하는 바와 같이 가나자와는 이때의 인연을 계 기로 후지이의 한국진출 이후 그에게 토지매수자금을 원조했고, 1914년 불이흥업주식회사 설립 당시 창립발기인으로 가담했다.

후지이는 가나자와 집안에 머물면서 독학으로 글을 깨우쳤다. 1889 년(13세)에는 실형인 후지이 구마타로(藤井熊太郎)의 배려로 도쿠시마 로 귀향하여 도쿠시마중학교에 입학했다. 하지만 학자금 부족으로 중학과정 조차 중도에 그만둘 수밖에 없었다. 구마타로는 후지이 집 안의 채무변제를 위해 도쿄에 상경하여 이후 '한국의 시멘트 왕'이라 불린 아사노 소이치로(淺野總一郎)의 이복자 데라다 야스코(寺田保子) 와 결혼하여 데라다 고이치(寺田洪一)가 되었다. 그는 1907년 하마다 석유주식회사(寶田石油株式會社)와 공동으로 소규모채굴업자와 제유

---

5) 藤井寬太郎, 「藤井家の歷史」, 『藤井寬太郎自敍傳』.
6) 淺田喬二, 「舊植民地・朝鮮における日本人大地主階級の變貌過程(下)」의 '부표', 201 참조.

업자들을 통합하여 난보쿠석유주식회사(南北石油株式會社)를 창립했다. 하지만 이 회사는 경영부진으로 인해 곧바로 일본석유주식회사에 합병되었다. 이후 구마타로는 아스팔트사업에 주목하여 일본아스팔트주식회사를 창립하고, 불이흥업주식회사의 창립발기인에도 가담했다.[7]

후지이는 1892년(16세) 다시 오사카에 상경하여 후지모토상점(藤本商店)에 입사했다. 오사카의 미곡상으로서 첫걸음을 내디뎠다. 후지모토상점은 오사카 미곡거래시장인 도지마거래소(堂島取引所)의 중계인 후지모토 조지로(藤本常次郎)가 설립한 미곡도매상이었다. 후지모토상점의 연간 거래규모는 구마모토 현(熊本縣) 이출미곡 70~120만 가마의 약 65%를 차지했다. 후지이는 입사와 더불어 미곡거래실적에 뛰어난 능력을 발휘했다. 그의 명성은 일본미곡시장 전체에 알려졌다. 주요 거래처인 사가 현(佐賀縣) 나베시마(鍋島) 집안의 소작미 입찰 당시에는 약 1만 가마 가운데 9천 가마를 낙찰시킬 정도였다. 후지이는 후지모토의 두터운 신임을 받아 1897년(21세) 구마모토 지점장으로 승격했다.[8]

1897년 7월 후지모토가 사망하자, 후지모토상점은 그의 숙부이자 오사카 미곡도매조합사무소 임원이었던 후지모토 젠스케(藤本善助)에 의해 후지모토합명회사(藤本合名會社)로 재편되었다. 후지모토합명회사는 미곡 및 잡곡 기타 상품의 위탁매매를 영업목적으로 삼았고 자본금은 10만 원이었다. 본점은 오사카, 지점은 효고(兵庫), 그리

---

7) 藤井寬太郎, 「藤井家の歷史」, 『藤井寬太郎自敍傳』.
8) 藤井寬太郎, 「熊本時代の追憶」, 『藤井寬太郎自敍傳』.

고 구마모토와 오타루(小樽)에 각각 출장점을 두었다. 이 시기 후지
이는 구마모토출장점 주임과 효고지점 주임을 각각 담당했다.[9]

그런데 1900년 후지모토합명회사는 갑자기 해산하기에 이른다.
해산 이유는 후지이를 중심으로 한 사원들이 후지모토 젠스케의 독
선적인 경영방침에 반발했기 때문이라고 한다.[10] 후지이는 독자적
으로 회사를 설립한다. 후지이는 1901년(25세) 도쿄 후카가와(深川)
의 운송도매상과 거래처 미곡상, 그리고 후지모토 쓰다(藤本ツタ, 후
지모토 조지로의 미망인)와 함께 후지모토합자회사(藤本合資會社)를 설
립했다. 자본금은 2만 원이었고 후지이가 대표사원으로 취임했다.

후지모토합자회사의 영업항목은 미곡 기타 상품의 매매 및 위탁
판매였다. 본점은 오사카, 지점은 구마모토에 두었고, 1903년에는
규슈의 와카마쓰 항(若松港)에 출장점을 개설했다. 구마모토지점은
미곡품종과 품질관리를 위해 각지에 14명의 전속중매인과 다수의
반출인제를 두었다. 그 결과 후지모토합자회사의 연간거래액은 구
마모토 현 이출미의 약 65%를 차지할 정도로 성장했다. 거래범위는
도쿄·오사카를 중심으로 멀리는 홋카이도(北海道) 지방으로까지 확
대되었다.[11]

---

9) 大阪商法會議所, 『大阪商工分業編覽』, 1890, 15~16면. 또 후지모토합명회사에는 후
지이 이외에 오카 슈타로(大岡梓太郞), 이와키 로쿠효에(岩木六兵衛), 기시가미 미사
쿠(岸上彌作), 이쿠미 구라조(井汲倉藏), 시카 쓰나미쓰(鹿綱光) 등이 합세했다.

10) 高林喬造, 「藤井寬太郞樣を偲びて」, 不二會, 『不二』3, 1968, 62면.

11) 후지이의 구마모토에서의 활약은 당시 소위 나카지마 모시치(中島茂七)와의 거래
경쟁으로 전국 미곡시장에 널리 알려졌다. 후지이는 구마모토 현 이출미의 대부분
을 거래하던 나카지마와의 입찰경쟁에서 승리하여 최고의 거래량을 확보했다. 구
마모토 거래소에서의 후지이의 영향력은 한국진출 이후에도 미곡시장 시세에 영향
을 미칠 정도였다고 한다(藤井寬太郞, 「熊本時代の追憶」, 『藤井寬太郞自敍傳』;

　이처럼 인천에 진출하기 이전에 후지이는 집안의 경제적 쇠락 때문에 정식교육을 받지 못할 정도로 불우한 시절을 보냈지만, 오사카의 후지모토상점에 입사한 이후 미곡거래와 인연을 맺으며 사업 수완을 발휘하기 시작했다. 후지이는 일본 제일의 우량미로 손꼽히던 구마모토의 미곡입찰에서 두드러진 실력을 발휘하고, 이러한 실적을 바탕으로 후지모토합자회사를 설립하는 등 미곡상으로서 독자적인 행보에 나선다. 이후 러일전쟁의 발발을 계기로 일본열도를 휩쓴 '한국 열풍'='신천지 열풍'에 적극 동참한다. 후지이는 러일전쟁 이후 미곡거래를 통해 이익을 극대화할 수 있는 최적의 장소로 한국에 주목했던 것이다.

2. 인천 진출과 상업활동

　러일전쟁을 전후하여 일본인의 한국진출이 급증한다. 특히 농업분야에서의 진출은 더욱 두드러졌다. 1904년 '한일의정서' 체결부터 1907년 '제3차 한일협약' 체결까지의 시기에 일본인 지주의 한국진출은 급증하여 109명의 일본인 지주가 한국에 진출했다.[12] 후지이도 그들 중의 한 명이었다. 아사다 교지(淺田喬二)의 지주분류에 따르면, 후지이는 '상업자본지주'로서 다른 일본인 지주의 한국진출에 길잡이 역할을 수행한 대표적인 거대지주였다.[13]

　高林喬造, 「藤井寬太郎樣を偲びて」, 不二會, 『不二』3, 1968, 62쪽).

12) 統監府, 『第三次統監府統計年報』, 1910, 247~256쪽 참조.

13) 조선에서 800정보 이상을 소유한 '상업자본지주'로는 후지이 이외에 오사카의 상인지주로는 아베 이치로효에(阿部市郎兵衛), 아베 이치타로(阿部市太郎), 야기 마

그런데 이들 '상업자본지주'의 대부분이 지주로 성장하기 전에는 일본 면포를 한국에 반입하고, 한국으로부터는 미곡을 반출하는 등의 상업활동에 종사했다는 사실에 주목할 필요가 있다. '상업자본지주'가 한국에 진출할 수 있었던 직접적인 계기는 그들이 주로 미곡·포목상인이어서 한국에서 미곡매입과 면포판매가 유리하다는 점을 일찍이 깨달았기 때문이다. 후지이는 이들 상인의 선두에서 한국에 진출한 전형적인 상업자본가였다.

후지이가 한국에 진출한 것은 러일전쟁 발발 직후인 1904년 3월이었다. 후지이는 러일전쟁에 종군을 원했지만 군적(軍籍)이 없는 신분이었기 때문에 직접 참전할 수 없었다. 이에 후지이는 민간인 자격으로 한국에 건너가 러일전쟁의 추이를 관망했다. 전쟁으로 인해 서울 이북은 군인과 군속 이외는 출입할 수 없었다. 후지이는 주로 일본공사관과 영사관을 방문하고 후지모토합자회사의 한국진출 가능성을 조사했다. 한국시찰의 결과 후지이는 다음과 같이 전황을 판단했다.

> 물론 우리 군대가 전쟁에 승리하는 것이 최대 목적이다. 하지만 이 목적을 달성하기 위해서는 충용한 실업가가 대대적으로 조선에서 일해야 한다.

사하루(八木正治), 나가오카(長岡) 상인지주로는 가와사키 후지타로(川崎藤太郎), 미즈호농장(瑞穗農場), 가와카미 사타로(川上佐太郎), 선만개척주식회사(鮮滿開拓株式會社), 해운업 관계지주로는 시마타니기선주식회사(嶋谷汽船株式會社), 우콘 곤자에몬(右近權左衛門), 닛카이흥업주식회사(日海興業株式會社), 기타 지주로는 주쿄(中京) 상인인 다키효 우에몬(瀧兵右衛門), 후쿠오카 현(福岡縣)의 구니타케 긴타로(國武金太郎), 모리 로쿠로(森六郎)이다. 이들 대부분은 오사카와 나가오카 지역의 거상·곡물상·오복상이었다(淺田喬二, 『日本帝國主義と舊植民地主制』, 127~133쪽 참조).

설령 전쟁에는 이기더라도 군대가 철수함과 동시에 실업가마저도 물러선다
면 조선은 과연 어떻게 될 것인가. 실업가는 토지에 정착하여 군대보다도
훨씬 중요한 임무를 수행해야 한다. 이번 전쟁에서 우리를 대적할 적이 없
다. 연전연승하는 우리 군대를 신뢰하고, 더욱이 실업방면에서 크게 활약하
여 조선의 산업을 일으키고 생활을 향상시켜 총후(銃後)를 굳건히 지켜냄으
로써 일본경제 발전에 최선을 다하자. 여기에 내가 살아나갈 길이 있다.[14]

한국조사여행을 마친 후지이는, "우리 실업가의 임무는 군대보다
오히려 중요하다"[15]는 인식을 갖고 후지모토합자회사의 한국진출
방침을 굳히기에 이른다. 후지이는 먼저 양자인 히타카 마스지로(日
高增次郞)에게 인천무역상의 거래현황을 조사시킨 다음 1904년 말
인천출장점을 개설했다. 황해도 방면의 미곡, 잡곡, 우피의 반출 및
전쟁수행에 필요한 잡화 용달 업무를 수행하기 위해서였다.[16] 인천
출장점의 개설은 러일전쟁을 계기로 한국진출을 타진하던 후지이가
'전쟁 특수'에 신속하게 편승하기 위한 전초기지였다.

또 후지이는 인천출장점의 개설과 더불어 한국 최대의 곡창지대
인 전주와 동진평야에 진출하기 위해 군산에도 출장점을 설치했다.
러일전쟁 이전 군산항의 상권은 강경을 중심으로 금강 연안에 한정
되어 있었다. 만경강과 동진강 주변의 상권은 오히려 경인상인과 목
포상인의 세력하에 놓여있었다. 이들 상인에 맞서 후지이는 군산 배
후의 평야지대를 거점으로 만경강과 동진강의 상권을 장악하기에
이른다.[17]

---

14) 「開拓に先驅するもの, 藤井寬太郞氏の半生」, 『綠旗』6-5, 1941, 140쪽

15) 不二興業株式會社, 『不二興業株式會社農業及土地改良事業成績』, 1929, 5쪽.

16) 藤井寬太郞, 「渡鮮から農場經營着手まで」, 『藤井寬太郞自敍傳』.

후지이는 먼저 군산출장점에 '수입대리부'(輸入代理部)와 '회미부' (廻米部)를 두어 일본상품을 농촌지대에 판매하고 미곡을 매입하기 시작했다. '수입대리부'는 면포 등 수입품을 판매하여 막대한 이익을 올렸다. '회미부'에서는 반출인제도(搬出人制度)를 두어 미곡의 효율적인 매입방안을 강구했다. '회미부'는 전라도, 충청도의 선착장과 정기시장 등 주요 미곡집산지 약 80곳에 20여 명의 반출인을 파견했다. 그들은 한국인 객주를 통해 미곡을 일괄 독점 매입했다. 미곡은 출장점이 자체적으로 운용하던 기선 금강환(錦江丸, 44톤)으로 군산으로 운반했다.[18]

당시 군산항의 수출품은 주로 미곡, 대두, 우피였다. 후지모토합자회사는 매입한 미곡 가운데 조악미(粗惡米)를 제거하고 5두용 가마

---

17) 당시 군산항의 세력범위에 속한 지역은 옥구, 임피, 함열, 만경 4개 군과 익산, 김제 2개 군의 일부이었다. 전주평야의 대지주는 서울에 거주한 부재지주가 많았기 때문에 소작미의 운반관계상 돌아오는 선박에 경인상인의 잡화를 실었다. 또 고부, 고창 등은 미곡 5만 석과 면의 산지이었지만, 목포가 군산보다 번성한 항구였다는 점과 지리적으로도 근접했기 때문에 수출과 수입 모두 목포상인에 의해 지배되었다. 그리고 러일전쟁 당시에는 일본참모본부 병참부원이 미쓰이물산(三井物産) 점원으로 가장하여 식료품을 배급함으로써 정미업이 일시적으로 활기를 띠었지만, 다시 1905년 5월 경부철도개통의 영향을 받아 금강 상류 대부분의 상권까지 잃고 말았다(保高正記, 『群山開港史』, 1925, 111~114쪽 참조).

18) 保高正記, 위의 책, 114면 ; 多田儀市郎, 「不二の歷史」, 不二會, 『不二』2, 1966, 35쪽. 군산지역 일본인 상인의 미곡구입 및 유출상황은 다음과 같다. "많은 경우 직접 지방에 내려가거나 고용한 일본인 및 한국인을 파견하여 매입했다. 그들은 지방에 직접 가마니를 들고 한국인 객주를 찾아 나섰다. 그들의 알선으로 미곡을 매입하여 포장한 다음 선박을 통해 군산으로 반송했다. 군산에서는 군산수출상조합의 검사를 받은 다음 일본 한신(阪神) 지방으로 수출하였다. 그리고 한국인 상인이 직접 지방에서 미곡을 매입하여 군산에 가져온 경우도 적지 않았다. 이는 한국인 객주와 일본인중개조합을 경유하여 거래했다."(關稅局, 『貿易月報』12, 1909, 부록 1쪽.)

니에 넣은 '군산적승개량미'(群山赤繩改良米) 형태로 일본 오사카로 이출시켰다. 벼 형태로 군산에서 매각한 경우 순이익은 8원 30전이지만, 현미로 개량하여 오사카에 직수출한 경우의 순이익은 9원 3전 4리였기 때문이다.[19) 후지모토합자회사가 취급한 미곡반출양은 1906년 가을부터 1907년 봄까지 약 5만 석, 연간 약 100만 원에 달했다.[20) 1906년 군산항의 연간미곡수출액이 약 111만 원이었음으로 후지모토합자회사의 미곡거래량은 군산의 대부분을 차지했다.[21)

일본에 반출된 미곡은 후지모토합자회사 본점을 통해 오사카와 도쿄의 미곡거래소에서 직판되었다. 또 우피반출은 미곡구입과 동시에 이루어졌다. 우피거래는 각 지방의 일본인과 한국인 상인이 산지에서 매입하여 개별적으로 군산으로 반송하고 일본상인의 손을 거쳐 일본 오사카로 수출되었다.[22)

'회미부'는 미곡과 우피의 결제수단으로 제일은행 지폐와 새로 주조한 은화 및 백동화를 사용했다. 또 '수입대리부'는 수입품의 판매를 통해 당시 통용되던 위조백동화와 1문전을 모아 도지부에 납입했다. 후지이는 이를 근거로 미곡구입과 수입품판매 그 자체가 '화폐정리사업'에 크게 공헌했다고 선전했다. 하지만 사실은 후지이의 주장과는 전혀 다르다. 당시 재정고문 메가타 다네지로(目賀田種次郎)가 주도하던 '화폐정리사업'은 한국의 화폐체계를 일본에 종속시키기 위한 것이었다. 더구나 후지이도 화폐유통과정에서 실제로 파악한

---

19) 三輪規·松岡琢磨, 『富之群山』, 1907, 159쪽.
20) 위의 책, 189쪽.
21) 위의 책, 164~165쪽.
22) 關稅局, 『貿易月報』12, 1909.6, 부록 2쪽.

것처럼 당시 1문전 중에는 동(銅)의 실가가 2전에 상당한 것이 혼입
되어 있었다. 즉 후지모토합자회사는 미곡과 우피의 매입을 통해 일
본화폐를 한국에 보급하고, 수입품 판매를 통해 기존의 화폐체계를
재편성했다. 물론 저평가된 1문전을 도지부에 납입하는 과정에서 생
기는 차액은 후지모토합자회사의 이익이었다.[23]

이처럼 후지이는 러일전쟁을 계기로 다른 상업자본가의 선두에
서서 한국에 진출하고, 상업활동의 교두보로 인천과 군산에 각각 출
장점을 개설했다. 후지모토합자회사 인천출장점은 러일전쟁 수요미
의 용달 업무를 수행하고, 군산출장점의 '수입대리부'와 '회미부'는
면포 등의 수입품 판매와 미곡·우피·금괴 등의 매출활동에 종사
했다. 그 결과 후지모토합자회사는 1908년도에는 자본금을 2만 원
에서 일거에 30만 원으로 증자할 정도로 한국에서의 상업활동을 통
해 막대한 이익을 올렸다.[24]

후지모토합자회사는 상업활동 이외에 '광산부'(鑛山部)를 설치하
여 광산개발에도 힘을 기울였다. 후지이는 상업활동을 비롯하여 한
국에서 이윤을 창출할 수 있는 모든 분야에 투자했다. '광산부'의 소
유 광산은 충남 부여군의 금광 4곳(금지광산), 강원도 강릉군의 철광
3곳(망상광산), 경북 영일군의 탄광 4곳(영일탄광) 등 모두 11곳에 달

---

23) 후지이는 각지에 파견된 반출인을 통해 1리 5모로 통용되던 전라도 1문전과 위조백
    동화로 회수하여 도지부에 납입했다고 한다(不二興業株式會社, 위의 책, 7면 참
    조). 화폐정리사업에 대해서는 姜德相,「李氏朝鮮開港直後に於ける朝·日貿易の
    展開」,『歷史學硏究』265, 1962.6 ; 羽鳥敬彦,『朝鮮における植民地幣制の形成』,
    未來社, 1986 등을 참조.

24) 후지모토합자회사의 이익 배당률은 1903년 30%, 1904년 15%, 1905년 6%, 1907년
    24%, 1908년 24%, 1909년 20%이었다(『日本全國諸會社役員錄』;『全國銀行會社要
    錄』각년도판).

했다.[25]

러일전쟁 전후에 한국에 진출한 상업자본가의 특질은 그들이 '실업가의 임무'의 중요성을 제창하면서 각종 상업활동에 종사하고 점차 식민지 지주로 성장하였다는 점이다. 러일전쟁의 발발은 그들에게 새로운 이윤을 창출할 수 있는 절호의 기회를 제공했다. 일본인 상업자본가는 한국에 대한 정치군사적 지배권의 확립과 더불어 경제적 지배권의 확보를 위해 한국에 대거 진출했다. 그들은 한국지배의 실제적인 담당자로서의 '실업가의 임무'를 자임하고 나섰다. 일본인의 한국진출과 상업활동, 그리고 이 과정에서 획득한 이윤을 토지에 투자하여 식민지 지주로 변신한 후지이의 사례는 러일전쟁시기 한국에 진출한 일본인 상업자본가의 전형적인 모습이었다.

3. 토지시찰

후지이는 인천 진출 직후부터 상업활동과 더불어 토지집적을 통한 소작제 농장경영계획을 추진했다. 후지이는 한국의 저렴한 지가를 이용한 대규모 토지집적과 농사개량사업의 추진을 통한 고율의 투자수익에 주목했기 때문이다.

러일전쟁 전후에 토지를 집적한 일본인의 토지매수가격을 살펴보면, 일본인 지주의 밀집지대인 군산 부근의 1단보당 가격은 상답 15~20원, 중답 10~15원, 하답 10원 이하였다. 또 전주는 상답 17원, 옥구는 중답 13.5원, 김제는 중답 8.3원이었다. 밭의 경우는 물론 논

---

25) 不二鑛山株式會社, 『營業報告書(第12期)』, 1931, 8~9쪽.

보다 저렴했다.[26] 이러한 한국의 매매지가는 일본 관서지방에 비해 약 10%에 불과한 것이었다. 1904년 현재 일본의 1단보당 평균 매매 가격은 논 150원, 밭 86원이었다.[27] 즉 일본인은 일본 국내의 토지를 처분하여 한국에 진출하면 거대지주로 성장할 수 있었다.

후지이는 먼저 각지의 토지와 수리시설을 시찰하고 투자수익률에 따른 투자가능성을 타진했다. 후지이는 천안, 공주, 논산, 강경지방을 시찰하고 다음과 같이 토지투자를 결심하기에 이른다.

> 강경의 작은 언덕 옥녀봉(玉女峯)에 오르자 발밑으로 평평한 평야가 펼쳐졌다. 경지는 1단보에 10원 전후로 구입할 수 있다. 더구나 수입은 연간 2할 이하로 떨어지지 않는다고 들었다. 10만 원으로 1천 정보의 대지주가 되어 연간 2할의 수입을 올릴 수 있다면 상업보다 훨씬 유리하다. 일본에서 1천 정보 대지주는 쉽게 될 수 없다. 또한 나는 농사개량의 모범을 보이는 일이 조선에서 무엇보다도 중요하다고 믿었다. 빨리 영농을 시작해야겠다는 생각을 굳혔다. 그리고 군산으로 향했다. 군산에 와서 이리와 군산 사이에 펼쳐진 전주평야를 보았다. 이곳 또한 영농의 후보지라는 것을 확신했다.[28]

후지이의 토지투자를 자극한 것은 저렴한 지가만이 아니었다. 고율의 투지수익률이 더 큰 매력이었다. 1901년부터 1904년까지 일본인 지주의 밀집지대의 1정보당 평균 토지수익률은 전북 군산부근 25.7%, 전남 나주부근 25.7%, 광주부근 18.1%였다.[29] 고율의 토지

---

26) 日本農商務省編, 『韓國土地農産調査報告-慶尚道·全羅道』, 1905, 347~348쪽 참조.

27) 吉川祐輝, 『韓國農業經營論』, 大日本農會, 1904, 131쪽.

28) 藤井寬太郎, 「渡鮮から農場經營着手まで」, 『藤井寬太郎自敍傳』.

29) 吉川祐輝, 위의 책, 144~148쪽 참조.

수익률은 일본인의 대규모 토지집적으로 이어졌다. 상업보다 훨씬 유리한 토지투자에 상업자본가의 잉여자본이 집중되는 것은 당연한 귀결이었다. 후지이 또한 토지투자의 안정성을 강조하며 다음과 같이 말했다.

> 토지로부터는 연간 2할의 이익이 생긴다. 토지를 개량하면 3할에서 4할의 이익을 올릴 수도 있다. 어떠한 장사도 도저히 이를 따라갈 수 없다. 장사 또한 때로는 의외의 이익을 올릴 경우가 없는 것은 아니다. 하지만 그 반대로 의외의 손실을 입는 경우도 많다. 10만 원의 자금으로 평균 연간 1할 이상의 이익을 보기는 어렵다. 전도유망한 토지에 투자하면 이익을 올릴 수 있다. 나는 조선에서 토지를 구입하고 농사경영하기로 결심했다.[30]

그런데 일본인의 토지소유는 '토지건물증명규칙'(1906년 10월)과 '토지건물전당집행규칙'(1906년 12월)이 공포되기 전에는 '한영수호통상조약' 제4조 규정에 따라 거류지로부터 4킬로미터 밖의 소유는 법적으로 금지되어 있었다.[31] 이러한 토지매수 금지규정에도 불구하고 일본인의 토지집적은 수확물 입도선매나 사용권 매수의 방법 등 교묘한 방법이 동원되었다. 일본인은 토지매수 금지조항에 대해 "거류지 10리 밖의 토지라 하더라도 그 수확물을 미리 매수하거나 토지사용권의 매수를 금지하는 조항은 없다. 따라서 한인(韓人)을 납세자로 내세워 그 토지에 대한 모든 증권과 수확물을 함께 매수할 경우,

---

30) 藤井寬太郎, 『朝鮮土地談』, 1911, 15쪽.
31) '한영수호통상조약' 제4조는 다음과 같다. 즉 "영국인 조계 밖에서 토지가옥을 임차하거나 혹은 구매할 때에는 조계로부터 한국 거로 10리를 넘을 수 없다"는 규정을 통해 10리 즉 4킬로미터 밖의 외국인 토지소유를 법적으로 금지했다.

그 결과는 토지를 매입한 것과 동일하고 또한 조금도 위험하지 않
다"[32]고 주장했다. 일본인의 토지매수는 토지매수를 금지하는 조항
을 무시한 채 자유로이 이루어졌다. 후지이 또한 토지소유권 문제에
대해 다음과 같이 말했다.

> 우리 일본인이 돈을 지불하고 토지를 구입한 이상, 가령 조선 정부가 뭐라
> 말하더라도 결코 우리는 토지에 대한 권리를 포기하지 않는다. 조선 관리의
> 항의와 같은 것은 원래부터 우리들 안중에 없었다. 빠른 시일 안에 일본 내지
> 와 동일하게 우리의 소유권이 확정될 시대가 올 것으로 굳게 확신했다.[33]

한편 일본인의 토지집적과정에서는 해당 토지 한국인 명의를 차
용하여 토지사용권을 획득하거나 소유경지의 매도수익을 노려 문기
(文記)를 위조하는 경우조차 빈번히 발생했다. 물론 그 가운데 가장
널리 활용된 수단은 고리대였다. 개항 이후 상품화폐경제의 발전이
라는 새로운 변동 속에서 일부 한국인 소토지소유자는 현물조세의
화폐조세로의 전환, 가내수공업의 파괴에 따른 생활필수품의 구입,
영농자금의 증대 등에 따른 화폐수요가 확대되어 일본인 고리대 업
자에게 의존할 수밖에 없었다. 이를 이용한 불법적인 토지집적이 광
범위하게 이루어졌음을 예상할 수 있다.[34]

---

32) 吉川祐輝, 위의 책, 122~123쪽.
33) 藤井寬太郎, 위의 책, 17쪽.
34) 이에 대해 오사카 상업회의소는 다음과 같이 보고했다. "물론 지금까지 그곳에 토
   지를 소유한 일본인 가운데 매매거래를 통해 소유권을 취득한 사람은 적다. 대다수
   는 대금(貸金)의 저당으로 그 원리금을 변제할 수 없어서 임시로 토지수확물의 수
   납권을 보유한 것이다. 저당물은 대부원금의 6할 내지는 7할 정도이다. 결코 이를
   토지의 매매가격으로 볼 수 없다."(大阪商業會議所, 『韓國産業視察報告書』, 1904,

또 당시의 토지매매 관행은 일본인이 직접 교섭하지 않고 매매중개인을 통해 간접적으로 거래되는 경우가 많았다. 동진강 유역 일본인의 토지매수에 관한 기록은 이를 잘 말해준다. 즉 일본인의 토지집적은 "평야 한가운데 서서 이번에 수천 두락(斗落)의 토지를 매입할 계획이라고 말한다. 그러면 각 마을에 지심(指審)이라는 매매중개인이 있어 2, 3일 내에 필요 이상의 물건을 모아 목록을 작성해 온다. 목록에 따라 실지를 답사하여 기름진 토지만을 골라서 매입한다"[35]는 정황이었다. 한국인 매매중개인을 통한 토지매매가 일반적으로 이루어졌음을 알 수 있다.

그런데 이러한 토지매매 관행은 일본인의 토지집적에 혼선을 초래하기도 했다. 매매중개인의 개입 때문에 경우에 따라서는 일본인간의 중복매매가 발생했다. 또한 불충분한 정보로 인해 소유권을 둘러싼 분쟁도 일어났다. 이는 물론 단기간에 대규모 토지를 확보하려는 일본인간의 경쟁에 의한 것이지만, 일본인의 무리한 토지집적에 대한 한국인의 태도를 잘 보여주는 대목이다. 후지이는 러일전쟁 전후 일본인의 토지매수에 대한 한국인의 인식을 다음과 같이 전했다.

> 왜놈은 3백수십년 전 조선을 공격해왔다. 처음에는 승리했지만, 결국에는 패배하여 본국으로 물러나고 말았다. 이번도 처음에는 이기겠지만, 결국에는 패배하여 틀림없이 물러날 것이다. 그렇다면 그들은 아무리 매입한 토지일지라도 절대로 가져갈 수가 없다. 그대로 토지를 놔두고 갈 수밖에 없다. 우리는 그때 다시 토지를 되찾을 수 있지 않는가. 지금 팔아서 금전을 챙기는 것이 이득이다.[36]

52쪽)
35) 井上正太郎,「東津平野の大觀」,『東津江流域』, 1928, 30~31쪽.

이는 일본인의 토지집적으로 상징되는 '식민지 열풍'에 대한 한국인의 적극적 대응이라는 측면을 반영한 것이다. 한국인들은 일본인의 대규모 토지매수에 대해 과거 임진왜란의 기억을 되살리면서 토지를 방매했다. 일본인의 토지집적이 지닐 수밖에 없는 현실적 한계를 간파한 것으로도 바라볼 수 있다.

러일전쟁을 전후로 군산에 거점을 두었던 일본인 농장경영자는 중복매매 방지책을 강구할 수밖에 없었다. 후지이를 중심으로 군산과 강경지역에 진출한 일본인들은 합리적인 토지매수와 농장경영정보를 교환할 목적으로 1904년 4월 '군산농사조합'을 설립했다. '군산농사조합'은 각 개인별 투자액을 신고하여 자체적으로 토지매수 범위를 결정했다. 또 매수대상지의 지명, 자호, 면적, 지표, 매도자 성명 등을 조사·등록하여 조합원에게 열람시키는 방법으로 중복매매를 사전에 방지하고자 했다.[37]

후지이는 1911년 4월 오사카 상인을 상대로 '조선토지담'(朝鮮土地談)이라는 제목의 강연회에서 다음과 같이 말하며 토지매수를 권유했다.

어떤 사람은 조선 전체 토지를 평가하여 전조선이 겨우 2억 정도의 가치라고 말했다. 만약 실제로 2억에 살 수만 있다면 대군을 움직여 수억에 이르는 군자금을 소비하고 수만의 국민을 희생하면서 전쟁하기 보다는 오히려

---

36) 藤井寬太郎, 「渡鮮より農場經營着手まで」, 『藤井寬太郎自敍傳』.

37) 1908년 말 현재 '군산농사조합'의 조합원은 165명, 토지소유 상황은 논 172,940두락, 밭 27,960두락, 기타 12,200두락, 계 212,100두락에 달했다. 군산농사조합의 설립배경과 토지집적과정에 대해서는 李圭洙, 「日本人地主の土地集積過程と群山農事組合」, 『一橋論叢』116-2, 1996을 참조.

조선 전토를 모두 사버리는 것보다 더 확실한 병략정책은 없을 것이다. 즉 우리 국민으로 하여금 이를 사버리도록 한다면 아무리 조선 정부가 배일적 행동으로 나올지라도 토지는 우리의 것이다. 싫으면 타국으로 가라고 하면 된다. 이러한 이야기는 한낱 공상에 불과하다. 하지만 당시 얼마나 토지가 저렴했고, 이를 매수하는 일이 우리 제국의 이익인가를 잘 말해준다.[38]

즉 후지이는 한국진출 당초부터 줄곧 상업자본가의 광범한 토지집적에서 한국에 대한 '확실한 병략정책'을 찾았다. 그것은 '실업가의 임무는 군대보다 오히려 중요하다'는 후지이의 한국 인식을 실천하는 과정이기도 했다. 러일전쟁을 계기로 한국에 진출한 대다수 상인자본가들은 저렴한 지가와 높은 토지수익률에 주목하면서 후지이의 사례에서와 마찬가지로 자본의 투자 대상을 상업에서 토지로 바꾸어 나갔다.

4. 농장설립

토지시찰을 마친 후지이는 곧 토지매수작업에 착수했다. 토지매수 후보지는 도작지대인 강경지방과 익산군 오산면 일대였다. 그런데 토지매입자금이 문제였다. 앞에서 지적한 바와 같이 경제적으로 쇠락한 가문으로부터 토지매입 자금을 구할 수 없자, 후지이는 실형 데라다 고이치(寺田洪一), 가나자와 집안의 가나자와 진효에, 미곡상인 구마모토의 다카다 요시마루(高田義丸) 그리고 도쿄의 나카무라 세이조(中村淸藏) 등에게 토지매수자금 원조를 요청했다. 1904년 5월

---

38) 藤井寬太郎, 위의 책, 5쪽.

후지이는 이들로부터 토지매수자금 5만 원을 차입할 수 있었다. 후지이의 토지매수는 애초부터 자기자본이 아니라 차입자본에 의해 실행된 것이다. 가나자와 진효에는 앞에서 말했듯이 후지이가 후지모토상점(藤本商店)에 입사하기 이전부터 경제적으로 원조한 인물이고, 다카다와 나카무라는 한국진출 이전의 미곡거래처 관련자였다.[39]

토지매수자금의 확보와 함께 군산에 돌아온 후지이는 곧바로 1904년 6월 토지집적의 거점으로 익산군 오산면에 '후지이지소부'(藤井地所部)를 설치했다. '후지이지소부'는 1904년부터 1908년에 걸쳐 강경, 익산, 옥구 등지에 산재한 약 1,500정보의 토지를 매수하고 전북농장(최초는 후지모토농장)을 개설했다. 한국강점 이전 군산부근의 토지가격은 1단보당 상등전 15~20원, 하등전 10~15원, 저수량지 10원 이하였는데,[40] 후지모토농장의 1단보당 평균매수가격은 〈표1〉과 같다.

〈표1〉 전북농장의 평균토지매수가격

(단위 : 원)

매수지역	논		밭	
	연도	가격	연도	가격
강경방면	1904 1907	10.170 12.246	1904 1906	2.370 16.360
익산방면	1904 1908	6.294 6.491	1904 1908	4.680 4.338
옥구방면	1907	6.562	1907	9.000
군산거류지부근	1906	35.713	1906	59.524

자료 : 神戸正雄, 『朝鮮農業移民論』, 有斐閣書房, 1910, 35~36쪽.

---

39) 藤井寬太郎, 「渡鮮より農場經營着手まで」, 『藤井寬太郎自敍傳』.

40) 日本農商務省編, 위의 책, 348쪽.

위 표에 따르면 전북농장이 매수한 토지는 군산거류지 부근을 제외하고 전답 모두 평균보다 저렴했음을 알 수 있다. 강경지방의 논은 10~12원대로 하등전이었고, 익산과 옥구방면은 6원대로 저수량지에 속했다. 즉 후지이의 토지매수는 강경방면 밭과 군산거류지를 제외하고 주로 저수량지나 미간지를 중심으로 이루어졌다. 후지이는 토지매수 당초에 타인자본을 차입했기 때문에 단기간에 대규모 토지를 매수하기 위해서는 상대적으로 저렴한 저수량지와 미간지를 구입할 수밖에 없었을 것이다.

한편 '후지이지소부'의 토지집적은 의병투쟁이 치열히 전개된 시기에 이루어졌다. 토지매수는 후지이 스스로가 표현하듯이 목숨을 담보한 일이었다. '회미부'에 의한 미곡매입활동도 마찬가지였다. 앞에서도 언급한 각지에 파견된 후지모토합자회사의 반출인 가운데 5명이 습격을 당해 목숨을 잃었다.[41] 후지이의 토지매수는 여기저기에 의병이 봉기하여 "발걸음을 교외로 돌리면 목숨과 재산이 풍전등화와 같은 상황"[42]에서 이루어졌다. 각지 의병은 일본인의 대규모 토지집적을 일종의 침략으로 받아들였던 것이다. 사실 일본인의 토지매수는 폭력성을 동반한 것이었다. 후지이는 각지의 토지매수 후보지를 선정함에 있어서 "조선인 통역은 철포를 메고, 나는 조선말에 올라 등과 허리에 각각 일본도와 단총을 소지한 상태"[43]로 나섰다.

농장에는 의병의 습격에 대비하기 위해 헌병경찰이 상시 주둔했다. 또 농장에는 자체적으로 무기를 보유하고 농장방위조직으로 러

---

41) 藤井寬太郎, 위의 책, 25쪽.
42) 碧堂生, 「今は數千町步の大地主となる」, 『實業之日本』18-12, 1915, 71쪽.
43) 藤井寬太郎, 「渡鮮より農場經營着手まで」, 『藤井寬太郎自敍傳』.

일전쟁에 종군한 병사들로 '자경단'을 결성시켰다. '자경단'은 참호
를 구축하고 완전무장 상태로 매일 2시간의 군사훈련을 실시했다.44)
의병의 습격에 대비하기 위해서였다. '자경단'의 대표적인 인물은 러
일전쟁에 기병으로 종군하다가 전역과 동시에 후지모토합자회사에
입사한 사와무라 구헤이(澤村九平)이다. 그는 '자경단'의 리더로서 농
장경비업무 책임자였다. 그의 주도하에 농장은 '자경단'을 출동시켜
의병 탄압에 앞장섰고, 헌병경찰로부터 토지매수지대의 경비업무를
인수받아 소작인에게 태형을 선고하는 등 사실상 식민지 통치 권력
을 행사했다.45)

후지모토합자회사의 토지집적과정의 또 다른 특징은 다른 일본인
지주의 소유지를 구입하여 신탁관리를 실시했다는 점이다. 일본인
지주는 매수한 토지를 곧바로 소작제 농장으로 경영하지 않고, 확실
한 농장수익을 올릴 수 있을 때까지 후지모토합자회사에 신탁관리
를 위탁했다.

후지모토합자회사의 신탁관리는 인수관리와 보통관리의 두 종류
로 나뉜다. 인수관리란 후지모토합자회사가 토지매수 및 그 관리를
전부 담당하고 투자자에게는 수확량의 증감에 관계없이 투자금액에
대한 연간 수익률 1할 이상을 보증하는 방식이었다. 토지매수규모는
3~4정보부터 50~100정보까지 다양했는데, 후지모토합자회사는 먼
저 구입가격의 약 1할에 해당하는 대행수수료를 징수했다. 또 토지

---

44) 藤井寬太郎, 「渡鮮より農場經營着手まで」, 『藤井寬太郎自敍傳』.
45) 후지이는 '자경단'의 활동에 대해 "농장에는 상당한 무기도 있다. 1리 사방의 경비
는 항상 농장이 도맡았다. 어떤 때는 농장이 출동하여 100명 정도의 폭도를 격퇴시
킨 적도 있다"고 말했다(不二興業株式會社, 위의 책, 6~7쪽).

의 유지관리비를 공제한 다음 보증금액 이외의 초과수익부분을 취득했다. 보통관리란 토지만 관리하면서 실제 수확량에서 최고 2할을 관리수수료로 징수하는 방법이었다. 토지의 신탁관리는 인수관리가 약 8~9할이었다.[46)

최초의 신탁관리는 1906년 오사카의 아베 이치타로(阿部市太郎)의 위탁사업이었다. 전북·충남 및 경남 낙동강 입구에 산재한 토지총면적 3,000정보를 매입 대행하여 경영과 관리 일절을 인수했다. 토지신탁자의 대표적인 인물은 일본해상운송화재보험, 오사카상선, 우콘상사 등을 경영하던 우콘 곤자에몬(右近權左衛門)이었다. 후지모토합자회사 군산출장점은 일본해상운송화재보험의 보험취급점이되어 미곡 등의 안전한 수출에도 관계했는데, 이를 계기로 1906년 전북·충남의 이준용(李埈鎔) 집안의 토지와 청진시가지, 목포 부근의 삼도(三島), 철원평야 등 합계 약 2,500정보의 토지를 매입 관리했다.[47)

〈표2〉는 1918년 현재 전북농장의 소유지와 관리지를 나타낸다. 전북농장의 소유지와 관리지는 5도 1부 18군에 걸쳐 총 15개소에 산재하였고, 소유면적은 6,418정보(논 4,852정보, 밭 305정보, 집터 33정보, 잡종지 1,226정보)에 달했다. 관리지 면적은 총면적의 약 8할이었다.

---

46) 藤井寬太郎,「全北農場初期の經營と灌漑の苦心」,『藤井寬太郎自敍傳』.

47) 藤井寬太郎,「全北農場初期の經營と灌漑の苦心」,『藤井寬太郎自敍傳』. 후지모토합자회사의 본점과 군산출장소에서는 오사카의 우콘 집안이 경영하던 일본해상운송화재보험주식회사의 보험을 취급했다. 거래품목은 미곡·우피·금괴 등이었다. 항로는 일본의 오사카, 효고, 도쿄, 시모노세키, 요코하마, 고베와 조선의 진남포, 원산, 목포, 부산, 인천, 군산 등의 개항장이었다(關稅局,『貿易月報』1, 1908, 146쪽 참조).

〈표2〉 전북농장의 소유지와 관리지(1918년 현재)

(단위 : 정보)

위치	관리구역	논	밭	집터	잡종지	소계
전북 익산군 오산리 오산리농장	익산, 옥구, 김제	1,108	64	6	115	1,293
군산부 본정통	군산, 옥구, 충남	71	3	14	60	148
익산군 함열역앞	익산	188	29	0	35	252
전주군 동산촌	전주, 익산	666	48	1	16	731
전주면 다가정	전주, 임실	275	15	1	0	291
김제군 김제역앞	김제	500	19	1	2	522
김제군 만경면 만경	김제	296	5	4	116	421
부안군 백산리	부안, 정읍	581	16	1	0	598
고창군 흥면 난산리	고창, 전남 장성	167	2	2	0	171
충남 논산군 강경 황금정	논산, 공주, 부여	559	48	2	86	695
부여군 규암리	부여	265	47	1	36	349
청양군 청양	청양	12	2	0	0	14
홍성군 홍양면 오관리	홍성	14	0	0	0	14
황해 연백면 연안	연백, 해주	56	3	0	0	59
경남 금안군 가락면 죽림리	김해	93	4	0	760	857
소계	5도 1부 18군	4,852	305	33	1,226	6,418

자료 : 大橋淸三郞, 『朝鮮産業指針(第3版)』, 1918, 195쪽.

이처럼 후지이는 인천 진출 당초부터 한편으로는 상업활동을 통해 고수익을 올리면서 다른 한편으로는 상업자본가들의 선두에 서서 식민지 지주로 변신했다. 또 아베 이치타로나 우콘 곤자에몬과 같이 한국강점 이후에 소작제 농장을 직접 경영한 일본인 지주는 후지이의 구입대행과 신탁관리를 통해 식민지 지주로 성장했다. 후지이는 상업자본가의 식민지 지주로의 전환과정에서 대리자 역할을 수행했다.

그러나 후지이는 자기자본의 부족으로 타인자본의 원조를 받아 토지를 집적했기 때문에 주로 지가가 낮은 저수량지와 미간지 혹은 잡종지를 구입할 수밖에 없었다. 따라서 이 토지에서 보다 안정적인 이익을 확보하기 위해 먼저 수리관개시설의 정비와 생산력 증진을 통한 고율소작료 수취체제의 확립이 선결 과제였다. 후지이가 1909년 한국 최초의 수리조합인 임익수리조합(臨益水利組合)의 설립을 주도하고 소작제 농장경영에 착수한 것도 이와 무관하지 않을 것이다.

5. 수리조합사업

후지이의 농장경영의 특징은 앞에서도 지적했듯이 저렴한 저수량지의 대량 매입과 수리조합사업을 통한 소작제 농장경영이었다. 이 방침은 그가 전북농장의 개설 이후 1913년 평북 용천지역의 국유지 4,000정보를 '국유지미간지이용법'에 의거하여 총독부로부터 불하받고 서선농장(西鮮農場)과 대정수리조합(大正水利組合)을 운영한 것에서도 잘 나타난다.[48] 후지이는 한국에 진출하여 농장경영과 함께 "황폐한 수리를 회복시킨다면 그 이익은 실로 막대할 것"[49]이라며 토지집적과 수리사업을 통한 농장경영이 상업활동보다 이익이라고 판단했기 때문이다.

여기에서 후지이가 내건 것이 소위 '사작창업'(四作創業) 방침이다. '사작창업'이란 "토지를 비옥하게 만들고, 농민을 육성하고, 농촌을 건설하고, 농산물을 생산한다"[50]는 것이었다. 이는 다른 말로 한다

---

48) 서선농장의 설립과 대정수리조합이 한국 농촌과 농민에게 미친 영향 및 농민운동의 전개과정에 대해서는 李圭洙, 「1920年代後半期, 不二西鮮農場地域の朝鮮農民運動について」, 『朝鮮民族運動史研究』9, 1993.

49) 碧堂生, 「今は數千町步の大地主となる」, 『實業之日本』18-12, 1915, 71쪽.

면 수리시설이 상대적으로 체계화된 비옥한 농경지대를 매수하는 방식이 아니라, 저렴한 저수량지나 황무지 등을 구입하거나 혹은 총독부로부터 불하받은 토지를 간척 또는 개간하여 농장을 조성하고 소작인을 훈련시킨 다음 소작미를 징수하겠다는 방침이었다. 따라서 '사작창업'에 의거하여 농장을 경영하기 위해서는 수리조합사업의 성패가 결정적으로 영향을 미칠 수밖에 없었다.

후지이는 전북농장의 운영방침에 '사작창업' 방침을 내세웠다. 먼저 후지이는 수리대책으로 석유발동기와 양수펌프 등을 사용했다. 하지만 전북농장의 대부분은 저수량지나 미간지였기 때문에 석유발동기나 양수펌프 등은 수리문제의 근본책이 될 수 없었다. 이에 후지이는 1905년 8월 약 20여 명의 농장사원으로 '수원조사대'(水源調査隊)를 조직하여 농장 남단으로 흐르는 만경강에 대한 수원조사를 실시했다. 수리문제가 농장경영의 성패를 좌우했기 때문이다. '수원조사대'는 의병의 습격에 대비하기 위해 완전무장하여 마치 아프리카 대륙탐험이라도 나갈듯한 모습으로 출발했다. 수원조사의 결과 후지이는 삼국시대에 축조된 저수지인 익산군 황등면의 요교제(腰橋堤)를 발견하고, 개축공사를 통한 임익수리조합 설치계획을 수립하기에 이른다.[51]

하지만 수리조합을 설치하려는 후지이의 구상은 현지에 농장을 설립한 다른 일본인 지주의 반대로 곧바로 실행할 수 없었다. 군산지역의 지주단체인 '군산농사조합'은 후이지가 제기한 수리관개조사 계획에 반대했다. 그들은 오히려 우량품종의 개발과 보급을 위한 '수

---

50) 澤村九平, 「藤井寛太郎氏の先見その他」, 和田八千穗·藤原喜藏編, 『朝鮮の回顧』, 近澤書店, 303쪽.

51) 藤井寛太郎, 「全北農場初期の經營と灌漑の苦心」, 『藤井寛太郎自敍傳』.

원농사실험장 지소'의 개설을 주장했다. 상대적으로 수리관개와 무관한 비옥한 토지의 농장소유주는 무거운 수리조합비를 지불해야 하는 수리조합사업보다 우량품종의 개발과 보급에 의한 고율소작료를 징수하는 것이 현실적이라고 판단했기 때문이다. 이에 대해 후지이는 다음과 같이 농사시험장 유치여론을 비판하며 수리조합사업의 추진을 주장했다.

> 수원의 농사실험장 지소를 군산에 개설하려는 청원은 분명 좋은 계획임에 틀림없다. 하지만 농사실험장과 같은 것은 자기가 경영하는 농장에서 각자 노력하면 될 일이다. 왜 이런 일에 조합 총회 결의가 필요한가. 생각건대 우리 국책에서 가장 중요한 식량문제를 해결할 수 있는 방책을 강구하는 일보다 시급한 것은 없다. 수리사업은 여러 사업 가운데에서도 가장 어려운 사업이다. 학식과 경험 두 방면에서 노련한 전문가가 일하지 않으면 안 된다. 따라서 이번에 수리관개의 기본 조사를 맡길 기사 파견을 청원하는 일이 첫째가 되어야 한다.[52]

후지이가 주장한 임익수리조합의 설치계획은 결국 대다수 지주의 반대로 부결되었다. 후지이는 전북농장의 합리적인 경영을 위해 수원확보를 위한 수리조합사업의 중요성을 몸소 실감했다. 수리조합사업은 1907년에 이르러 당시 재정고문이었던 메가타와의 면담을 계기로 본격화되었다. 후지이와 메가타의 면담은 친형인 데라다의 알선으로 이루어졌다. 후지모토합자회사의 '회미부'는 앞에서도 언급했듯이 미곡매입의 결제수단으로 제일은행 지폐와 백동화를 사용했다. 또 '수입대리부'는 수입품 판매를 통해 당시 통용되던 위조백

---

52) 保高正記, 위의 책, 119~120쪽 참조.

동화와 1문전을 모아 도지부에 납입했다. 이러한 후지이의 '공로'가 '화폐정리사업'에 크게 공헌했다고 인정받아 면담이 실현되었다.

메가타는 후지이에게 당면한 한국산업의 효과적인 지배를 위한 새로운 제안을 요청했다. 후지이는 "조선의 개발은 농업을 첫째로 삼아야하고, 농업의 발달은 먼저 수리조합사업부터 시작해야 한다"[53]고 주장했다. 후지이는 앞에서 지적한 '군산농사조합'이 내건 우량품종의 개발과 보급을 위한 '수원농사실험장 지소'의 설치계획을 비판함과 동시에 수리조합사업의 필요성을 설득한 것이다. 이 결과 메가타와 통감부는 1909년 '수리조합령'을 공포하여 후지이의 수리조합 설치계획을 수용했다. 그리고 후지이에게 정부예산으로부터 수리조사비 명목으로 4만 5천 원을 지급했다.

후지이의 수리사업계획은 '수원조사대'가 발견한 요교제를 복구하여 익산군의 황등면, 북일면, 오산면과 옥구군의 서수면, 임피면, 대야면 일대 약 3,686정보에 농업용수를 제공하는 일이었다. 1909년 2월 후지이는 임익수리조합을 설립하고 조합장에 취임했다. 1911년 5월에는 간선수로와 배수로 등 설비공사와 인수로 개설공사가 완료되었다. 사업비는 합계 316,500원에 달했다. 사업자금은 총독부의 지불보증 아래 한호농공은행(漢湖農工銀行) 및 전주농공은행(全州農工銀行)으로부터 연리 8분 4리, 15년 간 원리균등상환방식으로 총 20만 원을 대출받았다.[54] 농공은행의 대출이율은 최고 1할 5분, 보통 1할 2분, 최저 9분이었는데, 임익수리조합의 대출이율은 그보다도

---

53) 不二興行株式會社, 『不二全北農場と臨益水利組合』, 1쪽.
54) 「臨益水利組合事業要項」; 大橋淸三郞, 『朝鮮産業指針(第三版)』, 1918, 647쪽.

낮은 이율이었다.[55]

후지이의 수리조합사업은 당국의 적극적인 후원과 수리시설의 필요성에 동감한 일본인 지주의 주도로 이루어졌다. 임익수리조합 설립 당시의 조합원은 전북농장을 위시해 가와사키농장(川崎農場), 미야자키농장(宮崎農場), 시마타니농장(島谷農場), 모리타니농장(森谷農場), 사나다농장(眞田農場), 구스다농장(楠田農場) 등 일본인 지주 21명과 한국인 토지소유자 829명 합계 850명이었다.[56] 설립 당초의 한국인 조합원수는 전체의 약 9할 이상을 차지했다. 〈표3〉은 1924년 4월 25일 현재의 조합원수와 소유몽리면적을 나타낸다.

〈표3〉 임익수리조합의 조합원수와 토지소유 상황(1924년 4월 25일 현재)

(단위 : 명·정보)

소유면적	일본인		한국인		합계	
	조합원수	면적	조합원수	면적	조합원수	면적
0.5정보 이하	17	5	237	57	254	62
0.5정보 이상	16	10	153	111	169	121
1정보 이상	31	45	87	132	118	177
2정보 이상	24	68	57	129	81	197
5정보 이상	20	145	8	76	28	221
10정보 이상	18	566	8	235	26	801
100정보 이상	7	1,741	0	0	7	1,741
계	133	2,580	551	740	684	3,320

자료 : 全北農地改良組合, 『全北農組80年史』, 1988, 416쪽.

표에 따르면 일본인 토지소유자 133명이 2,580정보, 한국인 토지

---

55) 神戸正雄, 위의 책, 1910, 10~11쪽.
56) 「臨益水利組合事業要項」.

소유자 551명이 740정보를 각각 소유했는데, 10정보 이상의 일본인 토지소유자 25명이 전체 몽리면적의 약 7할을 차지하였음을 알 수 있다. 즉 임익수리조합은 후지이와 같이 대규모 저수량지와 미간지를 소유한 일본인 지주가 수리시설이 결여된 농사개량사업의 한계를 인식하고 다수의 한국인 토지소유자를 편입시켜 설립한 것이었다.

수리조합사업은 한국농촌사회의 파행적 구조를 심화시켰다. 몽리구역 밖의 한국인 토지소유자들은 임익수리조합 설치단계부터 격렬한 반대운동을 전개했다.[57] 임익수리조합 관개수의 공급방식은 요교제 안의 우량답 약 1,000정보의 수원을 빼앗는 결과를 초래하기 때문이었다. 백남신(白南信), 황우락(崔禹洛), 조준식(趙俊植), 심선갑(沈宣甲) 등 수몰지구 지주들은 다음과 같이 주장하며 저수지 용지매각을 거부했다.

> 그런 커다란 저수지를 만들 수는 없다. 또 저수지가 만들어진다 하더라도 1년 내내 저수할 수 없을 것이다. 결국 그 용수를 사용하여 감소하면 우리 토지는 사용할 수 없다. 그런 계획은 후지이가 우리 토지를 싸게 사려는 방편이다. 후지이라는 일본인이 저수량지를 개간하기 위해 우리의 좋은 논밭에 물을 담아 경작할 수 없게 될 것이다.[58]

---

57) 수리조합의 설립과 수리조합반대운동에 대해서는 西條晃, 「一九二〇年代朝鮮における水利組合反對運動」, 『朝鮮史研究會論文集』8, 1971 ; 서승갑, 「일제하 수리조합 구역 내 증수량의 분배와 농민운동-임익·익옥수리조합을 중심으로」, 『사학연구』41, 1990 ; 이경란, 「일제하 수리조합과 농장지주제 -옥구 익산지역의 사례」, 『학림』12·13합집, 1991 ; 박수현, 「1920·30년대 수리조합 설치반대운동 추세와 그 원인」, 『사학연구』67, 2002 등을 참조.

58) 藤井寬太郎, 「全北農場初期の經營と灌漑の苦心」, 『藤井寬太郎自敍傳』.

또 익산군 사제면, 율촌면, 북일면, 두천면의 주민대표자 진후택(陳厚澤), 김봉소(金鳳韶), 김병령(金秉令)은 1911년 5월 요교제 안의 침수작물 손해보상을 요구하는 청원서를 제출했다. 특히 심선갑은 1911년 6월 토지매수가격에 대한 이의신청서를 총독부에 제출하는 등 수리조합 설치 반대운동을 전개했다.[59] 그러나 후지이와 당국은 한국인 토지소유자를 군산경찰서에 연행시켜 소유지 매각을 강요했다. 결국 후지이는 1911년 11월 '토지수용령' 제4조와 '동시행령세칙' 제7조에 의거하여 반당 2~6원의 저가로 토지를 강제 수용했다.

수리조합사업은 설치단계에서 몽리면적 밖의 한국인 토지소유자의 희생을 강요했을 뿐만 아니라, 몽리면적 내의 토지소유관계도 변화시켰다. 수리조합비의 과중한 부담은 몽리면적 내의 한국인 토지소유자에게 부담으로 작용했다. 한국인 토지소유자는 토지를 방매할 수밖에 없었고, 그 토지는 소수의 일본인 지주에게 집중되었다. 토지겸병현상에 대해 전라북도 당국도 "임익수리조합은 전체적으로 토지면적이 증가되었음에도 불구하고 오히려 조합원이 많이 감소했다. 이는 주로 소수의 지주에게 토지가 겸병되었기 때문이다"라고 파악했다.[60]

임익수리조합의 1단보당 조합비는 1911년도에는 2등급지로 구분하여 1등급지 20전, 2등급지 14전이 부과되었지만, 1913년도에는 각각 1원 92전과 1원 28전으로 약 10배 인상되었다.[61] 이 결과 한국인 조합원수와 소유면적의 비율은 연부상환기간의 만료와 함께 감소될

59) 이의신청서와 청원문은 全北農地改良組合, 『全北農組80年史』, 1988, 397~400쪽.
60) 全羅北道, 『全羅北道土地改良事業』, 1925.
61) 「臨益水利組合事業要項」.

수밖에 없었다. 과중한 수리조합비 부담 때문이었다. 〈표4〉는 임익 수리조합의 각 연도별 조합원수와 소유면적의 변화를 나타낸다.

〈표4〉 임익수리조합의 연도별 조합원수와 소유면적

(단위 : 명·%)

		1920		1925		1927	
한국인	조합원	639	86.9	551	80.6	512	76.5
	면적	827	25.1	734	22.1	711	19.8
일본인	조합원	96	13.1	132	19.4	157	23.5
	면적	2,470	74.9	2,587	77.9	2,879	80.2
합계	조합원	735	100.0	683	100.0	669	100.0
	면적	3,297	100.0	3,321	100.0	3,590	100.0

자료 : 1. 1920·25년은 全羅北道, 『全羅北道土地改良事業』, 1925.
      2. 1927년은 木原壽, 『益山郡事情』, 1928, 43쪽.

표에 따르면 전체 조합원 가운데 한국인이 차지하는 비율은 1920 년 86.9%, 1925년 80.6%, 1927년 76.5%로 감소했고, 소유면적은 1920년 25.1%, 1925년 22.1%, 1927년 19.8%로 각각 감소경향을 나타낸다. 이에 반해 일본인 조합원수는 1920년 13.1%, 1925년 19.4%, 1927년 23.5%로 증가했고, 소유면적 또한 1920년 74.9%, 1925년 77.9%, 1927년 80.2%로 증가했다. 한국인 조합원 및 소유면적의 감 소현상과 일본인 조합원 및 소유면적의 증가현상을 확인할 수 있다.

이처럼 인천 진출 이후 군산에 거점을 두고 농장경영에 착수한 후 지이는 주로 관개설비가 충분하지 않은 저수량지와 미간지를 중심 으로 토지를 집적했다. 그에게는 물론 '군산농사조합'의 다른 지주처 럼 농사개량을 통한 수확량의 증산정책도 중요했다. 하지만 소유지 의 대부분이 저수량지와 미간지였기 때문에 농장설립 직후부터 무

엇보다도 수리권의 장악을 통한 안정적인 용수확보가 절실한 과제
였다. 후지이가 수리조합사업을 적극적으로 추진할 수밖에 없었던
요인은 바로 여기에 있었다. 임익수리조합은 후지이가 수리시설이
결여된 농사개량의 한계를 인식하고 다수의 한국인 토지소유자를
편입시켜 설립한 것이었다. 하지만 수리조합사업은 한국농촌사회의
왜곡구조를 심화시켰다. 수리조합의 설립과정은 몽리구역 외 토지
소유자에 대한 수원의 탈취과정이었다. 또한 고액의 수리조합비는
몽리구역 내 조합원의 토지방매와 일본인 지주로의 토지집중현상을
가속화시켰다.

6. 소작제 농장경영

후지이는 전북농장의 설립과 더불어 농장 수익을 극대화하기 위
해 소작제 농장경영 방침을 세운다. 소작제 농장경영이 한국의 소작
관행을 감안하여 최대한의 수익을 올릴 수 있었기 때문이다. 소작료
징수방법은 잘 알려진 바와 같이 정조법, 타조법(병작법·절반법), 집
조법(도조법)의 3종류였다. 정조법은 지주와 소작인이 소작계약 체결
시에 정한 소작료를 수확성적과 관계없이 납부하는 정액지대이다.
타조법과 검견법은 부정액 지대로 전자는 작물의 수확, 탈곡, 조제
후에 지주와 소작인의 입회하에서 소작료율에 따라 분배하는 방법
이고, 후자는 매년 수확기에 지주 측과 소작인의 입회하에서 입모작
물을 검견한 다음 수확 추정량을 산출하여 소작료를 징수하는 방법
이다.[62]

전북농장의 소작료 징수방법은 임익수리조합의 준공 이전은 타조

법과 검견법이 실시되었다. 지세는 타조법의 경우 농장부담, 검견법의 경우 소작인이 부담했다. 1913년도부터는 수리시설이 정비된 지구는 정조법으로 개정했지만, 미정비 지구에서는 여전히 타조법과 검견법을 실시했다.[63] 즉 농장은 수리관개시설이 정비된 지구에서는 정조법, 수확이 불안정한 지구에서는 검견법을 실시하여 안정적인 소작료 확보책을 강구했다.

또 후지이는 자작경영과 소작경영이 농장수익에 미치는 영향을 면밀히 조사했다. 1908년도 전북농장의 소작답과 자영답의 1단보당 수지계산은 자영답 3.005원, 소작경영의 경우 타조법은 2.780, 검견법은 2.532원으로 오히려 자영경영의 순익이 높았다. 하지만 후지이는 다음과 같이 판단하여 소작제농장경영 방침을 결정했다.

> 소작의 경우 지주는 토지 이외에 투자할 필요가 없다. 하지만 자영의 경우에는 농구, 경우, 건물 등 고정자본의 이자 및 비료 급료 등 유동자본의 이자도 계산해야 한다. 조선처럼 토지가격이 저렴하고 금리가 높은 곳에서는 자본으로 토지를 구입하거나 대금업을 하는 것이 오히려 유리하다. 겨우 30, 40전의 차익은 아무 것도 아니다.[64]

〈표5〉는 전북농장의 1904년부터 1908년까지의 평균수익률을 나타낸다. 이 표에 따르면 강경방면 논의 5년 간 평균수익률은 약 16%, 익산방면 밭의 4년 간 평균수익률은 약 26%, 또 강경방면 갈대밭의

---

62) 신용하, 「일제하의 지주제도와 농민계층의 분화」, 한국정신문화연구원, 『식민지 시대의 사회체제와 의식구조(한국의 사회와 문화 제9집)』, 1988.

63) 不二興業株式會社, 「不二興業株式會社全北農場事蹟ノ槪要」, 全羅北道, 『主要農産物統計, 農家經濟狀態, 農場ノ施設』, 1927.

64) 神戶正雄, 위의 책, 156쪽.

평균수익률은 약 2.8%에 달했다. 군산부근 지주수익률은 군산영사
관 분관의 조사에 의하면, 군산 근접지역에서는 평균 11~12%, 원격
지의 경우는 평균 16%로 전북농장의 토지수익률은 군산 평균보다 높
았다.[65]

〈표5〉 전북농장의 평균수익률

(단위 : %)

지역	논	밭	갈대밭	잡목장	산림
강경방면	16.2	14.0	–	–	–
익산방면	12.4	26.3	2.8	1.6	0.9
옥구방면	7.8	15.8	0.5	–	–
군산거류지부근	2.8	10.4	–	–	–

자료 : 神戸正雄, 『朝鮮農業移民論』, 有斐閣書房, 1910, 35~36쪽.

전북농장의 소작인수는 1927년 10월말 현재 소유지와 관리지 합계
5,733호이었다.[66] 1936년도 소유지의 소작인수는 4,919호이었다.[67]
소작면적은 1915년에 공포된 '전북농장 소작인규정'에 의하면 "노동
력과 자금력"에 따라 조정되었는데,[68] 1936년도 1호당 평균 소작면적
은 0.38정보였다. 이는 같은 해 전북의 1.14정보[69]에 비하면 영세한
규모였다. 소작인의 조건은 "경작할 토지 근처에 거주하고 농사경험
을 풍부한 착실하고 근면한 자"로 농장관리원이 직접 선발했다. 소작

---

65) 日本農商務省編, 위의 책, 528~529쪽.
66) 不二興業株式會社, 「不二興業株式會社全北農場事蹟ノ概要」, 全羅北道, 『主要農
    産物統計, 農家經濟狀態, 農場ノ施設』, 1927.
67) 全羅北道農務課農政係, 「昭和11年度道內地主一覽」, 全羅北道, 『全羅北道の農業
    事情』.
68) 「小作人規定」, 제2조.
69) 朝鮮總督府農林局, 『朝鮮小作年報(第二輯)』, 1938, 139쪽.

계약 기간은 1년으로 "기한 내에 소작료를 완납하고 성적 양호한 자"
에 한해 소작권 연장이 인정되었다.[70] 1922년도 전북의 소작계약기
간은 보통 3~5년이었는데,[71] 전북농장의 경우는 평균보다 짧았다.
더욱이 농장은 소작인에게 "회사가 정한 근농 방침에 따라 농사개량,
지력의 증진개선, 소작지 경계보호"[72]와 "복구공사"[73]의 의무사항을
부여하고 "소작인규정 및 소작계약사항을 위반한 자"[74]에 대해서는
소작계약기간중이라도 소작권을 박탈한다는 조항을 명기했다.

〈표6〉 전북농장의 1단보당 소작료

(단위 : 석)

연도	소작료	증감	연도	소작료	증감
1904	0.097		1916	0.618	−0.309
1905	0.218	0.121	1917	1.030	0.412
1906	0.037	−0.081	1918	0.981	−0.049
1907	0.098	−0.039	1919	0.998	0.017
1908	0.317	0.219	1920	1.017	0.019
1909	0.082	−0.235	1921	1.019	0.002
1910	0.161	0.079	1922	1.056	0.037
1911	0.354	0.193	1923	1.134	0.078
1912	0.450	0.106	1924	1.580	0.446
1913	0.665	0.205	1925	1.228	−0.352
1914	0.902	0.237	1926	1.251	0.023
1915	0.927	0.025	1927	1.300	0.180

자료 : 「不二全北農場小作料年次表」

---

[70] 「小作人規定」, 제2조.
[71] 全羅北道, 『小作慣行調査書』, 1933, 64~67쪽 참조.
[72] 「小作人規定」, 제3조.
[73] 「小作人規定」, 제5조.
[74] 「小作人規定」, 제14조.

〈표6〉은 전북농장의 1단보당 소작료를 나타낸다. 소작료의 년차별 징수상황을 보면 임익수리조합 설치 이후는 1916년도의 수해에 따른 감수를 제외하고 안정적으로 증가했다. 소작료는 평균수확고의 약 50%였는데, 소작인은 계약소작료 이외에도 지세와 수리조합비 등 공조공과금을 부담했다. 소작료 종류는 논은 농장지정 도종벼로 한정되었고, 밭은 벼, 잡곡, 대금납이었다.[75] 소작료의 납부방법은 소작인이 마름으로부터 '소작료 결정표'를 받아 충분히 건조한 소작벼를 소작인의 비용으로 농장이 지정한 장소로 운반했다.[76] 전북농장의 연간 소작료 징수액은 1921년 16,060원, 1922년 27,657원, 1923년 26,922원, 1924년 18,712원, 1925년 26,837원, 1926년 27,557원, 1927년 28,463원, 1928년 28,977원에 달했다.[77]

한편 후지이는 전북농장을 설립한 후 농장의 경영규모를 지속적으로 확대했다. 그런데 후지이가 매입한 농장은 전북농장의 경우와 같이 비옥한 농경지가 아니었다. 후지이는 국유지를 불하받거나 저렴한 저수량지나 황폐지를 매수하여 개간 및 간척사업을 실시했다. 그는 먼저 '국유지미간지이용법'에 따라 1912년 6월 평북 용천군의 국유지를 불하받아 서선농장을 설립하고, 1920년에는 전북 옥구군의 국유지도 불하받아 옥구농장과 일본인 이민을 수용하기 위한 불이농촌을 설립했다. 또 1919년에는 그가 위탁경영해 오던 강원도 철원 일대의 우콘 집안 소유지를 매수하여 철원농장을 설립했다. '국유지미간지이용법'에 기초한 국유지의 불하는 주로 개간, 목축, 식

---

75) 「小作人規定」, 제6조.
76) 「小作人規定」, 제7조 및 제9조.
77) 不二興業株式會社, 『營業報告書』, 각년도판.

수, 제염, 양어 등의 사업을 대상으로 이루어졌는데, 예정된 사업이
성공한 경우 사업지는 신청자에게 무상으로 대여되었다.

후지이는 1914년 농장운영과 개간 및 간척사업을 위한 수리조합
운영자금 확보를 위해 한국진출 당시의 후지모토합자회사를 불이흥
업주식회사로 확대 재편성했다. 그리고 후지모토합자회사의 군산
및 인천지점과 '광산부'를 분리하여 자회사로서 불이상업주식회사
(1917년 7월)와 불이광산주식회사(1919년 4월)를 설립했다. 불이상업주
식회사의 영업항목은 "물품매매, 위탁매매, 정미업, 조면업"으로 본
점은 군산에 지점은 인천에 두었다.[78] 불이광산주식회사는 후지모
토합자회사 '광산부'의 소유광산이 한국 이외에 '만주', 몽골, 시베리
아로 확대됨에 따라 분리되었다.[79] 후지이는 불이흥업주식회사에
의한 소작제 농장경영과 소작미의 확보, 불이상업주식회사에 의한
소작미 등의 일본 수출과 판매, 그리고 불이광산주식회사에 의한 광
산개발이라는 '한국경영' 체제를 확립했다.

〈표7〉은 불이흥업주식회사의 농장면적을 나타낸다. 불이흥업주
식회사의 소유지는 철원농장을 제외하면 대부분 논이었다. 후지이
가 저렴한 미간지나 저수량지를 매입한 뒤, '사작창업' 방침에 따라
간척 및 개답사업을 추진했기 때문이다. 불이흥업주식회사는 서울
본사를 거점으로 전국에 분포해 있던 농장을 관리했다. 각 농장에는
농장본부와 위탁경영지 관리를 위한 분파소를 설치했다. 농장본부는
4곳의 농장에 두었고, 분파소는 김제, 태인, 부안, 동산, 고창, 옥구,

---

78) 『朝鮮銀行會社要錄』, 1921, 167쪽.
79) 위의 책, 116~117쪽.

〈표7〉 불이흥업주식회사의 농장면적

(단위 : 정보)

	전북농장			서선농장			옥구농장			철원농장			합계		
	논	밭	계	논	밭	계	논	밭	계	논	밭	계	논	밭	계
1925	1,101	-	1,101	3,246	-	3,246	-	-	-	-	-	-	4,347	-	4,347
1927	1,077	402	1,479	4,246	108	4,354	900	-	900	2,000	1,851	3,851	8,223	2,361	10,584
1929	1,076	389	1,465	3,912	162	4,074	1,000	-	1,000	2,000	2,053	4,053	7,988	2,604	10,592
1931	1,060	371	1,431	3,987	421	4,408	1,000	82	1,082	2,149	2,372	4,521	8,196	3,246	11,442
1933	1,118	345	1,463	3,987	454	4,441	1,023	36	1,059	2,122	2,369	4,491	8,250	3,204	11,454
1935	1,345	343	1,688	4,011	463	4,474	1,023	36	1,059	2,123	2,380	4,503	8,502	3,222	11,724
1937	1,553	316	1,869	3,997	179	4,176	1,034	17	1,051	2,315	2,315	4,630	8,899	2,827	11,726
1939	1,500	297	1,797	3,993	179	4,172	1,026	44	1,070	2,342	2,746	5,088	8,861	3,266	12,127
1941	1,523	287	1,810	3,995	180	4,175	1,026	47	1,073	2,350	2,386	4,736	7,970	3,824	11,794
1943	1,530	276	1,806	3,995	180	4,175	942	44	986	2,369	2,411	4,780	8,836	2,911	11,747

자료 : 不二興業株式會社, 『營業報告書』, 각년도판.

전주, 규암리, 강경, 함열, 고부, 김해 등 12곳에 두었다. 각 농장은 소유지를 농구(農區) 혹은 촌락, 분장(分場)으로 구분하고 농장 최고 관리자로 농장주임과 농장주사 등의 사원을 배치했다. 전북농장은 6농구, 옥구농장은 11촌락, 서선농장은 16농구, 철원농장은 10분장이었다.

농장사원수는 1944년 현재 590명(일본인 210名, 한국인380명)으로 그 대부분인 500명(일본인 160명, 한국인 340명)이 농업기술원이었다.[80] 사원은 소작료 징수와 소작지 관리 등 농장경영의 전반적 사무를 담당했다. 특히 농업기술원은 생산력 확충을 위한 농사개량시설 관리와 지도감독 업무를 도맡았다. 전북농장의 농업기술원은 농장설립 직후인 1906년에 도입되었다. 그들은 도작개량을 위한 도작시험지의 관리와 품종·비료의 비교실험, 우량품종의 보급과 장려,

---

80) 「日本人在朝鮮企業槪要調書」(不二興業株式會社).

농구대여, 부업장려 등 영농관리를 지도했다.[81]

또 각 농구에는 마름(농감)을 두어 소작인을 관리했다. 전북농장은 1918년 현재 165명의 마름을 두어 소작인 약 12,500명(관리지 포함)을 지배하는 체제를 정비했다.[82] 1936년 당시 농장면적 1,870정보, 사원 27명, 마름 66명, 소작인수 4,919명으로[83] 마름 1인당 관리면적과 소작인수는 약 30정보, 70명이었다. 마름은 1915년 4월에 만들어진 '마름규정'에 그 임무와 역할이 규정되었다. 마름의 임무는 "회사의 근농방침에 의거하여 농사개량장려, 소작인의 지도감독 및 소작료수납시의 독촉, 관리지의 개선경계의 보호"이었다.[84] 집조에 의한 소작료 산정 시에 농장관리원은 마름의 의견을 참고로 소작료 비율을 사정했고, 농장은 소작인에게 마름을 통해 '소작료 결정표'를 교부했다.[85] 마름은 농장관리원의 철저한 지휘감독을 받으면서 농장과 소작인간의 주요문제에 관여했다. 마름에게는 보수로서 소작료 수납시에 소작료 결정액 1석당 약 3~5분의 수수료가 지급되었다.[86]

하지만 마름은 소작료인 벼의 건조·조제 등을 감독하고 관리 구역 안에서 미납소작료가 발생한 경우에는 그 미수분을 부담해야 했다.[87] 또 소작지와 소작인의 동향 등을 소속관리원에게 일상적으로

81) 不二興業株式會社, 「不二興業株式會社全北農場事蹟ノ槪要」; 森山廣信, 『不二鐵原農場槪況』, 1943.

82) 『朝鮮産業指針』194면 ; 東洋拓殖株式會社, 『東拓月報』7, 1921, 90쪽.

83) 全羅北道農務課農政係, 「昭和11年度道內の地主一覽」, 全北大學校全羅文化硏究所, 『全羅文化論叢』1, 1986.

84) 「舍音規定」, 제5조.

85) 「舍音規定」, 제7조 및 제8조.

86) 「舍音規定」, 제12조 ; 『朝鮮産業指針』, 196쪽.

87) 「舍音規定」, 제9조 및 제14조.

보고하고, 연간 2번 개최되는 '마름회'에서는 관리구역에서의 농사 상황을 보고했다.[88] 일본인 농장의 관리방식은 농장사무원을 도입하여 마름의 중간착취를 배제했다고 하지만,[89] 전북농장의 경우도 농장관리원이 소작료율의 결정과 소작권의 이동 등 절대적인 권한을 행사했다. 하지만 농장은 소작료 징수성적과 납부 소작벼의 건조상태 그리고 소작인의 동향파악 등에 관해서는 마름을 최대한 이용하여 농장(사원)-마름-소작인이라는 지배 관리체제를 운용했다.

이처럼 저수량지의 비율이 높은 전북농장의 경영방침은 수리조합 사업의 추진과 농사개량지도를 통한 생산력의 증가에 있었다. 이를 위해 후지이는 농장본부를 정점으로 사원과 마름을 활용한 소작인 지배체제를 확립했다. '소작인규정'과 '마름규정'을 제정하여 소작인과 마름을 철저히 통제했다. 후지이는 소작제 농장경영을 통한 고율소작료의 확보야말로 '한국경영'의 최대 목적이었기 때문이다.

상업자본가 후지이는 한국에 진출하기 이전 오사카를 중심으로 미곡입찰에 관여하다가 러일전쟁을 계기로 한국에 진출했다. 후지이는 '실업가의 임무'를 표방하며 '한국경영'의 실제적인 담당자임을 자부했다. 후지이는 먼저 '신천지 열풍'에 편승하여 일본 면포와 생활필수품을 한국으로 반입하고, 미곡과 우피 등을 일본으로 반출하여 막대한 상업이익을 올렸다. 또 다른 한편에서는 농장경영을 통한 고율의 토지수익률에 주목하여 자기자본의 투자대상을 토지로 바꾸

---

88)「舍音規定」, 제6조 및 제11조.

89) 森元辰昭,「日本人地主の植民地(朝鮮)進出-岡山縣溝手家の事例-」,『土地制度史學』72, 1979 ; 森元辰昭,「朝永土地株式會社による農場經營」, 大石嘉一郎編,『近代日本における地主經營の展開』, 御茶の水書房, 1985, 601쪽 참조.

어 나갔다. 토지집적과 소작제 농장경영으로부터 획득한 소작미를 일본에 직접 수출하는 것이 상업활동보다 높은 수익률을 창출할 수 있다고 판단했기 때문이다.

러일전쟁 시기에 한국에 진출한 일본인의 토지집적은 일본 미곡시장과 밀접히 연결되었는데, 그들은 자본투자대상을 상업·금융·산업 일반으로부터 토지에 이르기까지 이윤을 극대화시킬 수 있는 부문에 자본을 집중했다. 그 중 소작제 농장경영을 통한 고율소작료의 획득과 상품화가 '한국경영'의 방침으로 확립된 것이다.

인천 진출 이후 개항장 군산을 거점으로 한국 내륙에 토지소유를 확대하던 후지이는 관개설비가 열악한 미간지나 저수량지를 중심으로 토지를 확대했다. 단기간에 저렴한 지가의 토지를 확보하여 대지주로서의 지위를 확보하겠다는 방침도 작용했지만, 토지구입자금의 부족으로 비옥한 평야 중심의 기간지 구입할 수 없었기 때문이었다. 그러나 이것은 그의 농장경영의 방침에 커다란 영향을 주었다. 높은 소작료 징수를 위해 품종개량과 비료보급 등의 농사개량사업에도 큰 관심을 보였으나, 무엇보다 후지이가 소유한 토지의 대부분이 미간지와 저수량지였기 때문에 후지이에게는 농장설립 직후부터 수리시설의 장악을 통한 안정적인 관개수 확보가 가장 절실한 과제였다. 그가 수리시설이 미비한 농사개량사업의 한계를 인식하고 수리조합사업을 적극적으로 추진한 것도 이 때문이다.

임익수리조합은 저수량지를 소유한 소수의 일본인 지주가 다수의 한국인 토지소유자를 편입시킨 형태로 설립되었다. 후지이는 이후에도 소위 '사작창업'의 방침에 따라 황폐지의 매수와 간척지를 불하받아 간척 및 개간사업의 일환으로 수리조합사업을 통한 토지개량사업을 적극적으로 추진했다. 이는 총독부의 '산미증식계획' 방침과 부합되어 방대한 보조금과 저리자금의 원조를 받고 추진되었다.

그러나 수리조합의 설치 및 토지개량 사업은 몽리구역 내외의 한국인 모두에 대한 경제적 약탈의 과정이었다. 몽리구역 외의 토지소유자들은 이 사업으로 인하여 수원을 탈취 당하게 되었고, 몽리구역 내 한국인 조합원은 높은 수리조합비를 부담할 수밖에 없었다. 소규모 토지소유자는 토지를 방매할 수밖에 없어 농장소작인으로 전락하고, 그 토지는 일본인 지주에게로 집중되는 등 한국농촌사회는 점차 대지주 중심의 왜곡된 구조가 심화되었다. 후지이의 토지집적과정은 표면적으로는 일반 민유지와 관계없는 저수량지나 미간지의 매수 혹은 국유미간지의 불하를 통해 이루어졌지만, 토지집적 후 수리조합사업 등의 추진으로 한국인 토지소유자의 토지로부터의 이탈을 촉진시킨 직접적인 요인이었던 것이다.

후지이는 이후에도 소위 '사작창업'의 방침에 의거하여 황폐지의 매수와 간척지를 불하받아 간척 및 개간사업의 일환으로 수리조합사업을 통한 토지개량사업을 적극적으로 추진했다. 이는 총독부의 '산미증식계획' 방침과 부합되어 방대한 보조금과 저리자금의 원조를 받고 추진되었다. 농장경영에서는 농장관리원(사원)이 소작료결정과 소작권이동 등 절대적인 권한을 장악했다. 소작료 납부시의 소작벼의 건조상태 감독이나 소작인의 동향파악 등에 관해서는 마름을 최대한 이용하는 농장관리원–마름–소작인이라는 지배관리체제를 정비했다. 또 농장은 소유지의 대부분이 개간지였기 때문에 개간사업의 감독 등을 위한 농업기술원제를 도입하여 농사개량시설의 관리와 영농관리지도를 철저히 시행했다.

  이처럼 러일전쟁의 승리를 계기로 인천에 진출한 일본인 상업자본가의 토지집적은 후지이의 사례에서 확인할 수 있는 것처럼 일본미곡시장과 밀접히 관련되었다. 그들은 먼저 자기자본의 투자대상을 미곡유출을 비롯한 상업 활동에 중점을 두었다. 한국으로부터의 미곡유출과 판매가 상업자본가로서의 성장과 직결되었기 때문이다. 이후 그들은 자기자본의 투자대상을 토지로 전환하기에 이른다. 저렴한 지가와 고율의 토지수익률은 상업자본가로서의 투자의욕을 자극하기에 충분했다. 소작제 농장경영을 통한 소작미의 일본유출과 판매는 단순한 상업 활동보다 높은 수익을 보장하는 것이었다. 또한 이는 그들이 주장하는 '실업가의 임무'를 실현하는 과정이었다.

맺음말

　일본은 메이지유신을 계기로 세계 자본주의 체제에 종속적으로 편입되었다. 국가 주도의 급격한 부국강병정책의 강행으로 농촌 사회는 소작지와 소작농을 기반으로 한 영세농 경영이 확대되는 등 사회 모순이 첨예화되었다. 그러나 일본은 자국의 사회적 모순을 국내 체제 개편을 통해 해결하지 않았다. 청일전쟁과 러일전쟁 등 침략을 통해 식민지를 확보함으로써 후진 제국주의 국가로 국제사회에 등장했다. 일본의 식민지 지배 정책은 식량과 원료공급지, 그리고 상품판매시장으로서 한국의 산업 구조를 재편했다. 이러한 식민지적 산업 구조로 재편되는 과정에서 일본인의 이민 정책이 적극적으로 추진되었다. 인천의 일본인 사회 또한 이러한 맥락에서 형성되었다. 일본은 조선에 다수의 일본인을 이주시켰다. 다수의 상업자본가를 비롯해 '일확천금'을 꿈꾸는 모험적 상인이 대거 유입되었다. 소작 빈농층은 토지를 소유한 자영농 나아가서는 지주층으로 육성하고, 거대 자본은 개항장 인천을 벗어나 인근 지역으로 사업범위를 확장했다. 그들은 대농장을 설치하고 일본 자본주의의 한 기구로서의 지주 경영을 수행함으로써 조선인을 경제적으로 예속 지배하면서 수탈을 위한 기반을 확고히 구축했다.

　일본의 식민지 통치는 군사적인 지배만으로는 불가능했다. 일본인의 대규모 이주가 뒷받침되지 않은 군사적 통치 체제만으로는 효율적인 식민지 지배가 이루어질 수 없었기 때문이다. 일본인 상업자본가의 인천 진출도 효율적인 지배 정책의 일환으로 적극적으로 이루어졌다. 상업자본가들 편에서도 조선에 진출할 경우 획득할 수 있는 투자 가치성에 일찍이 주목했다. 일본 상품의 조선 반입과 미곡 등의 일본 유출 과정에서 얻을 수 있는 높은 수익률은 그들의 관심을 끌기에 충분했다. 조선의 저렴한 지가와 소작제 농장 경영을 통한 고율의 토지 수익률은 상업자본가와 지주 계층의 인천 진출을 가속화시켰다. 그들은 '자본가의 임무'를 내세우며 조선의 실질적인 통치자임을 자부했다. 일본의 식민지 지배 체제는 상업자본가의 진출을 통해 그 물적 토대가 완성되었다고 말할 수 있다.

제국의 첨병으로 활동한 재조일본인들은 동시에 조선의 전통과 문화에 큰 충격을 준 이질적인 존재였다. 이들은 조선 내에서 자신들의 기득권을 확보하기 위해 거류민단, 민회, 상업회의소 등과 같은 정치 경제적 자치조직을 형성하면서 조선 사회에 정착했다.

일제강점기에 관한 한국의 기본적인 역사 인식은 제국주의와 식민지, 지배와 저항이라는 틀로 규정되었다. 구체적으로 '탈식민' 이후 식민 지배를 받았던 한국 사회는 저항의 연원을 항일 독립운동으로 복원하려 하고, 일본 사회에서는 비록 소수이기는 하지만 식민 지배의 '정당성'을 주장하는 입장이 여전히 영향력을 떨치고 있다. 이러한 역사 인식의 평행선에서 상호 간의 접점을 발견하고, 미래지향적인 양국 관계를 구축해 나가기 위해서는 식민 지배에 관한 일본 사회의 자기반성과 성찰이 요구된다.

해방 이후 제국과 식민지 연구의 대부분은 '식민자의 지배와 피지배 민족의 저항'이라는 구도 속에서 이루어져왔다. 재조일본인은 주로 일본제국주의의 식민지 침략과 수탈이 국가권력과 국가권력이

지원하는 민간인이 결합하여 총체적으로 수행되었음을 실증하기 위한 연구대상이었다. 지배와 저항의 관점에 입각한 재조일본인 연구는 일본사회 내부에 '식민지 시혜론'이라는 역사인식이 현존하는 한, 지배와 피지배의 역사적 경험의 극복과 식민지배의 비판이라는 측면에서 현재성이 있다. 그러나 연구 시야를 20세기 한국 근대로 확대하여, 식민지시기의 변화 양상에 초점을 맞추면, 지배와 저항의 관점은 식민지에서 재조일본인을 매개로 발현되는 다양한 사회적 현상을 이해하는 데 일정한 한계를 지닌다.

최근 '식민지 수탈론'에 입각한 연구는 근대 일본이 조선을 정치군사적으로 점령함과 동시에 자국 민간인을 식민지에 정착시켜 조선사회와 경제를 장악했고, 이 과정에서 거류민단, 상업회의소 같은 민간조직은 일본제국주의와 결합되어 침략의 첨병 역할을 수행하였다는 역사상을 제시했다. 물론 식민지배 권력은 식민 모국의 권력에 비해 제도적으로 훨씬 단순하고 중앙집권적인 형태였다는 점에서, 단일한 식민지배 권력이라는 접근방식은 거시적인 측면에서 유용성이 있어 보인다. 그러나 기존연구들이 암묵적으로 가정한 것처럼 식민지배 권력의 실체를 일본제국주의나 조선총독부라는 단일한 행위자로 인식하는 것은 식민지배 권력의 이면적 속성을 파악하는 데 약점이 있다. 단일한 식민지배 권력이라는 접근은 식민지 내부에 다차원적으로 실재했을 다양한 권력집단들 간의 상충하는 이해관계의 갈등양상을 파악하는 데 불충분한 면이 있어 보이기 때문이다.

또한 식민지사회에서 조선총독부가 정책적 의사결정을 관철시키는 과정에서 현실적으로 노정된 주요한 갈등은 유효한 정치적 기회가 박탈된 조선인들과의 적대적 관계에서뿐만 아니라, 다양한 이해관계에 따라 독자적으로 행동한 재조일본인들과의 관계에서도 발생했다. 따라서 식민지사회 내부에서 재조일본인 이해관계의 독자성, 즉 조선총독부의 지배대상인 '일등국민'으로서의 성격과 조선인에 대한 지배민족으로서의 성격을 감안하면, 식민지사회를 조선총독부와 조선인 또는 일본인과 조선인이라는 이분법적 접근방식은 재고될 필요가 있다. 향후 연구에서는 조선총독부-재조일본인-조선인이라는 분석 틀에서 조선총독부와 식민정책에 대한 재조일본인들의 인식, 조선총독부와 재조일본인 유지집단의 이해관계 등이 검토되어야 한다. 이러한 방법론적인 틀의 재고는 식민지사회 심층에서 다양하게 진행되는 조선인과 일본인의 대립, 갈등, 제휴, 문화적 상호침투 등의 내용과 성격을 규명하는 데 도움이 될 것이다.

　재조일본인 연구의 또 다른 공백은 식민지를 체험한 일본인 서민의 체험과 기억을 둘러싼 문제이다. 식민지에서 식민자로서의 삶을 영위한 재조일본인은 일본의 패전과 더불어 일본 사회에 편입되었다. 그들의 식민지 경험은 전후 일본의 한국인식에 직·간접적으로 영향을 끼쳤다. 이 문제는 해방 전후 연속과 단절의 문제와 관련하여 일본으로 돌아간 재조일본인의 식민지 경험에 대한 기억과 이를 바탕으로 한 이들의 사회적 행위에 관한 연구를 검토할 필요가 있다.

　또 재조일본인의 식민지 기억에 관한 검토는 한국인의 식민지 기억과 비교 작업을 바탕으로 이루어져야 한다. 해방 이후 '왜정시대'에 대한 한국인의 기억은 일본인 개인에 대한 호감과 일본국가에 대한 분노라는 양면적인 것이기 때문이다. 따라서 이 문제는 해방 이후 한국민족주의의 국민통합 과정을 고려하면서, 일본으로 귀국한 재조일본인의 조선과 조선인, 한국과 한국인에 대한 기억과 연관하여 고찰해야 할 것이다.

　재조일본인은 한일관계사의 접점을 이루는 공간이다. 재조일본인의 존재형태를 규명함으로써 일본의 식민지배가 어떤 메커니즘과 상호작용 속에서 기존의 조선사회를 어떻게 재편시켜갔는가에 대해, 식민지 사회의 각 분야에 대한 실증적이고 구체적인 연구가 요청된다. 그리고 이에 기초하여 제국과 식민지의 사회상을 종합적으로 연구·분석함으로써 새로운 역사상을 구축할 필요가 있다. 이하에서는 향후 재조일본인에 대한 연구에서 상정되는 몇몇 과제를 제시함으로서 본서를 마무리하고자 한다.

　첫째, 근대 일본의 해외 이민에 대한 수량적 파악을 전제로 식민지 조선이 차지하는 위치와 역할을 규명해야 한다. 최근 일본사 영역에서의 이민 연구는 미국이민, 브라질이민, 조선이민, 대만이민, 만주이민과 같이 각 지역별로 구분하는 경향이 강하다. 분석 주제 또한 주로 이민의 직업, 세대, 여성문제, 민족관계, 수용과 보상, 개인사 등으로 개별화 세분화되고 있다. 제국 일본의 해외이민을 고려할 때, 먼저 논의의 전제로서 일본의 해외 이민사를 시기적으로 구분하고 이민의 유형화 작업이 요청된다. 즉 이민의 시기구분을 ① 초기 이민기, ② 이민의 성립기, ③ 이민의 다양화와 사회화 시기, ④ 국책 이민과 전시화의 시기로 구분하여 연대기적인 추이를 개괄한 다음, '식민지 권역'과 '비식민지 권역'이라는 이주 대상지의 특성을 감안하여 일본인의 해외 이민을 유형화할 필요가 있다. 또 조선을 포함한 각 지역 이민의 수, 이민의 출신지 등 일본의 해외 이민의 총체적 파악을 통해 식민지 조선의 이민이 차지하는 위치와 특성을 파악해야 한다. 나아가 이민의 배경을 사회경제적인 관점에서 접근하기 위해 일본정부의 이민보호정책으로 상징되는 유입요소(pull factor)와 유출요소(push factor)를 함께 살펴보아야 한다.

둘째, 근대 일본의 '해외이주론'과 이민단체에 대한 해명이다. 초기 일본의 이민 사업은 주지하는 바와 같이 정부보다 오히려 민간 지식인에 의한 '해외이주론'이 적극적으로 주창되었고, 이민의 유치를 위한 다양한 이민단체가 조직되었다. 이들 초기의 '해외이주론'과 이민 관련 단체의 현황을 파악함으로써 이민의 사상과 관련 조직의 실체를 규명해야 한다. 아울러 이민관련 단체로는 동방협회(1891), 식민협회(1893), 대만협회(1898), 동아동문회(1898), 조선협회(1902) 등이 알려져 있다. 이들 단체에는 주지하는 바와 같이 당시 유력한 정치인과 실업가가 깊숙이 관여하여 해외 이민 송출을 위한 여론을 주도했고, 이민을 적극적으로 유치하기 위해 각종 현지조사를 실시했다. 이들 저작물과 단체의 목적을 구체적으로 살펴봄으로써 근대 일본 이민의 '해외이주론'의 연원과 그 실행체계를 규명해야 한다.

셋째, 조선의 개항과 일본인 이민의 메커니즘에 대한 규명이다. 개항 이후 일본인이 한국에 정착하는 사회경제적 배경, 재조일본인 사회의 형성과정, 제국의 첨병으로서의 역할, 조선의 전통과 사회에 미친 영향 등을 밝혀야 한다. 이를 위해 각 개항장의 일본인 동향과 무역상과 부동산업자, 전쟁에 협력한 일본 상인들, 종군기자 등이 주요 연구 대상일 것이다. 구체적으로는 청일전쟁 이후 전선을 따라 북상한 일본인 상인들, 일본의 이민 장려정책에 따라 조선으로 건너온 이주민들을 비롯해 유곽을 무대로 한 일본인 작부, 예기, 창기 등 다양한 군상의 일본인이 거론될 수 있다. 한편 제국의 첨병으로 활동한 개항장 재조일본인들은 동시에 조선의 전통과 문화에 큰 충격을 준 이질적인 존재들이다. 이들은 조선 내에서 자신들의 기득권을 확보하기 위해 거류민단, 민회, 상업회의소 등과 같은 정치 경제적 자치조직을 형성하면서 조선사회에 정착했다. 이들 단체의 성격과 조선인과의 관계를 규명함으로써 근대 초기 한일양국 교류사의 성격을 고찰해야 한다.

넷째, 지배민족·피지배 '국민'과 식민사회의 관련성이다. 1905년 이후 식민지에서 성장한 재조일본인 사회를 ① 지배민족으로서의 우월성에 근거한 식민주의의 창출, ② 조선총독부의 통치대상으로 조선인과 더불어 식민지 사회의 한 구성원이었다는 측면에서 분석할 필요가 있다. 한국강점 초기 일본인의 직업 분포를 비롯해 조선에 거주한 일본인 관리와 경찰관, 일본인 교사, '신천지 조선'에 운명을 건 일본의 하층민 등 다양한 계층에 대한 분석이 필요하다. 향후 연구에서는 구체적인 실증에 기초하여 조선총독부-재조일본인-조선인이라는 분석 틀에서 조선총독부와 식민정책에 대한 재조일본인들의 인식, 조선총독부와 재조일본인 유지집단의 이해관계 등이 검토되어야 한다. 이러한 방법론적인 틀의 재고는 식민지사회 심층에서 다양하게 진행되는 조선인과 일본인의 대립, 갈등, 제휴, 문화적 상호침투 등의 내용과 성격을 규명하는 데 도움이 될 것이다.

다섯째, 일본인 이민의 식민지 조선의 표상이다. 식민지기 일본인 이민의 존재형태와 조선에 대한 표상을 파악하기 위해 일본의 패전 이후에 작성된 '식민지 체험기'를 활용해 이민의 실상을 재조명할 필요가 있다. 특히 식민지 기억에 관한 검토는 해방 전후 연속과 단절의 문제와 관련하여 한국인의 식민지 기억과 비교 작업을 바탕으로 이루어져야 한다. 해방 이후 '왜정시대'에 대한 한국인의 기억은 일본인 개인에 대한 호감과 일본 국가에 대한 분노라는 양면적인 것이기 때문이다. 따라서 이 문제는 해방 이후 한국민족주의의 국민통합 과정을 고려하면서, 일본으로 귀국한 일본인의 조선과 조선인, 한국과 한국인에 대한 기억과 연관하여 고찰해야 할 것이다.

참고문헌

가세타니 도모오, 「재한일본인처의 형성과 생활적응에 관한 연구-생활사연구를 중심으로-」, 고려대학교 사회학과 석사학위논문, 1994.

가지무라 히테키, 「(강연유고)한국의 사회과학은 지금」, 『창작과 비평』66, 1989.12.

_____, 『韓國史와 日本人』, 白山出版社, 1999.

강명숙, 「1920년대 日本人 資本家들에 대한 朝鮮人 資本家들의 抵抗-평양상업회의소를 중심으로-」, 『國史館論叢』, 2000.

_____, 「1920년대 일본인 자본가들에 대한 조선인 자본가들의 저항(II)-상업회의소를 중심으로-」, 『한국민족운동사연구』, 2002.

강창일, 『근대 일본의 조선 침략과 대아시아주의 : 우익 낭인의 행동과 사상을 중심으로』, 역사비평사, 2002.

고길희, 『하타다 다카시』, 지식산업사, 2005.

고석규, 「근대도시 목포의 대중문화를 통해 본 식민지 근대성」, 역사문화학회, 『지방사와 지방문화』9권 1호, 2006.

공제욱·정근식 편, 『식민지의 일상-지배와 균열-』, 문학과 과학, 2006.

곽건홍, 「한일노동자 연대의 개척자, 이소가야 스에지」『노동사회』32, 1999.

권보드래, 「1910년대 '新文'의 구상과 〈경성유람기〉」, 『서울학연구』, 2001.

권숙인, 「식민지배기 조선 내 일본인학교-회고록을 통해본 소·중학교 경험을 중심으로」, 『사회와 역사』77, 2008.

_____, 「식민지 조선의 일본인-피식민 조선인과의 만남과 식민의식의 형성」, 『사회와 역사』80, 2008.

기무라 겐지, 「식민지하 조선 재류 일본인의 특징-비교사적 시점에서-」, 부경역사연구소, 『지역과 역사』15, 2004.12.

김경남, 「재조선 일본인의 귀환과 전후의 한국 인식」, 『동북아역사논총』21, 2008.

김명수, 「일제하 일본인의 기업 경영-朝鮮勸業株式會社를 중심으로」, 『역사문제연구』16, 2006.

김민영, 「1910년대 전북지역 일본인 이주어촌의 존재형태와 구조」, 『한일민족문제연구』8, 2005.

김백영, 「일제하 서울에서의 식민권력의 지배전략과 도시공간의 정치학」, 서울
　　대대학원 사회학과 박사학위논문, 2005.

＿＿＿, 「제국의 스펙터클 효과와 식민지 대중의 도시경험-1930년대 서울의 백
　　화점과 소비문화-」, 『사회와 역사』75, 2007.

김수희, 「어업근거지건설계획과 일본인 집단이민」, 『韓日關係史硏究』, 한일관
　　계 사학회, 2005.

＿＿＿, 「일제시대 고등어어업과 일본인 이주어촌」, 『역사민속학』, 한국역사민
　　속학회, 2005.

김영근, 「일제하 식민지적 근대성의 한 특징-경성에서의 도시 경험을 중심으로」,
　　『사회와 역사』57, 2000.

김유나, 「일어학 / 일어교육 : 재한일본인 (在韓日本人)의 언어생활-한국어의
　　의식과 습득을 중심으로-」, 『일본학보』, 한국일본학회, 1999.

김종근, 「서울 중심부의 일본인 시가지 확산 : 1883~1928」, 고려대 지리학과
　　석사논문, 2002.

＿＿＿, 「서울 中心部의 日本人 市街地 擴散-開化期에서 日帝强占 前半期까지
　　(1885~1929년)-」, 『서울학연구』, 2003.

김주영, 「일제시대의 재조선 일본인 화가 연구 :조선미술전람회 입선 작가를 중
　　심으로」 서울대대학원 석사, 2000.

＿＿＿, 「재조선 일본인 화가와 식민지 화단의 관계 고찰」, 『미술사학연구(고고
　　미술)』, 한국미술사학회, 2002.

노기영, 「해방 후 일본인의 귀환과 중앙일한협회」, 『한일민족문제연구』10, 2006.

노영택, 「개항기 인천의 일본인 발호」, 『기전문화연구』5, 1974.

니이야 도시유키, 「한국으로 '시집온' 일본인 부인-생애사 연구를 중심으로-」,
　　서울대 인류학과 석사논문, 2000.

다바타 가야, 「식민지 조선에서 살았던 일본 여성들의 삶과 식민주의 경험에
　　관한 연구」, 이화여자대학교 여성학과 석사학위논문, 1996.

다카사키 소지, 『조선의 흙이 된 일본인』, 도서출판 나름, 1984.

다테노 아키라, 『그때 그 일본인들』, 한길사, 2006.

檀國大 東洋學硏究所, 『朝鮮之實業 -開化期 在韓日本人 雜誌資料集-』 전4권,
　　국학자료원, 2003.

＿＿＿＿＿＿＿＿, 『開化期 在韓日本人雜誌資料集 : 朝鮮 1~7』, 2004.

류교열, 「1920년대 식민지 해항도시 부산의 일본인사회와 죽음의 폴리틱스」, 『일어일문학』39, 2008.

모리타 요시오, 「朝鮮 終戰의 記錄; 全羅北道의 全州와 群山을 중심으로」, 『全羅文化研究』, 전북향토문화연구회, 1993.

문영주, 「1920년대 '조선인'도시금융조합의 경영권 문제와 임원선출 분규」, 『한국민족운동사연구』49, 2006.

_____, 「도시금융조합 이사 선출제도의 성립과 변천(1918~1929)」, 『역사문제연구』12, 2006.

미야즈카 도시오, 「1945년 8월 15일 일본인의 하루-그저 멍하기만 했다」, 『월간조선』8월호, 1999.

박경룡, 「개화기 日帝의 서울 南村 侵奪過程 考察 -명동·충무로 지역을 중심으로-」, 『白山學報-申奭鎬博士誕生100周年紀念 韓國史學論叢-』, 白山學會, 2004.

박양신, 「19세기 말 일본인의 조선여행기에 나타난 조선상」, 『개화기 한국과 세계의 상호이해』, 국학자료원, 2003.

_____, 「통감정치와 재한일본인」, 『개화기 한국과 세계의 상호교류』, 국학자료원, 2004.

박재상, 「한말·일제초기(1897-1915) 목포일본인상업회의소의 구성원과 의결안건」, 『한국민족운동사연구』26, 2000.

_____, 「한말·일제초기(1897~1915) 목포일본인상업회의소의 구성원과 의결안건」, 『한국민족운동사연구』, 2001.

박찬승, 「러일전쟁 이후 서울의 일본인 거류지 확장 과정」, 『지방사와 지방문화』5권 2호, 역사문화학회, 2002.

_____, 「서울의 일본인 거류지 형성과정-1800년대~1903년을 중심으로」, 『사회와 역사』62, 한국사회사학회, 2002.

박철규, 「부산지역 일본인 사회단체의 조직과 활동-1910년대를 중심으로」, 『역사와 경계』56, 2005.

배영순, 「한말·일제초 일본인 대지주의 농장경영」, 『인문연구』3, 영남대학교 인문과학연구소, 1983.

서기재, 「일본근대 '여행안내서'를 통해서 본 조선과 조선관광에 대하여」, 『일본어문학』제13집, 2002.

손경희, 「1920년대 경북지역 동양척식주식회사 및 일본인 농장경영」, 『계명사학』, 계명사학회, 2002.

孫禎睦, 「開港期 日本人에 의한 都市地域의 不動産侵奪」, 『서울産業大 論文集』, 1980.

_____, 「開港期 日本人의 內地浸透・內地行商과 不法定着의 過程」, 『韓國學報』, 一志社, 1980.

_____, 「開港期 韓國居留 日本人의 職業과 賣春業・高利貸金業」, 『韓國學報』, 1980.

_____, 「開港期 漢城 外國人居留의 過程과 實態」, 『鄕土서울』, 1980.

_____, 『韓國開港期 都市變化過程研究』, 一志社, 1982.

_____, 『韓國開港期 都市社會經濟史 研究』, 一志社, 1982.

_____, 「日帝侵略 初期의 都市社會相; 서울을 中心으로」, 『鄕土서울』, 1983.

_____, 『日帝强占期 都市社會相研究』, 一志社, 1996.

_____, 『日帝强占期 都市化過程研究』, 一志社, 1996.

송규진, 「일제강점 초기 '식민도시' 대전의 형성과정에 관한 연구: 일본인의 활동을 중심으로」, 『아세아연구』45권 2호, 2002.

송병권, 「1940년대 스즈키 다케오의 식민지조선 정치경제 인식」, 『民族文化研究』37, 2002.

_____, 「일본의 전후 경제재건 구상과 조선 인식의 연속성」, 『아세아연구』53-3, 2010.

신주백, 「일제의 새로운 식민지 지배방식과 재조일본인 및 '자치'세력의 대응 (1919~22)」, 『역사와 현실』, 한국역사연구회, 2001.

아오야기 준이치, 「일본 동양사학의 한국인식」, 『부산사학』24, 2000.6.

안태윤, 「일제하 모성에 관한 연구-전시체제와 모성의 식민화를 중심으로-」, 성심여대 사회학과 박사학위논문, 2001.

_____, 「일제말기 전시체제와 모성의 식민화」, 『한국여성학』제19권 3호, 2003.

_____, 「전시체제와 가정성-가정생활과 주부역할에 관한 논의를 중심으로 (1937~1945)-」, 『여성과 역사』창간호, 2004.

_____, 『식민정치와 모성』, 한국학술정보, 2006.

_____, 「식민지에 온 제국의 여성-재조선 일본여성 쓰다 세츠코를 통해서 본 식민주의와 젠더」, 『한국여성학』제24권 4호, 2008.

야마나카 마이, 「서울 거주 일본인 자치기구 연구 (1885~1914년)」, 카톨릭대 석사논문, 2001.

야마다 쇼지, 『가네코 후미코』, 산처럼, 2003.

여박동, 「통영·거제지역의 일본인 이주어촌형성과 어업조합」, 『일본학지』14, 1990.

여박동, 「日帝下 統營·巨濟 地域의 日本人移住漁村 形成과 漁業組合」, 『日本學誌』, 계명대학교 일본문화연구소, 1994.

와카미야 요시부미, 『일본정치의 아시아관』, 동아일보사, 1996.

윤대석, 「1940년대 전반기 조선 거주 일본인 작가의 의식구조에 대한 연구」, 『현대소설연구』, 한국현대소설학회, 2002.

윤소영, 「일본어잡지『朝鮮及滿洲』에 나타난 1910년대 경성」, 『지방사와 지방문화』9권 1호, 2006.

윤휘탁, 「侵略과 抵抗의 사이에서 (侵略與抵抗之間)」, 『한국사학보』19, 2005.

이규수, 「20세기 초 일본인 농업이민의 한국이주」, 『大東文化硏究』43, 2003.

_____, 「후세 다츠지(布施辰治)의 한국인식」, 『한국근현대사연구』25, 2003.

_____, 「기획 : 국제질서의 재편과 근대로의 이행 ; 20세기 초 일본인 농업이민의 한국이주」, 『대동문화연구』, 성균관대학교 대동문화연구원, 2003.

이명희, 「1930년대 한국에서 일본인 교사들의 초등역사교육 실천」, 『일본학보』, 한국일본학회, 2004.

이병진, 「일본학 : "조선의 흙이 된 일본인"론 재고-아사카와 다쿠미(淺川巧)에 관하여-」, 『일본학보』57, 한국일본학회, 2003.

이소가야 스에지, 『우리 청춘의 조선』, 사계절, 1998.

이승엽, 「내선일체운동과 녹기연맹」, 『역사비평』, 2000.

20세기민중생활사연구단, 『스기야마 토미』, 눈빛, 2011.

이준식, 「일제강점기 군산에서의 유력자집단의 추이와 활동」, 『동방학지』131, 2005.

_____, 「재조(在朝) 일본인교사 죠코(上甲米太郎)의 반제국주의 교육노동운동」, 『한국민족운동사연구』49, 2006.

이케다 신타로, 「자민당(自民黨)'친한파(親韓派)와 '친대파(親臺派)-기시 노부스케(岸信介)·이시이 미츠지로(石井光次郎)·후나다 나카(船田中)를 중심으로」, 『외교문서 공개와 한일회담의 재조명1 한일회담과 국제사회』(국민대학교 일본학연구소편), 선인, 2010.

이현종, 『한국개항장연구』, 일조각, 1975.

이현호, 「일제시기 이주어촌 '방어진'과 지역사회의 동향」, 『역사와 세계』33, 2008.

이혜은, 「일제 침략기 서울의 민족별 거주지 분포」, 『향토서울』52, 1992.

전병재・조성윤, 「일제 침략기 경성부 주민의 토지소유와 변동」, 『서울학연구』6, 1995.

전성현, 「한말~일제초기 경성상업회의소의 설립과 활동」, 『역사연구』8, 2000.

_____, 「일제초기 '조선상업회의소령의 제정과 조선인 상업회의소의 해산」, 『한국사연구』118, 2002.

전우용, 『종로와 본정 : 식민 도시 경성의 두 얼굴」, 『역사와 현실』40, 2001.

_____, 「식민지도시 이미지와 문화현상-1920년대의 경성」, 『한일역사공동연구보고서』, 2005.

정병욱, 가을 「해방 직후 일본인 잔류자들-식민지배의 연속과 단절-」, 역사비평사, 『역사비평』64, 2003.

_____, 「조선총독부관료의 일본 귀환 후 활동과 한일교섭-1950, 60년대 동 화협회・중앙일한협회를 중심으로-」, 역사문제연구소, 『역사문제연구』14, 2005.6.

정병준, 「패전 후 조선총독부의 戰後 공작과 金桂祖사건」, 『이화사학연구』36, 2008.

정혜경, 「『매일신보』에 비친 1910년대 在朝日本人」, 『식민지 조선과 매일신보 1910년대』, 수요역사연구회편, 신서원, 2003.

_____・이승엽, 「일제하 녹기연맹의 활동」, 『한국근현대사연구』10, 1999.

조갑제, 『조선총독부, 최후의 인터뷰』, 조갑제닷컴, 2010.

조미은, 「일제 강점기 일본인 학교조합 설립 규모」, 『사림』, 수선사학회, 2004.

조재곤, 「일제강점 초기 상업기구의 식민지적 재편과정」, 『한국문화』31, 2003.

차철욱, 「개항기~1916년 부산 일본인상업회의소의 구성원 변화와 활동」, 『지역과 역사』, 부경역사연구소, 2004.

천지명, 「한말 일본 동아동문회의 조선 교육 진출」, 『동서사학』9, 2003.

최영호, 「해방직후 재경일본인의 일본귀환에 관한 연구」, 『典農史論』, 서울市立大 國史學科, 2003.

_____, 「일본의 패전과 관부연락선: 부관항로의 귀환자들」, 『한일민족문제연구』11, 2006.

_____, 「한반도 거주 일본인의 귀환과정에서 나타난 식민지 지배에 관한 인식」, 『동북아역사논총』21, 2008.

최원규, 「19세기 후반・20세기 초 경남지역 일본인 지주의 형성과정과 투자사례」, 『한국민족문화』14, 1999.

최원규, 「일제시기 일본인 지주의 토지확대와 소유 변동의 추이-전북 옥구군 서수면 사례-」, 『東方學志』, 2005.

최인택, 「일제시기 부산지역 일본인사회의 생활사-경험과 기억의 사례연구-」, 『역사와 경계』, 부산경남사학회, 2004.

최혜주, 「시데하라(幣原坦)의 고문활동과 한국사연구」, 『국사관논총』79, 1998.

_____, 「시데하라의 식민지 조선경영론에 관한 연구」, 『역사학보』160, 1998.

_____, 「야오야기(靑柳綱太郎)의 내한활동과 식민통치론」, 『국사관논총』94, 2000.

_____, 「메이시시대의 한일관계 인식과 일선동조론」, 『한국민족운동사연구』37, 2003.

_____, 「일제강점기 조선연구회의 활동과 조선인식」, 『한국민족운동사연구』42, 2005.

_____, 「한말 일제하 샤쿠오(釋尾旭邦)의 내한활동과 조선인식」, 『한국민족운동사연구』45, 2005.

하타다 다카시, 『日本人의 韓國觀』, 일조각, 1983.

한상일 역, 『서울에 남겨둔 꿈;19세기말 日本人이 본 朝鮮』, 建國大學校出版部, 1993.

한상일, 『일본지식인과 한국 : 한국관의 원형과 변형』, 오름, 2000.

허 석, 「명치시대 (明治時代) 한국이주 일본인의 문화결사와 그 특성에 대한 조 사연구」, 『일본어문학』, 한국일본어문학회, 1997.

_____, 「해외이주 일본인들의 디아스포라적 특성에 대한 연구-이주지에서의 일본인신문의 발행과 국민적 아이덴티티 유지를 중심으로-」, 『일본어문학』 31, 2006.

허수열, 「해방 시점에 있어서 조선의 일본인자산에 대한 분석-경상남도 지역의 귀속사업체를 중심으로-」, 『지역사회연구』, 한국지역사회학회, 2003.

_____, 『개발 없는 개발-일제하 조선경제 개발의 현상과 본질-』, 은행나무, 2005.

홍선영, 「1910년전후 서울에서 활동한 일본인 연극과 극장」, 『일본학보』 56집 2권, 2003.

홍성찬, 「日帝下 平壤지역 일본인의 銀行설립과 경영 : 三和·平壤·大同銀行 의 사례를 중심으로」, 『연세경제연구』, 1996.

_____, 「韓末·日帝初 在京 일본인의 銀行 설립과 경영-京城起業·京城銀行의 사례를 중심으로-」, 『韓國史研究』, 1997.

_____, 「일제하 재경 (在京) 일본인의 조선실업은행(朝鮮實業銀行) 설립과 경영」, 『한국경제학보(구-연세경제연구)』, 연세대학교 경제연구소, 1999.

홍성찬, 「일제하 사상범보호단체 '昭道會'의 설립과 활동」, 『東方學志』135, 2006.

홍순권, 「일제시기 '부제'의 실시와 지방제도 개정의 추이–부산부 일본인사회의 자치제 실시 논의를 중심으로–」, 『지역과 역사』, 부경역사연구소, 2004.

＿＿＿, 「일제시기 부산지역 일본인사회의 인구와 사회계층구조」, 『역사와 경계』, 2004.

＿＿＿, 『일제시기 재부산일본인사회 사회단체 조사보고』, 선인, 2005.

＿＿＿, 「1910–20년대 '부산부협의회'의 구성과 지방정치–협의원의 임명과 선거 실태 분석을 중심으로」, 『역사와 경계』60, 2006.

후루타 에크조, 「한반도에 있어서 일본인 어민의 출어과정 (번역)」, 『일본학보』, 경상대학교 일본문화연구소, 2001.

愛國婦人會朝鮮本部編發行, 『愛國婦人會朝鮮本部槪要』, 1941.

淺野豊美, 「折りたたまれた帝国 ; 戦後日本における引揚の記憶と戦後的価値」, 『記憶としてのパールハーバー』(細谷千博, 入江昭, 大芝亮編), ミネルヴァ書房, 2004.

阿部薰編, 『朝鮮功勞者銘鑑』, 民衆時論社, 1935.

＿＿＿＿, 『望鄕北朝鮮』, 新風舍, 1998.

安部安成・加藤聖文, 「'引揚げ'という歷史の問い方」(上・下), 『彦根論叢』348・349, 2004.

安倍能成, 『槿域抄』, 齋藤書店, 1947.

蘭信三 編, 『日本帝国をめぐる人口移動の国際社会学』, 不二出版, 2008.

＿＿＿, 『日本帝国崩壊後の人口移動と社会統合に関する国際社会学的研究』, 科学研究費補助金中間報告書, 2010.

＿＿＿, 『帝国崩壊と人の移動』, 勉誠出版, 2011.

安藤豊禄, 『韓國 わが心の故里』, 原書房, 1984.

安齊霞堂, 『昭和 忠北の文化と人』, 湖南日報忠北總支社, 1928.

飯沼二郎・韓晢曦, 『日本帝國主義下の朝鮮傳道』, 日本基督敎團出版局, 1985.

伊規須秀吉, 「終戰より現在迄の苦心談」, 『城津』2, 1952.

李圭洙, 「日本人地主の土地集積過程と群山農事組合」, 『一橋論叢』116-2, 1996.

＿＿＿, 「植民地期朝鮮における集團農業移民の展開過程」, 『朝鮮史研究會論文集』33, 1995.

池川英勝, 「大垣丈夫について」, 『朝鮮學報』117, 1985.

池中義幸, 『道』, 光陽出版社, 1989.

李軫錫ほか, 『朝鮮を語る』, 李熙完, 1934.

磯谷季次, 『朝鮮終戰記』, 未來社, 1980.

_____, 『わが靑春の朝鮮』, 影書房, 1984.

板垣竜太, 「韓会談反對運動と植民地支配責任論」, 『思想』1029, 2010.

伊藤勇, 『敎育散步 私の中の朝鮮』, むくげ舍, 1982.

稻葉繼雄, 「舊韓國と熊本縣人」, 『筑波大學地域硏究』9, 1991.

_____, 『舊韓末「日語敎育」の硏究』, 九州大學出版會, 1997.

_____, 『旧韓国の教育と日本人』, 九州大学出版会, 1999.

_____, 「舊韓國における居留邦人の敎育」, 『九州大學大學院敎育學硏究紀要』3, 2000.

_____, 『旧韓國−朝鮮の日本人敎員』, 九州大學出版會, 2001.

井上角五郎著發行, 『福沢先生の朝鮮御經營と朝鮮現代の文化とに就いて』, 1934.

井上右, 『興亞風雲譚』, 平凡社, 1942.

井上由雄, 『敗戰日記 大同江』, 流動, 1971.

猪又正一, 『私の東拓回顧錄』, 龍溪書舍, 1978.

李炯植, 「戰前期における中央朝鮮協会の奇跡」, 『朝鮮學報』204, 2007.

今井信雄, 『この道を往く』, 講談社, 1988.

任展慧, 「芥川賞受賞作『登攀』の改刪について」, 『季刊三千里』, 1975.

_____, 「朝鮮時代の田中英光」, 『海峽』3, 1975.

_____, 「植民者二世の文學 湯淺克衛への疑問」, 『季刊三千里』, 1976.

_____, 「朝鮮統治と日本の女たち」, もろさわようこ編, 『女と權力』, 平凡社, 1978.

上野直明, 『邂逅』, 岩波書店, 1969.

_____, 『朝鮮・滿洲の思い出』, 審美社, 1975.

牛口順二, 「『朝鮮時論』の一年」, 『海峽』11, 1982.

內田朝雄, 『惡役の少年時代』, ポプラ社, 1985.

內田じゅん, 「植民地朝鮮における同化政策と在朝日本人−同民會を事例として」, 『朝鮮史硏究會論文集』41, 2003.

江上秀靜, 「朝鮮開拓の恩人 福永政治郞翁」, 『朝鮮』, 1923.

大倉喜八郞, 「釜山開港五十年之回顧」, 澁澤靑淵記念財團龍門社編, 『澁澤榮一傳記資料』16, 澁澤榮一傳記資料刊行會, 1957.

大藏省管理局, 『日本人の海外活動に關する歷史的調査 朝鮮篇』, 1950.

大倉雄二, 『大倉熹八郞』, 文春文庫, 1995.

太田孝子, 「植民地下朝鮮に於ける龍谷高等女學校」, 『ジェンダー硏究』20, 2000.

大谷本願寺朝鮮開教監督部編發行, 『朝鮮開教五十年誌』, 1927.

大橋隆憲編著, 『日本の階級構成』, 岩波新書, 1971.

岡本嘉一, 『開城案內記』, 開城新報社, 1911.

岡本達明・松崎次夫編, 『聞書 水俣民衆史』5, 草風館, 1990.

岡山縣編發行, 『朝鮮岡山村事績書』, 1916.

小川圭治・池明觀編, 『日韓キリスト敎關係史資料』, 新敎出版社, 1984.

奧土居天外著發行, 『忠州觀察誌』, 1931.

奧村円心, 「朝鮮國布敎日誌」, 柏原祐泉編, 『眞宗史料集成』11, 同朋社出版, 1983.

尾崎新二, 『もう僕は京城っ子には戻れない』, 世界日報社, 1985.

小熊英二, 「朝鮮生まれの日本人」, 『コリアンマイノリティ研究 1』, 在日朝鮮人 研究會, 1998.

_____, 『日本人の境界 沖縄, アイヌ, 台湾, 朝鮮－植民地支配から復歸運動ま で』, 新曜社, 1998.

織田楢次, 『チゲッグン』, 日本基督敎團出版局, 1977.

落合尙郎, 「悔恨と懷舊の朝鮮」, 『季刊三千里』, 1981.

_____, 「ある植民者の心の遍歷」, 『コリア評論』, 1982.

小野賢一郎, 『奧村五百子(改訂版)』, 愛國婦人會, 1934.

小尾十三, 『新世界』, 學習研究社, 1960.

笠井正弘, 「書評:小熊英二〈〈日本人〉の境界 沖縄, アイヌ, 台湾, 朝鮮－植民地支 配から復歸運動まで〉」, 『コリアン・マイノリティ研究』, 在日朝鮮人研究會, 1999.

梶井陟, 『朝鮮人學校の日本人敎師』, 日本朝鮮研究所, 1966.

_____, 『朝鮮語を考える』, 龍溪書舍, 1980.

梶村秀樹, 「植民地と日本人」, 『『日本生活文化史 8』－生活のなかの國家』, 河出 書房新社, 1974.

_____, 『梶村秀樹著作集1－朝鮮人と日本人』, 明石書店, 1992.

梶山美那江編, 『積亂雲』, 季節社, 1998.

片山智惠編著, 『一七キロの國境』, 總和社, 1989.

加藤聖文 編, 『海外引揚げ関係史料集成』 국내편 16권, 국외편 21권, ゆまに書 房, 2002.

_____, 「台湾引揚と戦後日本人の台湾観」, 台湾研究部会 編, 『台湾の近代と 日本』, 2003.

加藤聖文, 『海外引揚問題と戦後日本人の東アジア観形成に関する基盤的研究』(平成15-17年度 科学研究費補助金 若手研究A 研究報告書), 2006.

加藤陽子, 「敗者の帰還一中国からの復員・引揚問題の展開」, 『国際政治』109号, 1995.

金子博, 『誰のためでもなく-「韓國系日本人」として生きる』, 三一書房, 1996.

金子ふみ子, 『何が私をかうさせたか』, 春秋社, 1931.

鹿野政直, 『日本の近代思想』, 岩波新書, 2001.

鎌田沢一郎, 『朝鮮は立ち上る』, 千倉書房, 1933.

_____, 『朝鮮新話』, 創元社, 1950.

上垣外憲一, 『ある明治人の朝鮮觀』, 筑摩書房, 1996.

上坂冬子, 『慶州ナザレ園』, 中公文庫, 1984.

川上善兵衛著・滝沢誠他編, 『武田範之傳』, 日本經濟評論社, 1987.

樺太終戦史刊行會編, 『樺太終戦史』, 全國樺太連盟, 1973.

姜在彦編, 『朝鮮における日室コンチェルン』, 不二出版, 1985.

菊池謙讓, 『朝鮮諸國記』, 大陸通信社, 1925.

_____, 『朝鮮雜記』1, 鷄鳴社, 1931.

木沢政直, 『鷄林』, 日研出版, 1964.

北川吉昭編, 『山口太兵衛翁』, 山口太兵衛翁表彰會, 1934.

亀峰會編, 『幻の名門校』, リベラル社, 1988.

金達壽, 『わがアリランの歌』, 中公新書, 1977.

木村健二, 「明治期朝鮮進出日本人について」, 『社會經濟史學』, 1981.

_____, 「明治期日本人の朝鮮進出の社会經濟的背景-山口縣熊毛郡旧麻里府村の場合-」, 『土地制度史學』, 1983.

_____, 「近代日朝「關係」下の在朝日本人-朝鮮實業協會の組織と活動を中 心に-」, 『朝鮮史研究會論文集』 3月, 1986.

_____, 「在朝日本人の軌跡」, 『歷史地理教育』, 歷史教育者協議, 1987.

_____, 『在朝日本人の社會史』, 未來社, 1989.

_____, 「在外居留民の社會活動」, 『近代日本と植民地5』, 岩波書店, 1993.

_____, 「朝鮮居留地のおける日本人の生活様態」, 『一橋論叢』115-2, 1996.

_____, 「朝鮮進出日本人の營業ネットワーク-龜谷愛介商店を事例として-」, 『近代アジアの流通ネットワーク』, 創文社, 1999.

_____, 「在朝鮮日本人植民者の'サクセス・トーリー'」, 『歷史評論』625, 2002.

_____, 「引揚援護事業の推移」, 『「帝國」と植民-「第日本帝國」崩壊60年-』,

年報・日本現代史第10号，2005.

木村健二・小松裕 編，『「韓國倂合」の直後の在日朝鮮人・中國人－東アジアの近代化と人の移動－』，明石書店，1998.

淸藤幸七郎編，『天佑俠』，新進社，1903.

倉島至著發行，『私と韓國』，1985.

熊平源藏編，『朝鮮同胞の光』，熊平商店，1934.

車田篤，『持円福永政治郎翁傳』，高瀬合名會社，1943.

黑瀬悅成，『知られざる懸け橋』，朝日ソノラマ，1996.

京城三坂小學校記念文集編輯委員會編，『鐵石と千草』，三坂會事務局，1983.

厚生省援護局，『続引揚援護の記録』(復刻版，クレス出版，2000)，1955.

_____，『続続引揚援護の記録』(復刻版，クレス出版，2000)，1963.

_____，『引揚げと援護三十年の歩み』，ぎょうせい，1997.

厚生省社會援護局援護50年史編纂委員會，『援護50年史』，1997.

高吉嬉，『在朝日本人二世のアイデンティティ形成 :旗田巍と朝鮮 日本』，桐書房，2001.

小林千登勢，『お星さまのレール』，金の星社，1982.

小林英夫，『日本企業のアジア展開: アジア通貨危機の歴史的背景』，日本經済評論社，2003.

近藤芳美，『靑春の碑』第1部，筑摩書房，1979.

桜井義之，『明治と朝鮮』，桜井義之先生還暦記念會，1964.

佐々木祝雄，『三十八度線』，中公文庫，1983.

佐々亀雄，『屋久島行き』，熊本工業大學出版部，1978.

佐々博雄，「熊本國權黨と朝鮮における新聞事業」，『國士館大學文學部人文學會紀要』9，1977.

佐藤俊男，『他國のふるさと－朝鮮に渡った日本人の子供たち』，創言社，1984.

佐藤礼子，『北朝鮮は遥かに』，新風舎，1995.

佐野真一，『旅する巨人』，文藝春秋，1996.

佐堀伸三，『若き抗日の群像』，文藝社，2000.

沢井理惠，『母の「京城」・私のソウル』，草風館，1996.

始政五年記念朝鮮物産共進會群山協贊會編發行，『群山案内』，1915.

篠木敬雄編，『朝鮮の電氣事業を語る』，朝鮮電氣協會，1937.

信夫淳平，『韓半島』，東京堂書店，1901.

柴村羊五，『起業の人 野口遵傳』，有斐閣，1981.

島ノ內孝四郎, 『昭和二十年八月 北朝鮮』, 新人物往來社, 1983.

新藤東洋男, 『在朝日本人敎師-反植民地敎育運動の記錄-』, 白石書店, 1981.

榛葉梨花, 「安倍能成の朝鮮觀」, 『季刊三千里』, 1987.

辛美善, 「在朝日本人の意識と行動」, 『日本學報』14, 1995.

杉村濬, 『在韓苦心錄』, 杉村陽太郞, 1932.

鈴木洋子編發行, 『鈴木武雄』, 1980.

全平壤楽浪會編, 「想い出の平壤」, 『想い出の平壤』, 全平壤樂浪會, 1977.

ソウル日本人會有志編著, 『ソウルに暮らす』, 日本貿易振興會.

園部裕之, 「在朝日本人の參加した共産主義運動: 1930年代における-」, 『朝鮮史硏究會論文集』, 1989.

宜在源, 「引揚企業團體の活動-戦前期海外進出企業の國內經済復帰過程-」, 原朗編『復興期の日本經済』, 東京大學出版會, 2002.

田內基, 『愛の黙示錄』, 汐文社, 1995.

高崎宗司, 『「妄言」の原型』, 木犀社, 1990.

_____, 「在朝日本人と日淸戰爭」, 『近代日本と植民地(膨張する帝國の人流)』, 岩波書店, 1993.

_____, 『朝鮮の土となった日本人-淺川巧の生涯』, 草風館, 1998.

_____, 『植民地朝鮮の日本人』, 岩波書店, 2003.

高須瑪公・長田純編, 『馬山現勢錄』, 馬山現勢錄刊行部, 1929.

高柳俊男, 「中西伊之助と朝鮮」, 『季刊三千里』, 1982.

滝沢誠, 『武田範之とその時代』, 三嶺書房, 1986.

竹國友康, 『ある日韓歷史の旅』, 朝日新聞社, 1999.

多田さや子, 『小菊の悲願』, 聖燈社, 1980.

舘野晳 編, 『韓國・朝鮮と向き合った36人の日本人 -西郷隆盛、福沢諭吉から現代まで-』, 明石書店, 2002.

_____ 編, 『36人の韓國・朝鮮へのまなざし』, 明石書店, 2005.

田中艸太郞, 「植民地時代回顧」, 『わだつみのこえ』93, 1991.

田中万宗, 『朝鮮古墳行脚』, 泰東書院, 1930.

田村吉雄編, 『秘錄大東亞戰史 朝鮮編』, 富士書苑, 1953.

崔吉城編著, 『日本植民地と文化變容 韓國・巨文島』, 御茶の水書房, 1994.

曹龍淑, 「在朝日本人二世の朝鮮・朝鮮人に對する意識形成の硏究-在釜山日本人を中心に」, 『アジア社會文化硏究』, アジア社會文化硏究會, 2003.

淸津脱出記編纂委員會編發行, 『淸津脱出記』, 1975.

淸和の會編發行, 『白き花』, 1974.

辻美沙子, 『無窮花を知らなかった頃』, 世界日報社, 1995.

恒屋盛服, 『朝鮮開化史』, 博文館, 1901.

戸川猪佐武, 「日本のコリヤン・ロビイ」, 『中央公論』74-8, 1959.

竝木真人, 「「日本人の海外活動に関する歴史的調査」朝鮮編」, 『1940年代の東アジア・文献解題』, アジア經濟研究所(井村哲朗編), 1997.

成田龍一, 「'引揚げ'に関する序章」, 『思想』, 2003.

_____, 「'引揚げ'と'抑留'」(『岩波講座 アジア・太平洋戦争 4 -帝國の戦争體驗-』, 岩波書店), 2006.

魯炳浩, 「丸山真男における朝鮮論の'古層'」, 『社會システム研究』第8号, 2005.

_____, 「吉野作造の弟子奧平武彦の朝鮮」, 『歷史文化社會論講座紀要』1, 2004.

引揚援護庁, 『引揚援護の記録』(復刻版, クレス出版, 2000), 1950.

古川昭, 『群山開港史-群山開港と日本人』, ふるかわ海事事務所, 2004.

村松武司, 「朝鮮に生きた日本人-わたしの「京城中學」-」, 『季刊三千里』, 1980.

満蒙同胞援護會編, 『満蒙終戦史』, 河出書房, 1962.

水野直樹, 「中野重治と金斗鎔--「きくわん車の問題」, 植民地支配への賠償、そして天皇制」, 『情況. 第三期』6-9, 2005.

宮本正明, 「敗戦直後における日本政府・朝鮮関係者の植民地統治認識の形成-『日本人の海外活動に関する歴史的調査』成立の歴史的前提」, 『研究紀要』(世界人権問題研究センター)11, 2006.

森高繁雄編, 『秘録 大東亜戦史 朝鮮編』, 冨士書苑, 1953.

_____, 『秘録 大東亜戦史 満州編』上・下, 冨士書苑, 1953.

_____, 『秘録 大東亜戦史 大陸編』, 冨士書苑, 1953.

森田芳夫, 『朝鮮終戦の記録-米ソ兩軍の進駐と日本人の引揚』, 巖南堂書店, 1964.

_____, 長田かな子編, 『朝鮮終戦の記録 資料編2-南朝鮮地域の引揚と日本人世話會の活動』, 巖南堂書店, 1980.

_____, 長田かな子編, 『朝鮮終戦の記録 資料編3-北朝鮮地域日本人の引揚』, 巖南堂書店, 1980.

山本剛士, 「日韓関係と矢次一夫」, 『國際政治』75, 1983.

友邦協會編, 『渡辺豊日子口述 朝鮮總督府回顧談』友邦シリーズ第27号, 1984.

吉澤文寿, 『戦後日韓関係』, クレイン, 2005.

李恢成, 「中野重治と朝鮮」, 『新日本文學』35-12, 1980.

若槻泰雄,『シベリア捕虜收容所』下, サイマル出版會, 1979.

＿＿＿＿＿,『戦後引揚げの記録』, 時事通信社(新版, 1995), 1991.

＿＿＿＿＿・鈴木讓二,『海外移住政策史論』, 福村出版刊, 1975.

JUN UCHIDA, "*Brokers of Empire : Japanese Settler Colonialism in Korea, 1910-1937*", PH. D. diss., HARVARD UNIVERSITY, 2005.

Lori Watt, *When Empire Comes Home-Repatriation and Reintegration in Postwar Japan-*, Havard University Asia Center, 2009.

Uma Kothari, "*Spatial practices and imaginaries : Experiences of colonial officers and development professionals*", Singapore Journal of Tropical Geography27, 2006.

찾아보기

이규수(李圭洙)

고려대학교 사학과를 졸업하고 일본 히토쓰바시(一橋)대학 대학원 석·박사과정을 졸업했다. 사회학박사. 전공은 동아시아 속의 한일관계사이며 고려대학교 한국사연구소에 재직 중이다. 근대 일본 및 일본인의 한국인식과 상호인식을 규명하기 위한 글쓰기에 노력중이고, 앞으로도 그러한 작업은 계속될 것이다. 저서로는『近代朝鮮における植民地主制と農民運動』(信山社, 1996),『식민지 조선과 일본』(다할미디어, 2007),『제국 일본의 한국 인식, 그 왜곡의 역사』(논형, 2007),『한국과 일본, 상호인식의 변용과 기억』(어문학사, 2014) 등이 있고, 공저로는『동아시아 근대 역사학과 한국의 역사인식』(선인, 2013),『근대전환기 동서양의 상호인식과 지성의 교류』(선인, 2013),『서구학문의 유입과 동아시아 지성의 변모』(선인, 2012),『시선의 탄생-식민지 조선의 근대관광』(선인, 2011),『근대 한일 간의 상호인식』(동북아역사재단, 2009),『布施辰治と朝鮮』(高麗博物館, 2008),『근대전환기 동아시아 속의 한국』(성균관대학교출판부, 2004),『역사, 새로운 질서를 향한 제국 질서의 해체(청어람미디어, 2004) 등이 있다. 역서로는『다이쇼 데모크라시』(어문학사, 2012),『일본제국의회 시정방침연설집』(선인, 2012),『식민지 조선의 일본인들』(역사비평사, 2006),『조선통신사의 일본견문록』(한길사, 2005),『해협-한 재일 사학자의 반평생』(삼인, 2003),『국민주의의 포이에시스-동아시아의 비판적 지성』(창비, 2003),『일본인이 본 역사 속의 한국』(소화, 2003),『내셔널 히스토리를 넘어서』(삼인, 2000),『기억과 망각-독일과 일본 그 두 개의 전후』(삼인, 2000),『일본의 전후책임을 묻는다-기억의 정치, 망각의 윤리』(삼인, 2000) 등이 있다.

인천학연구총서29

개항장 인천과 재조일본인

2015년 2월 13일 초판 1쇄 펴냄

기　획 인천대학교 인천학연구원
저　자 이규수
발행인 김흥국
발행처 보고사

등록 1990년 12월 13일 제6-0429호
주소 서울특별시 성북구 보문동7가 11번지 2층
전화 922-5120~1(편집), 922-2246(영업)
팩스 922-6990
메일 kanapub3@naver.com
http://www.bogosabooks.co.kr

ISBN 979-11-5516-331-3 94300
　　　979-11-5516-336-8 (세트)
ⓒ 이규수, 2015

정가 13,000원

이 도서의 국립중앙도서관 출판시도서목록(CIP)은 서지정보유통지원시스템 홈페이지
(http://seoji.nl.go.kr)와 국가자료공동목록시스템(http://www.nl.go.kr/kolisnet)
에서 이용하실 수 있습니다. (CIP제어번호: CIP2015002653)